안나와디의 아이들

BEHIND THE BEAUTIFUL FOREVERS:
Life, Death, and Hope in a Mumbai Undercity
by Katherine Boo

Copyright ⓒ 2012 by Katherine Boo
All rights reserved.

Korean Translation Copyright ⓒ 2013 by ScienceBooks

This Korean edition is published by arrangement with
Random House, an imprint of The Random House Publishing Group,
a division of Random House, Inc., through Imprima Korea Agency.

이 책의 한국어 판 저작권은 임프리마 코리아 에이전시를 통해
The Random House Publishing Group과 독점 계약한
(주)사이언스북스에 있습니다.
저작권법에 의해 한국 내에서 보호를 받는 저작물이므로
무단 전재와 무단 복제를 금합니다.

성장과 발전의 인간적 대가에 대하여

안나와디의 아이들

캐서린 부 지음
강수정 옮김

반비

두 명의 수닐,

그리고

그들이 가르쳐준 불굴의 정신을 위해

내려놓으려 해도 도저히 내려놓을 수 없는 책. 이 책은 내가 지금껏 읽었던 경제적 불평등을 다룬 책 중 가장 강력한 고발서다. 발리우드가 인도판 「더 와이어」를 제작한다면 이 책이 원작이 될 것이다.—바버라 에런라이크(『노동의 배신』)

의문의 여지 없이, 지금까지 현대 인도를 다룬 책 중 단연 최고의 책. 내가 지난 25년간 읽은 책 중 최고의 내러티브 논픽션이다.—라마찬드라 구하(『간디 이후의 인도』)

대단히 많은 장점을 지닌 책이다. 훌륭한 연구 결과를 세련되게 정제한 결과, 독자들은 많은 걸 배우면서도 계몽의 냄새를 맡지 못한다. 저자의 우아하고 생생한 문장은 주목을 끌고자 기교를 부리지 않는다. 무엇보다 안나와디 사람들의 진실된 이야기가 감동을 준다. 넝마주이와 좀도둑, 참혹한 불의의 희생자들. 부는 우리를 그들의 삶으로 끌어들이고, 그들은 우리를 놓아주지 않는다. 뛰어난 책이다.
—트레이시 키더(『고통은 너를 삼키지 못한다』)

풍부하게 직조된 성공과 좌절의 이야기. 전지적 화자는 소설처럼 읽히는 세부 묘사에 주의를 기울이면서도 논픽션의 특징이라 할 절박한 인간성마저 완벽하게 구현한다.
—《로스앤젤레스타임스》

정말 놀라운 책이다. 세계 최대의 메트로폴리스에 있는 '하류 도시'에 대한 충실한 앙시도라는 점에서 놀랍고, 전통적인 서사에서는 늘 배제되어온 사람들의 삶과 희망과 두려움을 깊이 공감하며 강렬한 밀도로 쓴 글이라는 점에서 놀랍다. 또 이전에는 한 번도(최소한 인도에서는, 그리고 외국인에 의해서는) 이야기된 적이 없다는 점에서도 놀랍다. 하지만 가장 놀라운 것은 이런 형태의 글이 존재할 수 있다는, 바로 그 사실이다. 열정적인 설명이면서 동시에 효과적이고 생생한 산문. 스릴러처럼 읽히면서도 싱클레어 루이스가 부러워할 법한 일격으로 가득 찬 글.—《워싱턴포스트》

굉장하다. 이 책은 잔혹 행위의 목록을 나열하는 데 그치지 않는다. 안나와디에 직접 장기간 몸을 던지는 위험을 무릅쓰고 만든 이 책은 주의 깊게 연구한 사람들의 삶을 하나의 서사로 직조해낸다. 고도로 정밀한, 그러나 직접 발화되지는 않은 분석들을 바늘과 실 삼아서. 그 대단한 문학적 힘은 작가의 명징하고 우아한 글쓰기에서 기인한다. (……) 부는 모든 페이지에 걸쳐 궁핍과 허기의 경험을 조심스럽게 전달하고 이데올로기적인 주장들을 부드럽게 냉소한다. —《뉴욕타임스》

캐서린 부는 주인공들의 이야기와 가난의 본성을 모두 전면에 드러내는 데 성공한다. 가난에 상주하는 불확실성, 가난에서 피어오르는 비도덕, 가난 속에서 태어난 아이들이 여전히 희망을 가지고 맞이하는 어떤 찰나의 순간들. (……) 부의 산문은 매우 아름답고 재치 넘치며 효율적이다. 이야기가 너무나 강력해서 이것이 전례 없이 위대한 탐사 보도물이라는 사실을 자꾸 잊어버리게 된다. 부는 주인공들의 삶뿐 아니라 죽음까지도 고집스럽게 파고든다. —《파이낸셜타임스》

이 책에 헌사된 최상급 표현들에 오도되지 않기를 바란다. 가장 뛰어난 작품이라든가, 절대로 잊을 수 없는 작품이라든가, 캐서린 부의 최고작이라든가 하는 표현들. 이 책은 그 표현들을 모두 합한 것이기 때문이다. —《인디아익스프레스》

연평균 경제 성장률이 7~8퍼센트에 이르는 고성장 국가 인도에서 왜 5세 미만 어린이의 절반이 아직도 영양실조에 시달릴까? 왜 도시 빈민의 삶의 질은 나아지지 않을까? 캐서린 부는 경제가 성장해도 도무지 나아지지 않는 인도의 빈곤과 불평등에 대해 마땅히 던져야 할 질문을 던졌다. 그리고 문제의 중요성에 걸맞게 긴 시간을 들여 빈곤의 최전선에 선 사람들을 만났다. 그 시간이 낳은 것이 바로 이 책이다. 이 책을 통해 우리는 수동적인 자선의 수혜자로 머물지 않으려 고군분투하는 사람들을 만나고, 이들에게 존경과 응원을 보내고 있는 우리를 발견하게 된다. —김미셸(세이브더칠드런 사무총장)

저자가 사랑을 담은 날카로움으로 풀어낸, 인도의 가난한 이웃들이 살아가는 모습과 애환은 세계 곳곳에서 만났던 이들을 다시금 떠올리게 한다. 지구 마을을 함께 살아가는 일원으로서 우리가 결코 외면해서는 안 되는 책임에 대해 다시금 깊이 생각해보았다. 이 책을 통해 절망에 내몰린 이웃들의 슬픔을 동정이 아닌 공감으로 바라보며, 행복한 지구 마을을 만들어가는 데 마음을 모으는 이들이 많아지기를 기대한다.
—양호승(한국월드비전 회장)

차례

프롤로그 | 장미꽃들 사이에   10

1부
하류 인생

1. 안나와디   33
2. 아샤   52
3. 수닐   71
4. 만주   97

2부
모두의 운명을 바꿔버린 사건

5. 유령의 집   125
6. 창문으로 보인 엄마   144
7. 화해   164
8. 마스터   189

3부
이름 없는 죽음들

9. 전시 효과 213
10. 사라진 앵무새 한 마리 236
11. 어떤 잠 255

4부
탈출구는 위쪽뿐

12. 아흐레의 춤추는 밤 269
13. 반짝이는 것 287
14. 재판 300
15. 얼음 317
16. 흑과 백 328
17. 학교, 병원, 크리켓 운동장 344

에필로그 360
감사의 말 371

프롤로그

장미꽃들 사이에

2008년 7월 17일, 뭄바이

자정 무렵 외다리 여자는 참혹하게 불탔고 뭄바이 경찰은 압둘 부자를 잡으러 출동했다. 국제공항 옆의 빈민촌 오두막에서 압둘의 부모는 전에 없이 말을 아끼며 결정을 내렸다. 아픈 아버지는 열한 명의 식구가 사는 양철 지붕 판잣집의 폐품 속에 있다가 경찰에 체포되면 순순히 따라가마. 압둘, 너는 집안의 생계를 책임지고 있으니 달아나거라.

언제나처럼 압둘의 의견은 이 계획에 반영되지 않았다. 압둘은 이미 공포에 질려 머리가 노새만큼도 돌아가지 않는 상태였다. 당시 그는 열여섯, 아니 어쩌면 열아홉이었을지도 모른다. 어머니와 아버지의 날짜 감각은 구제불능이었다. 압둘이 작고 예민하게 태어난 건, 인간은 헤아릴 수 없는 알라신의 섭리였을까? 본인의 말을 빌자면, 압둘은 겁쟁이였다. 경찰을 피하는 요령 같은 건 전혀 몰랐다. 아는 거라곤 오로지 폐품뿐이었다. 압둘은 기억할 수 있는 거의 모든 세월과, 깨어 있는 거의 모든 시간을 자신보다 부유한 사람들이 쓰고 버린 재활용품을 사고파는 일에 전념해왔다.

몸을 숨겨야 할 필요까지는 이해했지만, 거기서부터 상상력이 말라붙었다. 압둘은 일단 무작정 달려 나갔다가 다시 집으로 돌아왔다. 몸을 숨길 데라곤 집의 쓰레기 더미밖에 생각나지 않았다.

문을 살짝 열고 밖을 내다봤다. 압둘네 오두막은 되는대로 지어 올린 집들이 늘어선 골목의 중간 어름에 있었다. 그리고 압둘이 폐품을 보관하는 기우뚱한 창고는 집 바로 옆에 있었다. 눈에 띄지 않고 창고로 들어가야만 이웃들에게 경찰에 신고하는 기쁨을 선사하지 않을 수 있었다.

하지만 달이 영 꺼림칙했다. 쓸데없이 환한 보름달이 집 앞의 휑한 공터를 밝히고 있었다. 판자때기 출입문 뒤에서 이렇게 밖을 엿보는 사람이 자기 말고 또 있을까 겁이 났다. 빈민촌의 몇몇 사람들은 은근히 압둘네 집안이 안 되기를 빌었는데, 주로 힌두교와 이슬람교의 해묵은 반목 탓이었지만 좀 더 현대적인 이유, 그러니까 경제적인 시기 때문에 이들 가족을 미워하는 사람들도 있었다. 압둘은 폐품으로 그 많은 가족을 먹여 살렸는데 그것은 대다수 인도인이 혐오하는 일이었다.

공터는 조용했다. 너무 조용해서 소름이 돋을 정도였다. 빈민촌의 동쪽 경계를 이루는 거대한 오수 웅덩이 앞쪽으로 꼭 해변처럼 펼쳐진 이곳은 밤마다 아수라장이 되는 게 일상이었다. 싸우는 사람, 음식을 만드는 사람, 수작을 걸고 몸을 씻고 염소에게 꼴을 먹이는 사람, 크리켓 하는 사람, 공동 수도 앞에 늘어서서 물을 긷는 사람, 허름한 색싯집 앞에 줄 선 사람 들로 가득 찼다. 압둘네 아래 아래 집에서 파는 독주를 마시고는 여기 뻗어서 죽은 듯이 잠을 자는 사람도 있었다. 비좁은 골목을 따라 다닥다닥 붙어 있는 오두막에서 쌓인 긴장감을 분출할 수 있는 곳은 바로 여기 이 공터, 마이단뿐이었다. 하지만 외다리라고 불리던 여자의 싸움과 분신 사건이 있은 후에는 다들 집 안에 틀어박혀 나오지 않았다.

그래서 멧돼지와 물소, 그리고 언제나처럼 큰 대 자(大)로 엎드린 고주망태들 사이에서 주위를 두리번거리는 사람은 단 한 명, 네팔에서 온 겁 없는 꼬마뿐이었다. 아이는 무릎을 세워 팔로 감싼 채 오수 웅덩이가 반사하는 푸른빛 속에 앉아 있었다. 웅덩이 건너에 있는 호화 호텔의 네온 간판 조명이 반사된 것이었다. 이 아이에게는 어디에 숨었는지 들켜도 상관없었다. 네팔 아이, 아다르시는 경찰의 끄나풀이 아니었다. 그저 밤마다 호통치는 엄마를 피해 밖에 나와 있는 걸 좋아할 뿐이었다.

지금이 압둘에게는 가장 안전한 순간이었다. 압둘은 폐품 창고로 냅다 달려 들어가 문을 잠갔다.

창고 안은 칠흑처럼 어두웠고 쥐들이 날뛰었지만, 그래도 마음이 놓였다. 11제곱미터 남짓한 공간에는 세상에서 압둘이 다룰 줄 아는 유일한 물건들이 물이 새는 지붕에 닿도록 빼곡히 쌓여 있었다. 물통과 위스키 병, 곰팡이 핀 신문, 탐폰 삽입기와 알루미늄 포일 뭉치, 비바람에 살대만 남은 우산과 끊어진 신발 끈, 누렇게 변한 면봉, 뒤엉킨 카세트테이프, 짝퉁 바비 인형의 플라스틱 포장재. 버비 또는 바블리라는 이름을 붙여서 파는 짝퉁 바비 인형도, 가지고 놀 것이 너무 많은 아이들이 싫증난 장난감으로 벌이는 실험에 동원되었다가 팔다리가 떨어져나간 채 어둠 속 어딘가에 쌓여 있을 것이다. 경험이 늘면서 주의를 분산시키는 요소를 최소화하는 데 도가 튼 압둘은 인형들을 젖꼭지가 아래를 향하도록 뒤집어놓았다.

문제를 만들지 말자. 이게 압둘 하킴 후사인의 철칙이었다. 어찌나 철저하게 지켰는지 아예 몸 어딘가에 새겨놓은 게 아닌가 싶을 정도였다. 퀭한 눈과 푹 꺼진 뺨, 반복된 일과에 구부정하니 깡마른 몸. 붐비는 빈민촌 골목을 지날 때도 남보다 적은 공간만 차지하는 몸. 쫑긋한 귀와, 이마의 땀을 닦을 때면 계집아이처럼 위로 뻗치는 곱슬머리 말고는 모든 게 쑥 들어가 있는 몸이었다.

압둘이 사는, 오수 웅덩이를 에워싼 형상의 안나와디라는 빈민촌에서는 이렇게 작고 눈에 띄지 않는 게 유리했다. 인도 금융의 중심지로, 번창 일로에 있는 이 서쪽 외곽 지역에는 한구석에 335채의 판잣집이 들어서 있고 3000명이 모여 살았다. 인도 전역에서 흘러온 이 주민들이 끊임없이 들고나는데 주로 힌두교도로 여러 카스트와 하위 카스트를 망라했다. 이웃들의 종교와 문화가 어찌나 다양한지, 이 빈민촌에 사는 서른대여섯 명의 무슬림 중 한 명인 압둘은 갈피를 잡아볼 엄두도 내지 못했다. 그저 안나와디를 새로운 갈등과 해묵은 반목의 지뢰밭으로 인식하고, 그걸 밟지 않겠다는 다짐만 했다. 어쨌든 부자들이 내버린 쓰레기를 사고팔기에 안나와디는 목이 대단히 좋았다.

압둘이 사는 빈민촌은 인도공항공사 소유의 토지를 무단 점거하고 있었다. 빈민촌과 국제 터미널 입구 사이에는 코코넛 나무가 늘어선 대로가 있고, 공항 이용객을 대상으로 한 화려한 호텔 다섯 채가 안나와디 주변을 에워싸고 있었다. 그중 네 호텔은 거대한 대리석으로 호화롭게 장식되어 있고 하얏트 호텔만 푸른색 유리로 단장하고 날렵하게 서 있었다. 이 호텔의 맨 꼭대기 창문에서 안나와디와 인근의 다른 무단 점거촌을 내려다보면 우아한 현대식 시설들 틈바구니로 웬 마을이 하늘에서 뚝 떨어진 것처럼 보였다.

압둘의 동생인 미르치는 이렇게 표현했다. "우리 주변은 온통 장미 꽃밭이죠. 우리는 그 사이에 있는 똥 같은 존재고."

새로운 세기에 접어든 후, 인도가 중국에 이어 세계에서 가장 빠른 경제 성장을 기록하면서 국제공항 옆으로 분홍색 아파트와 전면 유리인 사무용 건물들이 속속 들어섰다. 한 건물에는 간단명료하게 '모어(More)'라는 이름이 붙었는데, 더 많은 건물을 지을 더 많은 크레인을 의미하는 듯했다. 초고층 건물은 갈수록 늘어나는 비행기의 이

착륙을 방해했다. 그곳은 번영을 향해 질주하는 도시의 스모그 자욱한 장애물 코스였고, 거기서 우그러뜨려 내버리는 것들은 또 다른 가능성이 되어 빈민촌으로 굴러 들어왔다.

아침마다 공항 일대에 넓게 흩어져, 내다팔 만한 것들을 찾아다니는 넝마주이는 수천 명에 달했다. 그들은 뭄바이에서 매일 쏟아지는 8000톤의 쓰레기에서 다만 몇 킬로그램을 건지려고 돌아다닌다. 까만 차창 안에서 내던지는 구겨진 담뱃갑을 주우러 달려가고, 물통과 맥주병을 찾아 하수구를 훑고 쓰레기 하치장을 뒤진다. 저녁이 되어 폐품을 담은 삼베 포대를 짊어지고 빈민촌으로 돌아오는 모습은 흡사 돈벌이에 이가 다 빠지도록 혈안이 된 산타 행렬 같았다.

압둘은 녹슨 저울 옆에서 그들을 기다렸다. 하류 도시에서는 쓰레기를 만지는 일에도 계급이 있는데, 정확한 나이를 알 수 없는 이 소년은 다른 넝마주이들보다 한 눈금쯤 계급이 높다. 압둘은 그들이 주워온 것들의 값을 쳐서 매입하는 중간상이다. 그렇게 모은 폐품을 몇 킬로미터 떨어진 조그만 재활용 공장에 대량으로 넘기고 이문을 챙겼다.

가족 사업의 흥정을 도맡아 하는 압둘의 어머니는 값을 세게 부르는 넝마주이에게 현란한 욕설을 퍼부었다. 그러나 압둘은 말이 어눌했다. 그의 장기는 폐품 분류인데, 사들인 폐품을 다시 팔기 위해서는 종이부터 플라스틱과 고철까지 무려 육십 종류로 나누는 과정이 필수다.

프롤로그

당연히 손도 빠르다. 쓰레기를 만지다가 결핵에 걸려 폐가 상한 아버지 대신 얼추 여섯 살 무렵부터 이 일을 해왔으니 그럴 법도 했다. 압둘의 운동신경은 노동으로 단련됐다.

아버지는 얼마 전에 이런 말을 했다. "어차피 학교에 다닐 생각도 없었잖니." 압둘은 어떤 판단을 내릴 만큼 충분히 학교생활을 경험해본 것 같지 않았다. 어려서 학교에 갔을 땐 교실에 앉아 있어도 별로 한 게 없었다. 그리고 그 후로는 쭉 일만 했다. 먼지를 어찌나 들이마시는지 코를 파면 새까만 코딱지가 나왔다. 더러움보다 더 힘든 건 단조로움이었다. 그런데 이걸 평생 해야 했다. 그런 생각을 하면 평소에는 종신형이라도 선고받은 양 마음이 무거웠지만, 경찰을 피해 몸을 숨긴 오늘 밤엔 그게 소망처럼 느껴졌다.

창고에 들어오니 온갖 쓰레기 냄새에다 몸에서 나는 진땀 냄새 때문에 외다리의 몸을 태운 냄새가 옅어졌다. 압둘은 바지와 셔츠를 벗어 문 옆의 위태로운 신문 더미 뒤에 숨겼다.

2.5미터쯤 뒤죽박죽 쌓인 폐품 더미 위로 올라가서 출입구 반대편 벽 틈새로 파고들어 가는 게 제일 좋겠다는 판단이 섰다. 압둘은 날렵해서, 밝은 날이라면 간신히 쌓여 있는 쓰레기 더미도 15초면 너끈히 올라갈 수 있다. 하지만 어둠 속에서 발을 헛디뎠다간 병이며 깡통이 죄다 쏟아질 테고, 그러면 오두막들 사이에 벽이라고 해봐야 판자 한 장뿐인 상황에서 자신의 위치를 사방에 알리는 꼴이 된다.

오른쪽에서 나직하게 들리는 코 고는 소리에 압둘은 심란해졌다. 얼마 전에 시골에서 올라온 과묵한 저 친척은 도시에선 여자들이 매일 분신을 한다고 생각할지도 몰랐다. 압둘은 왼쪽으로 몸을 돌려 어둠 속에서 뭔가를 만져보다가 그게 푸른색 폴리우레탄 자루라는 걸 알아챘다. 그건 먼지를 끌어당기는 자석 같아서 그걸 분류하는 작업은 질색이었다. 그런 자루 하나를 축축한 마분지 더미 위에 던져놨던 게 기억났다. 조용히 올라갈 방법이 생겼다.

더듬거리면서 마분지 상자 하나를 꺼내 집과 창고 사이의 벽에 댔다. 그 위에 올라서서는 잠시 기다렸다. 마분지가 눌리면서 물건들이 주저앉고 쥐들이 여기저기 돌아다녔지만, 다행히 쇳덩이가 굴러떨어진다거나 하는 사태는 발생하지 않았다. 압둘은 벽을 짚고 균형을 잡으면서 걸음을 옮겼다.

벽 너머로 누군가 발을 끌며 걷는 소리가 들렸다. 아버지일 공산이 컸다. 지금쯤 아버지는 잘 때 입는 옷 대신 헐렁한 폴리에스테르 셔츠를 입고, 손바닥에 올려놓은 담배 가루를 물끄러미 들여다보고 있을 게 틀림없었다. 아버지는 어찌할 바를 모를 때 저녁 내내 담배 가루를 만지작거리며 손가락으로 원을 그렸다가 삼각형을 그렸다가 하는 버릇이 있었다.

몇 걸음 옮기다 절그럭거리는 소리가 나서 잠깐 움찔했다. 그래도 계속 옮겨가서 마침내 뒤쪽 벽에 닿았다. 몸을 누이고 나니 바지를 입지 않은 게 후회됐다. 통조림 모서리 같은 모기가 허벅지를 파고들었다.

위로 올라오니 탄내가 진동했다. 등유와 녹은 고무 냄새는 그보다 더 심했다. 빈민촌의 골목을 지나다가 그런 냄새를 맡아도 속이 울렁거리지는 않는다. 밤마다 안나와디로 쏟아져 똥돼지 300마리의 먹이가 되는 썩은 호텔 음식 쓰레기에 비하면 그건 차라리 오렌지 꽃향기였다. 지금 압둘의 배가 뒤틀리는 건 그 냄새의 정체, 그게 누구의 살을 태운 냄새인지 알기 때문이었다.

압둘은 온 가족이 안나와디로 이사 온 8년 전부터 외다리를 알았다. 딱 붙은 두 집을 가르는 게 그야말로 판자 한 장뿐이었으니 모를 도리가 없었다. 그때도 그녀의 냄새는 괴로웠다. 없는 살림에도 그녀는 용케 향수를 뿌렸다. 젖내와 볶은 양파 냄새가 나는 어머니는 그걸 못마땅해했다.

그때나 지금이나 압둘은 어머니가 언제나 옳다고 믿었다. 어머니 제루니사는 정이 많았고 아이들과 장난도 잘 쳤다. 장남인 압둘 생각에 어머니의 유일한 흠은 흥정할 때 쓰는 말이었다. 불경한 언사가 재활용 업계의 관행이라고는 하지만, 어머니는 그 관행을 지나치게 즐기는 것 같았다.

제루니사는 일부러 화가 치미는 듯한 시늉을 하며 이렇게 말했다. "대가리에 뇌라고는 레몬만 한 것밖에 안 든 이 얼간이 뚜쟁이 놈아! 네놈이 주워온 깡통 쪼가리 없다고 우리 집 애들이 굶을 줄 알아? 바지를 벗겨서 그 안에 든 쥐꼬리만 한 걸 확 저며버릴라!"

이게 어느 시골 마을에서 부르카를 쓰고 독실한 무슬림으로 자랐다는 여인의 입에서 나온 말이었다. 스스로 "90퍼센트는 보수적"이라고 생각하는 압둘은 어머니를 맹렬히 비난했다. "엄마가 길거리에서 그렇게 욕하는 걸 할아버지가 들으면 뭐라고 하시겠어요?"

"더 심한 욕을 하시겠지. 나를 병든 남자한테 시집보낸 게 누군데. 내가 너희 할머니처럼 집 안에만 조용히 앉아 있었으면 너희들은 전부 굶어 죽었을 거다."

압둘은 차마 아버지의 흠까지 지적할 수는 없었다. 아버지 카람 후사인은 몸이 성치 않아서 일은 못했지만 마누라를 내버려둘 만큼 허약한 건 아니었다. 이슬람 중에서도 아버지가 속한 와하브 파에서는 피임을 용납하지 않았다. 제루니사는 자식 열 명을 낳고 그중 아홉 명이 살아남았다.

제루니사는 임신을 할 때마다 장래의 일손이 늘어나는 거라며 위안을 삼았다. 그런데 지금 이 집에서 일을 하는 건 압둘뿐이었고, 동생이 새로 태어날 때마다 압둘의 근심만 늘어났다. 그러다 보니 실수도 하고, 쓸데없는 물건에 비싼 값을 쳐주기도 했다.

아버지는 조용히 말했다. "천천히 하거라. 저울 눈금만 보지 말고, 코랑 입이랑 귀까지 전부 사용해." 고철은 못으로 두드릴 때 나는 소리로 성분을 알 수 있다고 했다. 플라스틱은 씹어서 등급을 나누되 그중 단단한 것은 쪼개서 냄새를 맡으라고 했다. 신선한 냄새가 나면 품질 좋은 폴리우레탄이라는 뜻이었다.

압둘은 그렇게 요령을 터득했다. 그러다 보니 어느 해부터는 먹을 것 걱정이 없어졌다. 어느 해인가에는 집이 넓어졌다. 판자때기였던 칸막이를 알루미늄으로 교체했고, 불량품이라 버려진 벽돌로 담을 쌓았다. 어느새 골목에서 가장 튼튼한 집이 되었다. 그런데 벽을 보면 생각이 복잡해졌다. 자랑스럽기도 하고 안심도 되었다가 벽돌의 질이 너무 낮아서 무너지지 않을까 걱정도 되었다. 그래도 이제 남편이 나가서 쓰레기를 분류하는 동안 애인을 불러들이는 외다리와의 사이에 7~8센티미터의 벽이 생겼다.

지난 몇 달 동안 압둘이 외다리의 존재를 인식한 건 그녀가 철제 목발을 또각거리며 장이나 공동 변소를 오갈 때뿐이었다. 외다리는 목발이 너무 짧았는지 엉덩이를 쑥 내밀고 걸었는데 엉덩이를 이리저리 씰룩거리는 모습에 사람들이 웃음을 터뜨렸다. 립스틱도 웃음거리였다. **변소에 쪼그리고 앉아 있으려고 저렇게 칠하고 나온 거야?** 어느 날은 오렌지색이었다가 또 어느 날은 릴라 호텔 옆 자문 열매(염부수라고도 하는 열대 식물 잠불 나무의 열매. 크기와 모양이 올리브와 흡사하다.—옮긴이)를 죄 따먹기라도 한 양 푸르죽죽했다.

외다리에게는 시타라는 본명이 있었다. 흔히 장점으로 치는 하얀 살결을 가졌지만 짤막한 한쪽 다리 때문에 신부로서의 가치도 싹둑 잘려나갔다. 힌두교도였던 부모님은 유일하게 들어온 혼담을 단번에 수락했다. 상대는 가난하고 볼품없지만 성실한, 늙은 무슬림이었다. "반송장이지만 달리 누가 저 애를 원했어야지." 외다리의 어머니는 언젠가 이맛살을 찌푸리며 말했다. 어울리지 않는 짝이었던 남편은 아내에게 파티마라는 새 이름을 지어주었고, 두 사람 사이에서 헬쑥한 세 딸이 태어났다. 그중 제일 병약하던 아이가 집에서 양동이에 빠져 죽었다. 사람들은 파티마가 별로 슬퍼하지 않는다며 수군거렸다. 그녀는 딸이 죽은 지 며칠 만에 바깥출입을 했고, 여전히 엉덩이를 씰룩거리면서 금칠한 얼굴에 노골적인 시선으로 남자들을 쳐다보았다.

최근 들어 안나와디에는 욕망이 넘쳐났다. 아무튼 압둘이 보기엔 그랬다. 경제가 발전하면서 카스트나 신이 정해준 대로 살겠다는 해묵은 태도는 혁명에 대한 세속의 믿음에 밀려나고 있었다. 쉽게 더 나은 삶 운운하는 안나와디 사람들을 보면 재운이라는 게 마치 일요일에 방문하는 사촌쯤 되는 듯했고, 과거와 전혀 다른 모습으로 찾아올 것만 같았다.

압둘의 동생인 미르치만 해도 폐품을 분류할 마음이 없었다. 그 아이가 상상하는 미래의 모습은 풀을 먹여 빳빳한 제복을 입고 화려한 호텔로 출근하는 것이었다. 미르치는 웨이터들이 온종일 치즈 조각에 이쑤시개를 꽂거나 테이블의 나이프와 포크를 정돈한다는 이야기를 들었다. 미르치는 그렇게 깨끗한 일을 하고 싶었다. 언젠가 엄마한테 큰소리를 쳤다. "두고 봐! 나는 이 오두막만 한 욕실이 있는 집에서 살 테니까!"

압둘네 뒷골목에 사는 청소부 라자 캄블의 꿈은 의학의 힘을 빌려 다시 태어나는 것이었다. 심장판막만 새로 이식하면 자식들이 다 자랄 때까지 살 수 있었다. 모퉁이 판잣집에 사는 열다섯 살 미나는 부모가 정해주는 남자한테 시집가서 얌전하게 살림만 하는 대신 텔레비전 연속극에 나오는 것처럼 자유와 모험으로 충만한 삶을 살고 싶었다. 또래에 비해 체구가 왜소한 열두 살짜리 넝마주이 수닐은 키가 쑥쑥 자랄 수 있게 뭐든 실컷 먹는 게 꿈이었다. 공동 변소 옆에 사는 싸움닭 같은 여자 아샤의 야망은 남달랐다. 아샤는 안나와디 최초의 여자 빈민촌장이 되길 원했고, 그걸 발판 삼아 도시를 거침없이 흐르는 부패의 물살을 타고 중산층에 진입하길 원했다. 아샤의 딸인 만주는 자신이 엄마에 비해 고상한 목표를 가졌다고 생각했다. 만주의 목표는 안나와디 최초로 대졸 여성이 되는 것이었다.

가장 터무니없는 꿈을 꾼 건 외다리였다. 그녀의 혼외정사는 끊임이 없었는데, 꼭 푼돈을 챙기려는 계산속만은 아니었다. 차라리 그런 이유였다면 이웃들도 이해했을지 모른다. 외다리는 그 외다리라는 이름이 일으키는 고통을 뛰어넘고 싶었다. 사람들로부터 존중받고 매력적이라는 소리를 듣고 싶었다. 안나와디 사람들은 절름발이가 당치 않은 꿈을 꾼다고 여겼다.

압둘은 아내를 원했다. **뚜쟁이니 죽일 놈**이니, 그런 험한 말은 모르는 여자. 자기 몸에서 나는 냄새를 개의치 않는 여자. 그리고 집을 한 채 갖고 싶었다. 안나와디만 아니라면 어디든 상관없었다. 빈민촌에 사는 대부분의 사람들처럼, 하기야 그건 세상 어디나 마찬가지겠지만, 압둘 역시 자신의 능력이면 그 정도 꿈은 충분히 이룰 수 있다고 믿었다.

안나와디에 도착한 경찰이 마이단을 가로질러 압둘의 집으로 다가왔다. 빈민촌에는 말투가 저렇게 위압적인 사람이 없으니 경찰이 틀림없었다.

압둘네 가족은 인근 경찰들을 적잖이 알았다. 경찰이라는 말만 들어도 두려워할 만큼 잘 알았다. 경찰들은 빈민촌에서 누가 돈 좀 만진다는 사실을 알면 이틀에 한 번꼴로 찾아와 뒷돈을 뜯어갔다. 그중에서도 악질은 파와르라는 경찰로 하얏트 호텔 옆에서 꽃을 파는 노숙 소녀에게 무자비한 짓을 했다. 다른 경찰들도 별로 다르지 않아서, 마지막 남은 빵 조각이라고 호소한들 아랑곳하지 않고 코를 풀 인간들이었다.

경찰들이 문턱을 넘어 집으로 들어가는 소리에 압둘은 마음을 단단히 먹었다. 어린 동생들의 비명 소리, 그릇이 거칠게 날아가는 소리가 날 거라고 생각했다. 그런데 경찰관 두 명은 대단히 침착했고, 심지어 친절하게 사실만을 전달했다. 외다리가 목숨을 건졌고, 병원에서 고소장을 작성했는데 압둘과 압둘의 누나, 아버지가 자신을 구타한 후 몸에 불을 질렀다는 내용이라고 했다.

나중에 압둘은 열에 들떠 까무룩 꿈을 꿀 때처럼 경찰들의 말소리가 느릿느릿 창고 벽을 뚫고 들려왔다고 회상했다. 아니, 케카샨 누나까지 고소 당했다는 얘기인가? 압둘은 발끈해서 외다리가 죽었으면 좋겠다고 생각했다가 금세 후회했다. 외다리가 죽어버리면 가족들은 지금보다 더 곤란한 상황에 몰릴 것이다.

안나와디든 어디든, 뭄바이에서는 빈민촌에서 가난하게 산다는 것 자체가 죄였다. 압둘은 이따금 넝마주이들이 훔쳐온 고철도 매입했는데 그 역시 무슨 허가를 받고 하는 건 아니었다. 심지어 안나와디에 사는 것부터가 불법이었다. 공항공사 측은 무단 점거한 주민들을 몰아내고 싶어 했다. 하지만 압둘네 가족은 외다리의 몸에 불을 지르지는 않았다. 불을 지른 건 외다리 자신이었다.

압둘의 아버지는 경찰에 이끌려 밖으로 나가면서 폐병 환자 특유의 가쁜 숨소리를 내며 가족들은 아무 죄가 없다고 항변했다. "그런데 아들 녀석은 어디 있는 거야?" 경찰 한 명이 창고 문 앞에서 큰 소리로 물었다. 이번만큼은 힘을 과시하려는 게 아니었다. 압둘의 어머니가 하도 울고불고하는 통에 그 소리에 묻히지 않기 위해서였다.

어머니는 좋을 때건 나쁠 때건 눈물이 많았다. 대화를 시작할 때면 으레 눈물부터 흘리곤 했다. 그런데 지금은 어린아이들이 훌쩍이는 바람에 눈물이 더 심해졌다. 자식들이 아버지를 사랑하는 마음에 복잡한 속셈 같은 게 있을 리 없었다. 이들은 아버지가 경찰에 끌려가던 밤을 두고두고 기억했다.

시간이 흐르고 구슬프던 울부짖음도 잦아들었다. "30분이면 다시 돌아오실 거야." 어머니는 노래라도 부르는 것 같은 높은 목소리로 아이들을 안심시켰다. 거짓말할 때의 목소리였다. 압둘은 "다시 돌아온다"는 말에 마음을 굳게 먹었다. 경찰들은 아버지를 체포해서 안나와디를 떠난 모양이었다.

경찰이 자신을 찾으러 다시 돌아올 가능성을 배제할 수는 없었다. 하지만 뭄바이 경찰들의 평소 작태로 미뤄보건대, 그날의 업무는 그걸로 끝일 가능성이 높았다. 그렇다면 어둠을 틈타 창고로 숨어드는 것보다 더 영리한 도피 작전을 짤 여유가 서너 시간쯤 생긴 셈이었다. 압둘은 **못할 게 없다**고 생각했다. 그가 은근히 자부하는 것 중 하나가 재활용품을 오래 분류하면서 손힘만큼은 살인적인 수준이 되었다는 믿음이었다. 이를테면 이소룡처럼 벽돌을 반으로 쪼갤 수도 있다고 생각했다. "그러면 진짜로 벽돌을 가져다놓고 해봐." 한 번은 미련하게 어느 여자아이 앞에서 손힘을 자랑했다가 대뜸 이런 제안을 받았다. 압둘은 어영부영 그 상황을 넘겨버렸다. 벽돌과 관련된 믿음은 속으로 고이 간직할 뿐, 시험해볼 생각은 없었다.

두 살 아래인 미르치였다면 훨씬 용감하니 창고 같은 곳에 숨지 않았을 것이다. 미르치는 웃통을 벗어부친 범인들이 경찰들의 총탄 세례에도 아무렇지 않게 높은 곳에서 뛰어내리고 기차의 지붕 위를 달리는 발리우드 영화를 좋아했다. 압둘은 그런 위험한 장면들을 지나치게 사실적으로 받아들였다. 압둘은 1~2킬로미터를 걸어 해적 비디오를 틀어주는 오두막에 갔던 어느 날 밤을 잊을 수 없었다. 지하실에 괴물이 사는 어떤 저택에 관한 영화를 보았는데 오렌지색 털로 뒤

프롤로그

덮인 괴물은 인간의 살을 먹었다. 영화가 끝난 후에 압둘은 오두막 주인한테 20루피를 주고 그 집 바닥에서 잤다. 어찌나 겁이 났던지 다리가 뻣뻣하게 굳어서 도저히 집까지 걸어갈 수가 없었다.

다른 아이들 앞에서 겁에 질린 모습을 보인 건 부끄러웠지만, 압둘은 그러지 않는 게 더 이상하다고 생각했다. 신문이나 깡통을 분류하는 건 시각보다 다른 감각을 요구하는 작업이기 때문에 압둘은 일을 하는 동안 이웃들을 관찰하곤 했다. 그러면서 이런저런 가설을 세우게 됐는데, 그중에는 유난히 설득력이 강한 것도 있었다. 압둘이 보기에 안나와디에서 행운은 뭘 어떻게 하느냐가 아니라, 사고나 재앙을 얼마나 잘 피하느냐에 달려 있었다. 그나마 버젓이 살기 위해서는 기차에 치이지 않고, 빈민촌장의 심기를 거스르지 않고, 말라리아에 걸리지 않아야 했다. 압둘은 더 똑똑하지 못한 걸 한탄하면서도 자신에게 이런 환경에 필요한 자질이 하나 있다고 믿었는데, 그건 바로 **차우카나**, 즉 빈틈이 없다는 것이었다. "내 눈은 사방팔방 다 볼 수 있거든요." 압둘은 그 자질을 이렇게 표현했다. 그래서 아직 도망칠 여유가 있을 때 재앙을 예견할 수 있다고 믿었다. 외다리의 분신은 그가 무방비로 당한 최초의 사건이었다.

몇 시쯤이나 됐을까? 웬 여자가 마이단에서 소리를 지르고 있었다. "아니, 경찰들은 왜 이 집구석 인간들을 깡그리 체포하지 않은 거야?" 신시아라는 이 여자는 파티마와 친했고, 폐품을 거래하던 자기 집 가세가 압둘 때문에 기운 뒤로 특히 압둘네 가족을 싫어했다. "다들 경찰서까지 행진해서 경찰들한테 저 사람들을 잡아가라고 요구합시다." 신시아가 다른 주민들을 향해 외쳤다. 압둘의 집 안에는 정적만 감돌았다.

얼마 후 다행히 신시아도 입을 다물었다. 항의 행진을 지지하는 의견이 들끓는 대신 모두의 잠을 깨운 것에 대한 짜증뿐이었다. 압둘은 긴장감이 마침내 옅어지는 걸 느꼈다. 그러다 사방에서 쇠솥이 쿵쿵거리는 소리에 화들짝 놀랐다. 어리둥절했다.

문틈으로 황금빛 햇살이 스며들고 있었다. 다는 데 일 분 남짓 걸렸던 창고 문이 아니었다. 압둘이 바지를 입고 살펴보니 마이단 건너에 사는 젊은 무슬림 요리사네 판잣집 바닥에 누워 있었다. 아침이었다. 쿵쿵거리는 건 안나와디 사람들이 아침을 준비하는 소리였다.

대체 언제, 무슨 생각으로 마이단을 가로질러 이 오두막으로 온 걸까? 공포가 그의 기억력을 좀먹었는지, 압둘은 간밤의 마지막 부분이 도저히 떠오르지 않았다. 분명한 건 인생에서 가장 침통한 상황, 용기와 결단을 요구하는 그 순간에 자신이 안나와디를 벗어나지 않은 채 곯아떨어졌다는 사실이었다.

압둘은 할 일을 즉시 파악했다. 어머니를 찾아가야 했다. 자신이 형편없는 도망자라는 사실이 입증됐으므로 뭘 어떻게 할지 어머니에게 지시를 받아야 했다.

"얼른 가라." 어머니가 행동 지침을 줬다. "최대한 빨리 가!"

압둘은 셔츠를 집어들고 달려나갔다. 공터를 건너고 오두막들 사이의 갈지자 길을 달려, 빈민촌 쪽으로는 쓰레기와 물소들이 있고 다른 쪽으로는 하얏트의 유리가 번쩍이는 자갈길로 올라섰다. 달리면서 주섬주섬 셔츠의 단추를 채웠다. 200미터쯤 달렸더니 공항으로 이어지는 넓은 대로가 나왔다. 옆으로는 화단에 꽃이 만개했다. 그가 전혀 모르는 도시의 예쁜 모습이었다.

심지어 나비도 날아다녔다. 압둘은 나비들 옆을 빠르게 지나 공항으로 달려 들어갔다. 도착한 비행기들은 내려오고, 떠나는 비행기들은 날아올랐다. 그는 제3의 길을 갔다. 청백색 알루미늄 울타리 옆의 긴 길을 따라 달렸다. 울타리 너머에서는 굴착기가 지축을 흔들며 화려한 신축 터미널의 기초공사를 하고 있었다. 압둘은 가끔 터미널의 보안용 울타리로 돈을 벌어볼까 생각했다. 넝마주이가 이 알루미늄 판 두 장만 훔쳐다 팔면 1년 동안 놀고먹을 수 있었다.

압둘은 잠시도 멈추지 않았다. 오른쪽으로 방향을 틀었더니 맹렬한 아침 햇살 속에 검고 노란 택시들이 줄지어 서 있었고, 다시 한번 우회전을 하자 잎이 무성한 가지들이 낮게 드리운 찻길로 접어들었다. 거기서 다시 오른쪽으로 돌았을 때, 압둘은 경찰서 안에 들어가 있었다.

제루니사는 아들의 표정을 읽었다. 아들은 경찰을 피해 도망다니기엔 걱정이 너무 많았다. 그러지 않아도 아침에 일어났을 때 경찰이 아들을 어디에 숨겼는지 대라며 남편을 때릴까 봐 겁이 났다. 아픈 아버지를 보호하는 것도 장남의 의무였다.

압둘은 기꺼이, 기쁜 마음으로 자신의 의무를 다할 것이다. 숨어 지내는 건 죄지은 사람들이나 하는 짓이었다. 자신이 아무 죄도 짓지 않았다는 도장을 이마에라도 확실히 찍고 싶었다. 그렇다면 그 도장을 찍어줄 곳을 찾아, 법과 정의 앞에 자진 출두하는 것 외에 달리 무슨 방법이 있겠는가. 압둘은 짧은 생애 동안 믿을 이유가 없었던 법과 정의를 이제부터 믿기 위해 노력할 작정이었다.

견장이 달린 황갈색 제복 차림의 경찰이 회색 철제 책상 앞에 앉아 있다가 압둘을 보고는 깜짝 놀라 일어났다. 콧수염 아래로 도톰한 입술이 꼭 물고기 같았다. 나중에 압둘은 슬며시 벌어지며 미소를 머금던 그 입술을 떠올렸다.

1부

하류 인생

"안나와디 사람들은 하나같이 말합니다.
우리 애는 의사, 변호사로 키울 겁니다.
그러면 그 애가 우리 집을 부자로 만들어줄 거예요.
하지만 그건 다 허세요.
작은 배가 서쪽으로 갈 때는 다들 말하죠.
내가 조종을 잘하기 때문이라고.
하지만 그 말을 하는 순간
바람이 배를 동쪽으로 몰고 가죠."

— 압둘의 아버지, 카람 후사인

1
안나와디

물고기 입술 경찰관이 경찰서에 들어서는 압둘을 본 순간을 기억하면서 시간을 돌려보자. 압둘이 뒷걸음질로 경찰서를 나와 공항을 지나 집으로 가는 모습을 상상해보자. 분홍색 꽃무늬 치마를 입은 불구의 여인을 집어삼킨 불이 바닥에 떨어진 성냥으로 오그라드는 장면을 떠올려보자. 목발을 짚은 채 시끄러운 사랑 노래에 맞춰 춤을 추는, 오밀조밀한 이목구비가 아직 멀쩡한 파티마를 떠올려보자. 그렇게 일곱 달 전까지 거슬러올라가 2008년 1월의 어느 평범한 날에 시간을 멈춰보자. 전 세계 빈곤층 가운데 1/3이 살고 있다는 이 나라의 가장 큰 도시에 이 조그만 빈민촌이 생겨난 뒤 몇 년 동안 가장 희망찬 기운이 감돌던 무렵이었다. 개발 붐에 넘치는 돈으로 나라 전체가 현기증에 시달릴 지경이었다.

1월. 나뭇가지마다 줄줄이 연이 걸리고 두통 감기가 유행하는 1월이면 새벽에 바람이 심했다. 온 가족이 전부 눕기엔 집이 비좁아서 압둘은 모래 알갱이가 배기는 마이단에서 잤다. 벌써 몇 년째 그곳이 압둘의 침대였다. 새벽에 어린 동생들 위를 조심스레 넘어온 어머니는 몸을 숙여 압둘의 귀에 대고 거친 목소리로 말했다. "냉큼 일어나지 못해, 멍청한 놈. 자는 게 네 일이냐?"

미신을 믿는 제루니사는 장남에게 욕을 퍼부으면 공교롭게도 그날따라 돈벌이가 잘된다는 걸 경험했다. 후사인 가족은 안나와디 탈출이라는 새로운 계획을 세웠고, 1월의 수입은 그 계획의 추진 여부에 대단히 중요했기 때문에 제루니사는 아예 욕을 일상으로 하자고 작정했다.

압둘은 군소리 없이 일어났다. 어머니가 너그럽게 받아주는 불평은 당신의 넋두리뿐이었다. 그리고 조용한 아침 시간은 압둘이 안나와디에서 그나마 가장 덜 싫어하는 시간이었다. 어슴푸레 밝아오는 태양이 오수 웅덩이에 비쳐 은빛으로 반짝이고, 웅덩이 너머에 둥지를 튼 앵무새 소리가 제트기 소음에 완전히 덮이기 전이었다. 테이프로 감고 밧줄로 동여맨 판잣집 앞에서 이웃들은 물에 적신 헝겊으로 구석구석 몸을 닦았고, 교복 넥타이를 맨 아이들이 항아리를 들고 공동 수도로 향했다. 오렌지색 콘크리트 건물인 공동 변소 앞에는 풀기 없는 줄이 이어졌다. 염소의 눈동자마저 잠기운으로 무거워 보였다. 좁은 틈새시장을 놓고 맹렬한 쟁탈전이 벌어지기 전, 잠시 다정하고 가족적인 시간이었다.

현장감독이 그날 필요한 일꾼들을 실어가는 번잡한 교차로를 향해 건설 노무자들이 한 명씩 떠나갔다. 소녀들은 금잔화를 꺾어 공항로에서 팔 화관을 만들었다. 나이 든 여자들은 분홍색과 파란색 누비이불에 조각보를 덧대고 바느질을 했다. 공장에서 받아온 일거리였다. 덥고 비좁은 플라스틱 공장에서는 웃통을 벗어부친 남자들이 기계에 오색 구슬을 넣고 돌려 장신구를 만들었다. 자동차 거울에 거는 장식품이었다. 보석 목걸이를 두르고 미소 짓는 오리며 분홍색 고양이 같은 것들을 누가 살지는 의문이었다. 마이단에 쪼그리고 앉아 보름 동안 매입한 폐품을 분류하기 시작한 압둘은 더러운 셔츠를 말아 올려 앙상한 척추를 드러냈다.

이웃을 대하는 압둘의 태도는 으레 이런 식이었다. "당신들을 알수록 나는 당신들이 더 싫어지고, 당신들 역시 내가 더 싫어질 거야." 하지만 이날 아침처럼 일에 몰두할 때면 다른 안나와디 사람들이 옆에서 정겹게 땀 흘리며 일하는 모습도 떠올릴 수 있었다.

안나와디에서 사하르 공항로까지는 약 200미터인데, 이 지점에서 새로운 인도와 해묵은 인도가 충돌하며 또 다른 인도가 만들어졌다. SUV 운전사들은 각각 달걀을 300개씩 싣고는 빈민촌 양계장에서 쏟아져 나오는 자전거 배달 소년들을 향해 맹렬하게 경적을 울려댔다. 뭄바이 빈민촌이라는 점에서 보면 안나와디 자체는 특별할 게 없었다. 집들은 전부 기우뚱해서 조금이나마 덜 기울어진 집이 똑바로 선 것처럼 보였고, 오물과 질병은 삶의 일부 같았다.

안나와디는 국제공항 활주로 보수를 위해 인도 남부 타밀나두 지방에서 트럭으로 공수해온 노동자들에 의해 생겨났다. 그들은 공사가 끝난 후에도 근처에 자리를 잡고 건설현장에서 돈벌이가 될 만한 일을 노려보기로 했다. 인근에는 남는 땅이 거의 없었고, 공항 터미널에서 길 하나를 건너면 나오는, 뱀이 우글대는 관목 숲이 그나마 덜 열악해 보였다. 그때가 1991년이었다.

다른 사람들이 집을 짓기엔 너무 습하다며 거들떠보지 않은 땅에서 타밀 사람들은 뱀이 사는 덤불을 베어내고 마른 흙을 퍼다 습지를 메웠다. 한 달이 지나자 대나무 장대를 땅에 박아도 더 이상 힘없이 넘어가지 않았다. 장대를 꽂고 시멘트 포대를 덮었더니 그럭저럭 잠잘 곳이 생겼다. 안나와디라는 이름은 주변 빈민촌 사람들이 붙여주었다. 타밀 사람들이 형을 높여 부르는 '**안나**'들의 땅이라는 뜻이었다. 비록 타밀 지방 이주민들을 업신여기는 말이 더 널리 쓰였지만, 이들이 늪을 단단한 땅으로 다지려고 땀 흘리는 모습을 직접 본 까닭에 그 노동에만큼은 일정한 경의를 표한 것이다.

그로부터 17년이 흐른 후, 인도 공식 기준에 따라 빈민으로 분류될 사람은 이 빈민촌에서 별로 찾아볼 수 없었다. 안나와디 사람들은 오히려 1991년, 그러니까 이 빈민촌이 생겨나던 무렵에 중앙정부에서 추진한 경제 자유화 정책 덕분에 가난에서 해방된 약 1억 명의 인도인 가운데 일부였다. 안나와디 빈민들은 시장 자본주의라는 세계적인 경향에서 가장 역동적인 성공 사례로 손꼽히며, 그 성공담은 지금도 계속 이어지고 있다.

물론 빈민촌 주민 3000명 가운데 정규직에 종사하는 사람은 여섯 명에 불과하다.(인도 노동 인구의 약 85퍼센트가 그렇듯이 나머지는 비공식, 비조직적인 경제권에 종사한다.) 저녁으로 쥐와 개구리를 잡아서 튀겨 먹는 주민도 적지 않다. 오수 웅덩이 둘레에 자라는 풀을 뜯어 먹는 사람도 상당수이다. 이런 비참한 영혼들은 주변 사람들에게 엄청난 기여를 했다. 같은 빈민촌에 살더라도 쥐와 잡초를 먹지 않는 압둘 같은 이웃들에게 신분 상승의 역동성을 느끼게 해준 것이다.

겨울이면 공항과 호텔에서 쓰레기가 쏟아졌다. 겨울은 원래 관광이나 사업차 찾는 사람들이 많고 결혼식도 집중되는 계절이지만 2008년에는 그 열기가 얼마나 뜨거웠던지 주식 시장에까지 영향을 미쳐서 주가 지수가 역대 최고치를 기록하기도 했다. 압둘에게 더 반가운 소식은 그해 여름에 열리는 베이징 올림픽을 앞두고 중국에 건설 붐이 일면서 세계적으로 고철 가격이 폭등했다는 것이었다. 뭄바이 고물상에겐 호시절이었다. 물론 사람들이 압둘을 고물상이라고 부른다는 이야기는 아니다. 사람들은 뒤의 말은 빼고 그냥 고물이라고 불렀다.

이날 아침에 나사와 못을 분리하면서도 압둘은 염소들한테서 눈을 떼지 않았다. 이놈들은 압둘이 모아놓은 병에서 나는 냄새와 라벨의 접착제 맛을 좋아했다. 평소에는 염소들이 어슬렁거려도 개의치 않았지만, 요즘 들어 물똥을 싸서 골치였다.

색싯집을 차려놓고 매일 창녀들한테 꾀병을 부린다고 타박하는 무슬림 남자가 기르는 염소들이었다. 그는 수입의 다각화 차원에서 라마단이 끝난 것을 기념하는 이드 대축제의 제물용으로 염소를 길렀다. 그런데 이놈들도 창녀만큼이나 속을 썩였다. 스물두 마리 중에 열두 마리가 죽었고 남은 것들도 장염을 앓았다. 색싯집 주인은 술집을 운영하는 타밀 사람들의 저주 탓이라 여겼지만, 다른 사람들은 염소들이 마시는 오수 웅덩이의 물을 의심했다.

공항 현대화 업무를 대행하는 곳에서는 야심한 시간을 틈타 이 웅덩이에 쓰레기를 내버렸다. 안나와디 사람들도 그곳에 쓰레기를 버렸다. 얼마 전에는 부패한 염소 열두 마리의 시체가 더해졌다. 오수 수프의 내용물을 일일이 알 수야 없지만, 이후 야트막한 가장자리에서 잠을 자는 돼지와 개들의 배가 퍼렇게 변했다. 하지만 아무 탈 없이 말라리아 모기까지 이겨내는 동물들도 있었다. 한낮이면 웬 낚시꾼이 둥둥 떠다니는 담뱃갑과 파란색 비닐봉지 따위를 한 손으로 밀어내고 다른 손으로는 그물로 물을 휘저으며 안쪽으로 걸어 들어갔다. 낚시꾼은 거기서 잡은 것을 마롤 시장에 내다 팔았는데, 그걸 갈아서 가공한 어유(魚油)는 서양에서 건강 보조 식품으로 인기가 높았다.

압둘은 장딴지에 쥐가 나서 일어났다가 하늘이 파리 날개처럼 갈색인 걸 보고 깜짝 놀랐다. 매연으로 뿌연 하늘을 보니 어느새 오후였다. 폐품을 분류할 때면 그렇게 시간을 잊기 일쑤였다. 갈라진 플라스틱 의자에 녹슨 자전거 바퀴를 붙여 만든 간이 휠체어에서 여동생들이 외다리의 딸들과 놀고 있었다. 9학년인 미르치도 집에 돌아와 수학 책을 무릎에 펼쳐놓고는 쳐다보지도 않은 채 오두막 문간에 나와 앉아 있었다.

미르치는 몇 집 건너에 사는 절친한 라훌을 이제나저제나 기다리는 중이었는데, 이 힌두교 소년은 요즘 안나와디의 유명 인사였다. 바로 이번 달에 라훌은 미르치가 꿈꾸는 바를 이루며 빈민촌과 부자들의 세상을 가르는 울타리를 뛰어넘었다.

유치원 교사면서 지역 정치인이나 경찰 들과 모종의 관계를 유지하고 지내는 그의 어머니가 오수 웅덩이 건너에 있는 인터콘티넨탈 호텔에서 며칠 동안 일할 수 있도록 손써준 것이었다. 파이처럼 넓적한 얼굴에 뻐드렁니가 난 9학년 라훌은 상류 도시의 풍요로움을 직접 목격했다.

그런 라훌이 운 좋게 손에 쥔 돈으로 산 옷을 빼입고 나타났다. 엉덩이 끝에 걸친 카고 반바지에, 폐품으로 넘기면 꽤 많은 값을 받을 만한 번쩍이는 타원형 버클을 차고, 검정색 니트 모자를 눈까지 푹 눌러썼다. "이런 게 힙합 스타일이야." 전날은 마하트마 간디의 암살 60주기였다. 예전에는 인도 엘리트들 사이에서 그런 날 왁자지껄하게 파티를 벌이는 것을 못마땅하게 여기는 분위기가 있었다. 그러나 인터콘티넨탈에서는 요란한 행사가 열렸고, 거기서 일한 라훌은 미르치가 그 이야기를 속속들이 듣고 싶어 한다는 걸 알았다.

"미르치, 내가 너한테 거짓말을 하겠니." 라훌이 씩 웃으며 이야기를 시작했다. "내 담당 구역에는 옷을 반만 입고 온 여자가 500명쯤 있었어. 급하게 나오느라 아랫도리를 챙겨 입는 걸 깜빡한 것 같더라니까."

"아휴, 나는 그때 어디서 뭘 한 거니? 자세히 좀 말해봐. 유명한 사람들은 안 왔어?" 미르치가 한숨을 쉬며 이야기를 재촉했다.

"전부 유명한 사람이었지! 발리우드 파티였는데. 몇몇 스타들은 밧줄을 친 VIP 구역에 있었지만, 존 에이브러햄은 거의 내 앞까지 왔었어. 이렇게 두꺼운 검정 코트를 입고 내 바로 앞에서 담배를 피웠다니까. 비파샤도 오기로 되어 있었는데, 내가 본 게 정말 그녀였는지 화려하게 꾸민 다른 여자였는지는 모르겠어. 손님을 쳐다보는 걸 지배인한테 들켰다간 돈도 못 받고 쫓겨나거든. 일을 시작하기 전에 이 이야기를 한 스무 번은 들었을 거야. 우리가 칠푼이도 아니고 말이야. 아무튼 시선은 테이블이나 카펫에만 고정해야 해. 다 먹은 접시나 사용한 냅킨은 바로바로 집어다가 뒤쪽 쓰레기통에 넣어야 하고.

그런데 정말 파티장이 얼마나 근사하던지. 일단 이만큼 두툼한 흰색 카펫을 깔았는데, 위에 올라서면 푹 꺼질 정도였어. 흰색 초를 켜고 조명은 디스코장 수준으로 침침하게 했어. 물감 푼 물을 얼려 만든 얼음으로 조각한 커다란 돌고래도 두 마리 있었는데, 한쪽에는 체리로 눈을 박고."

"얼빠진 놈, 물고기 따윈 집어치우고 여자들 이야기나 해봐. 그렇게 입고 나온 건 보라는 뜻이잖아." 미르치가 타박을 했다.

"진짜야. 볼 수가 없었어. 부자 전용 화장실도 구경을 못했다니까. 보안 요원들이 쫓아냈거든. 하지만 직원 화장실도 나쁘지 않았어. 인도식이랑 미국식 중에서 선택할 수도 있고." 애국심이 투철한 라훌은 바닥에 구멍만 뚫어놓은 인도식 변기에 오줌을 눴다.

어느새 미르치네 집 앞에는 라훌 이야기를 들으려는 소년들이 모여들었다. 안나와디 사람들은 호텔 안에서 벌어질 법한 어두운 이야기를 좋아했다. 약 기운에 머리가 돌아버린 넝마주이는 아예 호텔에 대고 말을 했다. "너희들이 나를 죽이려고 하는 것 다 알고 있어, 이 빌어먹을 하얏트!" 하지만 라훌의 이야기는 특별했다. 그는 거짓말을 하지 않았다. 아무튼 스무 문장 중에 한 문장 이상은 하지 않았다. 거기에 성격까지 명랑해서 라훌은 특권을 누리면서도 다른 소년들의 미움을 사지 않았다.

라훌은 자신이 호텔 정식 직원에 비하면 아무것도 아니라는 사실을 순순히 인정했다. 웨이터 중에는 대학 졸업자가 많고, 다들 하얀 피부에 키도 컸으며, 휴대전화는 하나같이 어찌나 반짝이는지 거울 대신 들여다보면서 머리를 정리할 수 있을 정도라고 했다. 안나와디 남자들 사이에서는 엄지 손톱을 길게 길러서 파란색을 칠하는 게 유행이었는데 웨이터 몇 명이 그걸 가지고 라훌을 놀렸다. 그래서 손톱을 잘랐더니 이번엔 말을 가지고 꼬투리를 잡았다. 안나와디에서는 부자를 높여서 '사아브'라고 부르지만, 정작 도시의 부자 동네에서는 그게 적절한 표현이 아니라는 것이었다. "웨이터들 말이 그런 표현은 D급이라는 거야. **타포리**, 그러니까 흉악범 같다나. 적절한 표현은 **선생님**이래."

"선생님임?" 누군가 묻자, 다들 따라 하며 웃음을 터뜨렸다.

마이단에 공간이 넉넉한데도 아이들은 다닥다닥 붙어 섰다. 다른 가족의 발을 입에 물고 자기 발은 또 다른 가족의 입에 물릴 만큼 좁은 집에서 자는 사람들은 살을 맞대는 게 버릇이 되었다. 압둘은 수하물에서 떼어낸 이름표를 한 아름 들고 있다가 아이들 옆의 마이단에 내려놓았는데 그게 바람에 날아가는 통에 주우려고 허둥지둥 달려갔다. 하지만 아무도 압둘에게 관심을 갖지 않았다. 압둘은 말수가 적었다. 어쩌다 말을 할 때면 어떤 생각의 실마리를 마음에 품은 채 몇 주 동안 가다듬은 것처럼 보였다. 이야기를 재미있게 풀어내는 재주가 있었더라면 압둘에게도 친구가 한두 명은 있었을지 모른다.

한번은 이런 단점을 고쳐보겠다고 자신도 인터콘티넨탈에 갔었다는 허황된 이야기를 지어냈다. 거기에서 「웰컴」이라는 발리우드 영화를 촬영 중이었는데 온통 흰옷으로 차려 입은 카트리나 카이프를 봤다는 이야기였다. 허술한 소설이었고, 라훌은 그걸 바로 간파했다. 하지만 라훌의 이번 이야기를 잘 들어두면 앞으로 더 탄탄한 정보를 가지고 거짓말을 지어낼 수 있을 것이다.

네팔에서 온 소년이 호텔의 여자들에 대해 물었다. 그는 호텔 울타리 틈새로 차를 기다리는 동안 담배를 피우는 여자들을 본 적이 있었다. "하나도 아니고 여러 대를 피우더라고. 그 여자들은 대체 어느 마을 출신인 거야?"

라훌은 다정하게 말했다. "잘 들어, 멍청아. 백인들은 전부 외국에서 왔어. 이런 기본적인 사실도 모르다니, 너는 정말 촌뜨기구나."

"어느 나라? 미국?" 그건 라훌도 대답할 수 없었다.

"하지만 호텔엔 인도 손님들도 아주 많았어. 확실해." 건장한 체구의 인도 사람들. 네팔 소년이나 발육이 저조한 이곳 아이들과 달리 크고 뚱뚱한 사람들.

라훌이 처음 투입된 행사는 그믐날에 열린 인터콘티넨탈의 신년 파티였다. 뭄바이의 호텔에서 열리는 신년 파티는 화려하기로 정평이 나 있다. 넝마주이들은 버려진 초대장을 안나와디로 가져오곤 했다. **르로열메리디언에서 품위 있게 2008년을 맞이하세요! 라이브 연주가 흥을 더해주고, 예술과 음악과 넘치는 음식 속에서 파리의 거리를 거니는 느낌. 탑승권을 예매하시면 즐거운 여행이 시작됩니다! 2인당 1만 2000루피, 샴페인 제공.**

라미네이트 종이에 인쇄된 그 초대장을 재활용 공장에 가져가면 1킬로그램에 2루피를 받았다. 미국 돈으로 약 4센트였다. 라훌은 부자들의 새해맞이 의식이 실망스러웠다. "바보 같잖아. 멍청하게 모여서 그냥 술 마시고 춤추고. 그건 여기 사람들도 매일 밤 하는 건데."

라훌이 친구들에게 말했다. "하지만 호텔 사람들은 술을 마시면 이상해져. 간밤에 파티가 거의 끝나갈 즈음 어떤 남자 배우가 나타났는데, 생기기도 잘생기고 줄무늬 양복도 아주 비싸 보였어. 이 남자가 고주망태가 되어서는 바지랑 윗도리 주머니에 빵을 쑤셔넣기 시작했어. 그러더니 바지 속으로도 롤빵을 넣는 거 있지! 롤빵이 바닥에 떨어지니까 그걸 집겠다고 또 테이블 밑으로 기어 들어가는 거야. 그걸 본 웨이터가 저 남자는 예전에 가난했던 모양이라고 하더라. 위스키에 취해서 옛날 기억이 되살아났다는 거지. 난 큰 호텔 파티에 참석할 만큼 부자가 되더라도 그렇게 못난이처럼 굴지 않을 거야."

미르치가 웃으면서 물었다. 2008년에 뭄바이의 수많은 사람들이 속으로 자문하던 질문이었다. "그렇다면 그런 호텔에서 대접을 받기 위해 뭘 하실 생각이신가요, 선생님?"

라훌은 대답 대신 모여든 아이들을 밀어내고 앞으로 달려갔다. 그의 관심은 안나와디 입구의 보리수 가지에 높이 걸린 녹색 플라스틱 연에 온통 쏠려 있었다. 부서진 것 같아도 살대를 잘 만져서 곧게 펴면 2루피쯤 받고 다시 팔 수 있을 것 같았다. 돈 좋아하기로는 누구에게도 뒤지지 않을 다른 아이들이 똑같은 생각을 하기 전에 연을 손에 넣어야 했다.

라훌은 이런 진취적인 정신을 어머니에게서 물려받았다. 압둘의 부모님은 그녀를 은근히 두려워했다. 라훌의 어머니 아샤는 뭄바이가 있는 마하라슈트라 주 태생의 힌두교도가 주도하는 정당인 '시브 세나'의 열혈 당원이었다. 뭄바이의 광역 생활권을 뜻하는 그레이터 뭄바이의 인구가 2000만에 육박하면서 일자리와 주거 공간을 놓고 벌이는 경쟁이 치열해졌고, 시브 세나에서는 당연히 토박이가 누려야 할 기회를 이주민들이 빼앗아간다고 비난했다.(이 당을 창설한 발 새커리는 팔십 줄에 접어든 후에도 히틀러의 인종 청소 정책에 대한 맹신을 버리지 않았다.) 시브 세나가 가장 강력하게 펼치는 주장은 가난한 북쪽 지방에서 온 이주민들을 뭄바이에서 쓸어내자는 것이었다. 도시의 무슬림 소수 인종에 대한 이 당의 적대감은 더 뿌리 깊었고, 그만큼 더 격렬했다. 그런 까닭에 북부의 우타르프라데시에서 온 무슬림인 압둘의 가족들은 두 배로 불신의 대상이 됐다.

하지만 라훌과 미르치는 인종이나 종교의 정치성을 초월한 우정을 나눴다. 미르치는 심지어 이따금 주먹을 불끈 쳐들고 시브 세나의 구호인 "자이 마라하슈트라!"를 외쳤는데, 순전히 라훌을 웃기기 위해서였다. 똑같이 9학년인 둘은 앞머리를 넘실거리는 갈기처럼 길게 기른 뒤 유명 배우 아제이 데브간처럼 눈 옆으로 쓸어내면서 외모마저 비슷해지기 시작했다.

압둘은 둘의 사이가 부러웠다. 그가 얼렁뚱땅 친구라고 부를 만한 사람은 칼루뿐이었는데, 열다섯 살의 집 없는 소년인 칼루는 공항 구내에서 쓰레기통을 훔쳐다 팔았다. 하지만 칼루는 밤에 일했고 압둘은 그때 잠을 자기 때문에 둘은 더 이상 많은 이야기를 나눌 수 없었다.

압둘이 제일 사랑하는 사람은 두 살짜리 남동생 랄루였는데 그

것 때문에 걱정이 되기도 했다. 발리우드의 사랑 노래를 듣던 압둘은 자신의 가슴이 너무 작게 만들어진 모양이라고 생각했다. 여자랑 무절제한 행위를 하는 것을 꿈꿔본 적도 없고, 어머니를 사랑하는 건 틀림없지만 그렇다고 감정이 절절한 것도 아니었다. 하지만 랄루는 보고만 있어도 눈물이 났다. 형은 웬만하면 꽁무니를 빼는데 랄루는 그 나이에도 겁이 없었다. 뺨과 뒤통수는 쥐에 물려서 부은 자국투성이였다.

이를 어쩐다? 성수기에는 으레 창고가 비좁을 만큼 쓰레기가 쏟아져서 오두막까지 물건을 쌓아두는데, 그랬더니 쥐들까지 집으로 따라 들어왔다. 하지만 밖에 놔두면 넝마주이들이 훔쳐갔고, 압둘은 같은 물건을 두 번 사들이는 건 질색이었다.

오후 3시 무렵, 압둘은 병뚜껑을 내려다보고 있었다. 이건 분류하기가 여간 성가신 게 아니었다. 안쪽에 댄 플라스틱을 일일이 뜯어내야 알루미늄으로 팔 수 있었다. 부자들의 쓰레기는 날이 갈수록 복잡해졌다. 이런저런 종류가 뒤섞이고 불순물이 더해지고 가짜가 판을 쳤다. 겉은 나무처럼 보이는데 중간에 플라스틱이 채워진 식이었다. 수세미는 뭐로 분류하지? 재활용 공장에서는 종류별로 순수하게 모아 오길 요구했다.

어머니가 옆에 쪼그리고 앉더니 젖고 더러운 옷 더미에 돌멩이를 얹었다. 그러다가 문간에서 졸고 있는 미르치를 노려봤다. "뭐하는 거니? 오늘 학교 쉬는 날이야?"

제루니사는 1년에 300루피나 내고 3급 우르두어 사립 학교에 다니는 미르치가 9학년 시험을 통과하길 바랐다. 교육 기회 확대는 강력한 정책이 아니었기 때문에 그 돈을 내야 했다. 무상 교육이 되는 공항 근처의 시립 학교는 8학년에서 끝나고, 교사들이 나오지 않는 날도 부지기수였다.

"공부 안 할 거면 형 일이나 돕던지." 미르치는 압둘의 쓰레기 더미를 물끄러미 쳐다보다가 수학 책을 펼쳤다.

얼마 전부터 미르치는 폐품을 쳐다보기만 해도 우울해졌지만, 압둘은 굳은 의지로 그런 마음을 물리쳤다. 그리고 부모님과 같은 희망을 품었다. 동생이 고등학교를 마치면 재치와 매력을 발휘해서 무슬림이라는 약점을 극복하고 좋은 일자리를 얻을 수 있을 거라는 희망이었다. 뭄바이가 아무리 다른 도시에 비해 세계화되고 능력을 중시한다고는 하지만 무슬림은 여전히 좋은 일자리에서 배제되었고, 미르치가 원하는 화려한 호텔들도 다르지 않았다.

수많은 언어가 난무하는 도시에서 사람들이 끼리끼리 모이려 하는 건 자신이 폐품을 종류별로 분류하는 것처럼 당연한 일이라고, 압둘은 생각했다. 모두에게 골고루 일자리가 돌아가기엔 뭄바이에 인구가 너무 많고, 그렇다면 마하라슈트라에서 나고 자란 쿤비 카스트의 힌두교도가, 무슬림 고물상보다야 같은 쿤비 카스트를 채용하고 싶어 하는 건 당연하지 않을까? 하지만 미르치는 이제 사람들이 그런 구분 없이 뒤섞이고 낡은 편견은 사라지는 추세라면서, 형은 쓰레기 더미에만 코를 박고 지내느라 세상 돌아가는 걸 잘 모른다고 했다.

압둘이 해가 지기 전까지 일을 끝내기 위해 속도를 높이려는데 다부진 체구의 힌두교도 소년들이 마이단에서 크리켓을 하기 시작했다. 소년들은 압둘이 쌓아놓은 폐품 더미를 향해 강한 볼을 날렸고, 가끔은 압둘의 머리를 노리기도 했다. 크리켓 패거리는 충돌을 피하자는 압둘의 소신을 가혹하게 시험했지만, 지금까지 압둘이 물리적으로 충돌했던 유일한 상대는 어린 남동생을 발로 짓밟은 열 살짜리 두 명뿐이었다. 이 크리켓 패거리는 불과 얼마 전에 무슬림 꼬마의 머리를 방망이로 내리쳐서 병원에 실려 가게 만들었다.

저만치 위쪽에서는 라훌이 나뭇가지에 올라가 몸까지 흔들어대며 내다 팔 수 있는 연을 두 개째 풀어내려고 안간힘을 쓰는 중이었다. 인근 콘크리트 공장에서 날아오는 모래와 자갈 먼지로 인해 나뭇잎들도 안나와디의 많은 것들처럼 뿌연 회색빛이었다. 이곳에 막 도착한 사람들이 숨을 쉴 때마다 먼지를 숟가락으로 떠먹는 것 같다고 불평하면 노인들은 눈에 핏발을 세우며 사람들을 안심시켰다. 하지만 실제로 사람들은 공기 때문에 죽어가는 것 같았다. 제때 치료받지 못한 채 방치된 천식, 허파 폐색증, 폐렴. 차라리 판잣집에서 받은 기침을 해대는 압둘의 아버지 카람 후사인의 말이 진정한 위로가 되었다. 콘크리트 공장을 비롯한 인근의 건설현장이 공항 옆에 새로 생긴 이 마을에 더 많은 일자리를 만들어주었으니 폐가 상하는 건 발전의 현장 옆에 사는 대가라는 이야기였다.

저녁 6시에 압둘은 의기양양한 기분으로 무릎을 펴고 일어났다. 크리켓 패거리를 물리친 압둘의 앞에는 종류별로 나뉘어 담긴 열네 개의 울룩불룩한 자루가 놓여 있었다. 주변 호텔에서 모깃불 연기가 구름처럼 자욱하게 일어날 때 압둘은 남동생 둘과 함께 이 자루들을 끌어다가 라임 색의 구식 삼륜 트럭 짐칸에 실었다. 후사인 집안의 가장 중요한 재산인 그 소형차 덕분에 폐품을 재활용 공장으로 실어 나를 수 있었다. 압둘은 차를 몰고 공항로를 따라 경적 소리가 오페라처럼 울리는 도시로 들어갔다.

사륜차, 자전거, 버스, 스쿠터, 그리고 걸어 다니는 수천 명의 사람들. 릴라 호텔의 화단 옆 사거리, 그리고 유럽산 세단들이 줄지어 기다리는 '자동차 스파'라는 정비업체 근처는 엄청난 체증 탓에 5킬로미터를 가는 데 한 시간도 넘게 걸렸다. 공항로 위쪽으로 서서히 올라가고 있는 고가도로를 보완하기 위한, 도시의 첫 번째 지하철 공사가 한창이었다. 압둘은 오도 가도 못하고 선 채로 기름이 떨어지지 않을까 걱정했다. 다행히 거미 다리만큼 가느다란 빛이 아직 있을 때 헐떡대는 자동차를 몰고 사키나카라는 대규모 빈민촌에 도착했다.

쇠를 녹이고 플라스틱을 분쇄하는 기계가 설치된 넓은 창고의 주인들은 **빳빳한 쿠르타**(헐렁한 셔츠 같은 전통 의상)를 입고 있었다. 흰 쿠르타는 더러운 물건들과 대비되어 멀리서도 눈에 확 띄었다. 반면에 공장 노동자들은 석탄 먼지 때문에 얼굴이 시커멨다. 철 가루를 그렇게 마셔대니 폐도 같은 색깔일 게 틀림없었다. 몇 주 전에 압둘은 이곳에서 한 소년이 플라스틱을 분쇄기에 넣다가 손이 잘리는 장면을 목격했다. 소년은 눈물을 흘리면서도 끝내 비명을 지르지 않았다. 손목에서 피가 철철 흐르고 밥벌이 능력도 그렇게 잘려나갔건만, 소년은 공장 주인에게 빌기 시작했다. "사아브, 죄송합니다. 이걸 신고해서 문제를 일으키는 일은 없을 겁니다. 저 때문에 곤란을 겪으실 일은 없을 겁니다."

미르치가 아무리 진보에 대해 떠들어도 인도는 여전히 사람들의 분수를 일깨워주었고, 그런 상황이 바뀌길 바라는 건 어린애 장난, 쿨피(아이스크림 같은 후식의 일종) 그릇에 이름 쓰기나 마찬가지였다. 압둘은 태어나면서 점지 받은, 낙인 같은 일자리에서 최선을 다했고, 이제 이윤을 내고 있었다. 압둘은 멀쩡한 두 손으로 돈을 받아 주머니를 가득 채우고 집에 돌아갈 것이다. 물건을 넘기면서 무게를 계산하면 대충 정확했다. 세계적인 경제 호황 속에 재활용 시장이 활기를 띠면서 그의 가족은 안나와디 사람들이 이제껏 짐작하지 못했던 규모의 수입을 올렸다. 압둘은 하루에 500루피, 약 11달러를 벌었다. 아침마다 어머니가 작정하고 욕을 퍼붓기에 충분한 액수, 어린 동생들조차 군소리를 하지 말아야 한다는 걸 알 만큼의 액수였다.

압둘의 부모님은 이 수입에 작년 한 해 동안 모은 것을 보태서 바사이라는 도시 외곽의 조용한 동네에 구입한 111제곱미터의 땅에 첫 분할금을 납부할 예정이었다. 무슬림 고물상들이 주로 모여 사는 동네였다. 벌이가 꾸준하고 세계 경제가 지금처럼만 유지된다면 그들은 무단 점거라는 오명을 벗고 아무도 압둘을 고물이라고 부르지 않는 곳에서 지주로 살 계획이었다.

2
아샤

라훌의 어머니인 아샤는 그 희망의 겨울에 깨달았다. 안나와디 빈민촌장은 정신 나간 위선자라는 것을! 위선자, 로버트 파이어스는 두 번째 부인을 죽지 않을 만큼 구타했다. 판잣집 앞에 기독교 예배당을 세워놓고는 힌두교 여신을 모시는 사당을 또 세웠다. 토요일마다 이 제단 앞에서 투실투실한 손을 마주 잡고 기도했으며, 굶주린 아이들에게 차와 빵을 먹이며 과거의 죄를 참회했다. 평일에는 어둠의 기운을 물리치지 못해 빈민촌의 마굿간에서 키우는 아홉 마리 말과 난잡하게 정을 통했고, 그중 두 마리에는 줄무늬를 그려서 얼룩말처럼 보이게 만들었다. 로버트는 이 가짜 얼룩말에 마차를 매달아 중산층 자녀의 파티용으로 대여했다. 그에게는 이 정도가 그나마 심판의 날 신이 감안해줄 거라 생각하는 정직한 행동이었다.

서른아홉의 아샤 와게카르는 그의 이런 개전의 노력에서 기회를 포착했다. 로버트가 권력에 취미를 잃었을 때 아샤는 자신의 권력 욕구를 깨달았다. 남들은 금잔화 꽃줄을 엮으라지, 남들은 폐품을 분류하라지. 아샤는 안나와디를 착취하는 상류 도시와, 그런 착취에서 살아남으려는 하류 도시를 막론하고, 모든 도시에서 주목받는 여자가 되고 싶었다.

빈민촌장은 공식 직책이 아니었지만, 주민들은 누가 그 감투를 쓰는지 잘 알았다. 그 자리는 지역 정치인과 경찰이 권력의 입맛에 맞춰 주민을 관리하기 위해 선택한 사람을 앉히는 자리였다. 급격히 현대화되는 인도에서도 여자 빈민촌장은 드물었고, 어쩌다 권력을 쥐는 데 성공한 여자들은 대개 땅을 물려받은 여자거나 아니면 권력자 남편이 세워놓은 대리인이었다.

아샤에게는 아무 해당 사항이 없었다. 남편은 알코올 중독자에 떠돌이 건설 노동자였으며, 야심이라곤 전혀 없었다. 아샤는 세 아이를 낳았고, 그 아이들이 어느새 전부 십 대가 되었지만, 그녀를 누군가의 아내로 인식하는 사람은 거의 없었다. 그녀는 그저 아샤였고, 독립적인 여자였다. 아마 처지가 달랐더라면 자신의 지략을 깨닫지 못한 채 살았을지도 모른다.

로버트가 안나와디에 기여한 가장 큰 공로라면 아샤를 비롯한 마하라슈트라 현지인들을 빈민촌으로 불러들인 것이다. 당시 공항을 둘러싼 선거구에서 지지 세력을 확장하려는 시브 세나의 노력 때문이었다. 그 유인책으로 공동 수도를 연결했고, 2002년에는 애초에 이 터를 닦았던 타밀 노동자들을 밀어내고 마하라슈트라 출신이 권력을 잡았다. 하지만 정규직 종사자가 거의 없는 빈민촌에서 다수당의 지위를 유지하기란 쉬운 일이 아니었다. 사람들은 들고났고, 판잣집을 사고팔고 빌려주는 암거래가 성행했으며, 2008년 초에는 시브 세나가 몰아내려는 인도 북부 이주민이 대다수를 차지했다. 아샤에게 분명한 사실은 76구 운영 위원, 즉 안나와디 관할 구역의 선출직 위원에게도 분명했다. 로버트는 이제 얼룩말에만 정신이 팔렸고 시브 세나와 빈민촌에는 흥미를 잃었다.

운영 위원인 수바시 사완트는 분을 바르고 머리를 염색하고 파일럿 선글라스를 쓴, 통찰력 있는 사내였다. 로버트에 이어 빈민촌장을 맡길 확실한 선택은 시브 세나 활동가이자 달변가 아비나시였지만, 그는 운영 위원의 이익을 실현하기엔 하는 일이 너무 많았다. 아들의 사립학교 등록금을 대기 위해 밤낮을 가리지 않고 호텔의 위생 시설을 손보러 다녔기 때문이다.

반면 아샤에겐 시간이 충분했다. 그녀는 대형 시립 학교의 유치원에서 많지 않은 임금을 받으며 임시직 교사로 일했는데, 그것도 7학년밖에 마치지 않은 그녀의 학력을 무시한 채 운영 위원이 힘을 써서 얻어준 한직이었다. 그 보답으로 아샤는 수업 시간에도 휴대전화를 붙들고 시브 세나의 업무를 처리했다. 이웃들을 투표소로 이끌었고, 급하게 결정된 항의 시위에도 100명의 여자들을 동원했다. 운영 위원은 아샤에게 그 이상을 할 수 있는 능력이 있다고 생각했다. 그는 아샤에게 안나와디의 사소한 일 처리를 위임했고, 그다음에는 덜 사소한 일을 맡기더니, 나중에는 전혀 사소하지 않은 일까지 맡겼다. 그리고 그 즈음에 아샤에게 꽃다발을 주었고, 운영 위원의 뚱뚱한 아내는 가자미눈으로 아샤를 흘겨보기 시작했다.

아샤는 이 모든 것을 임박한 승리의 신호로 받아들였다. 안나와디에 와서 윤택한 삶을 위해 8년을 정치에 매진한 끝에 드디어 실세 후원자를 등에 업었다. 그녀는 이제 곧 맞이할 순간, 안나와디의 남자들까지 자신이 이 냄새나는 동네에서 가장 힘 있는 사람임을 인정하는 순간을 상상했다.

처음에는 많은 남자들이 그녀에게 지분거렸다. 그녀의 큰 가슴과, 왜소한 술꾼 남편에 대한 분석을 끝낸 남자들은 기분 전환을 하면서 자녀들의 가난도 덜어줄 수 있는 방법을 제안했다. 위압적인 로버트도 어느 날 저녁에 수도에서 항아리에 물을 채우고 있는 아샤에게 노골적으로 접근해왔다. 아샤는 항아리를 내려놓고 매몰차게 대꾸했다. "분부대로 합죠. 말해보세요, 개자식 나리. 여기서 홀딱 벗고 같이 춤이라도 출까요?" 그때나 그 후에나 빈민촌장에게 그런 식으로 말한 여자는 없었다.

아샤가 어려서부터 신랄한 말솜씨를 갖게 된 건 마하라슈트라 북동부의 가난한 마을에서 자라면서 밭일을 한 덕분이었다. 음탕한 남자들 사이에서 일할 때는 그렇게 날선 표현이 유용한 방패가 되었다. 신중함과 은근함 같은, 빈민촌을 다스리는 데 도움이 되는 자질들은 도시에 와서 터득했다.

그녀는 이제 뭄바이가 희망과 욕망의 중심이라는 명백한 진실을 넘어, 이익의 수맥을 파악했다. 뭄바이는 곪아 들어가는 절망과 막연한 질투의 도시였다. 이 풍요롭고 불평등한 도시에서 불만의 화살을 다른 이에게 돌리지 않을 사람이 있을까? 부자들은 빈민들 때문에 이 도시가 도저히 살 수 없는 더러운 곳이 된다고 비난했다. 인력 과잉 덕분에 가정부와 운전기사를 싼값에 부리고 있다는 사실은 염두에 두지 않았다. 빈민들은 돈과 권력을 쥔 자들이 새로운 이윤을 공유하지 않기 위해 설치한 장해물에 불만이 있었다. 그리고 다들 이웃에 대한 불평을 늘어놨다.

하지만 21세기에 들어오면서 문젯거리를 들고 거리로 나가는 사람은 줄어들었다. 카스트와 인종, 종교에 뿌리를 둔 집단의 정체성이 희박해지면서, 뭄바이의 많은 것들이 그렇듯 분노와 희망마저 개인화되었다. 이런 상황은 영리한 중재자의 필요성을 가중시켰다. 세계 최대 규모를 자랑하는 이 도시에서 서로 충돌하며 자리를 잡아가는, 이해관계의 인간 충격 흡수제가 필요해진 것이다.

물론 시간이 흐르면 많은 충격 흡수제의 스프링이 헐거워진다. 하지만 여자의 능력이 더 오래가지 않는다고 누가 단언하겠는가. 아샤에겐 이웃의 문제를 해결하는 재주가 있었다. 이제 운영 위원도 아샤의 말에 귀를 기울이게 되었으니, 더 많은 문제를 해결해주고 뒷돈을 챙길 수 있었다. 그리고 빈민촌을 완전히 장악하게 된다면 문제를 해결하기 위해 문제를 만들어낼 수도 있었다. 이건 그 동안 운영 위원을 관찰하면서 그녀가 터득한 수지 타산의 인과관계였다.

로버트를 제거했다고 죄책감 따위를 느끼는 건 이 도시에서 뒷거래를 효과적으로 처리하는 데 걸림돌이 된다. 아샤는 그런 감정을 사치로 치부했다. "타락, 전부 타락했어." 그녀는 두 손을 펴서 날아오르는 새처럼 퍼덕이며 아이들에게 말했다.

어느 날 유치원에서 돌아왔을 때 아샤는 자신의 판잣집 벽을 따라 줄지어 선 민원인들을 보았다. 그러나 걸음을 재촉하지 않았다. 사람들을 기다리게 하면서 초조하게 만들면 심리적 우위를 점할 수 있다는 것도 운영 위원을 보면서 터득한 요령이었다. 사람들을 향해 보일락 말락 고개를 끄덕인 아샤는 레이스 커튼 뒤로 들어가 출근할 때 입었던 짙은 빨간색 사리를 풀었다.

나이가 들자 사람들의 관심은 이제 그녀의 가슴보다 눈에 쏠렸다. 눈은 순식간에 무기로 바뀌었다. 아샤의 열아홉 살 먹은 예쁜 딸을 넋 놓고 쳐다보던 남자들도 그녀의 시선이 닿으면 번개에 맞은 것처럼 흠칫 뒤로 물러났다. 돈 생각을 할 때면 아샤의 눈매가 가늘어지는데, 요즘은 늘 돈을 생각한다. 안나와디 사람들은 뒤에서 아샤를 실눈이라고 불렀다. 하지만 그 눈의 진정한 특징은 광채에 있었다. 나이가 들고 상심이 거듭되면 눈빛이 흐릿해지기 마련이다. 그런데 젊어서 찍은 사진을 보면 아샤의 눈은 지금 더 광채가 났다. 키가 크고 구부정한 어깨에 야윈 몸, 햇볕에 검게 그을린 피부. 참담한 결혼 생활을 막 시작하던 무렵의 사진을 봤을 때 아샤는 웃음을 터뜨렸다.

그녀는 펑퍼짐한 홈드레스 차림으로 커튼 뒤에서 나왔다. 이것도 운영 위원한테 배운 전략이었다. 그는 라벤더 색 벽에 라벤더 색으로 꾸민 거실에서 내의만 입고 다리를 룽기(인도 남자들이 입는 치마 같은 옷) 밖으로 드러낸 채, 폴리에스테르 양복 밑으로 땀을 뚝뚝 흘리는 민원인들을 만나곤 했다. 그의 태도는 이렇게 말하는 듯했다. **당신의 걱정 따윈 너무 하찮아서 옷을 차려입을 필요도 못 느낄 정도야.**

바닥에 앉은 아샤는 만주가 내온 찻잔을 받아들고 첫 번째 이웃에게 말을 해보라며 고갯짓을 했다. 주름졌지만 아름다운 얼굴에 은발을 가지런히 빗어 올린 노파는 무슨 문제가 있어서 찾아온 게 아니라고 했다. 노파는 3년 전 바로 이날 아샤 덕분에 시청의 임시 일자리를 얻을 수 있었고, 막힌 하수구의 쓰레기를 치우며 일당 90루피를 받게 됐다며 감사의 눈물을 흘렸다. 물정 모르던 시절에 아샤는 그런 친절을 대가 없이 많이 베풀었다.

노파는 그렇게 받은 일당을 모아 아샤에게 줄 싸구려 녹색 사리를 사왔다. 아샤가 좋아하지 않는 색깔이었다. 그래도 감읍하는 노파의 이야기를 다른 방문객들이 듣고, 아샤의 맨발에 이마를 대는 노파의 모습을 보는 건 바람직한 일이었다.

그다음 사람도 눈물을 흘리며 이야기를 시작했다. 뚱뚱한 스트립 댄서는 일자리를 잃고 지금은 유부남 경찰관의 정부가 되어 근근이 살아가고 있었다. 어머니와 아이들이 한 집에 사는데, 경찰관이 집에 오면 가족들이 신경질을 부린다는 것이었다. "그가 무슨 신파 영화 같다며 이제 안 오겠대요. 그럼 우리는 뭘 먹고사나요?"

아샤는 못마땅한 듯이 혀를 찼다. 도덕성 회복 운동으로 공항 일대에서 대부분의 성 관련 산업이 자취를 감췄지만, 안나와디에서도 내놓은 여자로 통하는 이런 여자들은 이제 고객을 상대하기 위해 세 장소, 즉 가족들과 함께 사는 오두막, 밤이면 안나와디 외곽에 줄지어 세워놓는 트럭 뒤, 그리고 허름한 단칸 색싯집, 이 열악한 세 곳 중에서 선택해야 했다.

아샤는 신속하게 해결책을 제시했다. 가족들에게 이 관계의 장기적인 장점을 명확하게 설명해주라는 것이었다. "지금이야 그 경찰관이 별로 해주는 게 없을지 모르지만, 누가 알아? 나중에 당신네 집을 고쳐줄지. 그러니까 가족들한테 잠자코 기다려보라고 해."

아샤는 말을 하면서 바닥에 새로 깐 오렌지색 타일을 손가락 끝으로 문질렀다. 볼품없는 정착촌이던 안나와디로 이사 왔던 8년 전에 그녀는 아이들이 트럭 짐칸에 올라가 훔쳐온 판자와 알루미늄 조각들로 집을 지어야 했다. 그런데 이제는 벽에 벽토를 바르고 천장에 선풍기를 달았다. 사당에는 전기 촛불을 밝혔고, 비록 제대로 돌아가지는 않지만 높은 위상을 상징하는 냉장고도 있었다. 하지만 공간은 비좁고 답답했다. 그건 어쩔 수 없는 타협의 결과였다. 높아진 위상을 이

옷들에게 이해시키려면 이런저런 곳들을 손봐야 했고, 그 비용을 대기 위해 거실을 세를 줬다. 현재 옆방과 뒷방, 그리고 지붕에서 세입자가 임시로 살고 있었다.

시브 세나는 그런 이주민에게 적대적인 입장이었지만, 아샤는 늘 이념보다 실리를 우선했고 금전적인 기회를 결코 허투루 보내지 않았다. "다른 사람들이 우리더러 돈을 밝힌다고 하건 말건, 그게 무슨 상관이야?" 사람들 말마따나, 빗방울이 모여 호수를 채우는 법이었다.

"빨리 얘기해. 사람들이 기다리고 있어." 아샤가 휴대전화에 대고 말했다. 여동생의 전화였다. 아샤는 동생을 질투했다. 성실한 운전사 남편과 사는 동생은 빈민촌 인근의 오두막에 스테레오 시스템을 설치해놓고 흰 털이 복슬복슬한 개 네 마리를 키웠다. 순전히 취미로 키우는 것이었다. 아샤의 위안이라곤 동생의 딸은 평범하고 아둔해서 안나와디 유일의 여대생인 만주하고는 비교가 안 된다는 것뿐이었다. 만주는 지금 어머니의 전화 통화를 엿듣지 않는 척하며 저녁에 먹을 빵을 반죽하고 있었다.

아샤의 여동생도 문제 해결사 사업에 발을 들여놓으려는 중인데 동네의 힌두 여자와 무슬림 남자의 야반도주에서 기회를 포착했다. 아샤는 밖으로 나가서 목소리를 낮추고 말했다. "중요한 건 여자의 집에서 돈을 받되, 그 돈을 요구하는 게 너라는 사실을 절대로 알게 하면 안 된다는 거야. 가족들한테는 경찰이 돈을 요구한다는 식으로 얘기해. 이제 끊어야겠다."

아샤와 알고 지낸 지 오래인 라자 캄블은 아샤가 들어오자 자기가 말할 차례라는 생각에 긴장해서 몸이 굳었다. 아샤와 캄블 씨는 비슷한 시기에 안나와디로 들어왔고, 아이들도 어울려 지냈다. 그런데 지금 캄블 씨의 몰골은 보기가 안쓰러울 정도였고, 무릎 관절과 눈두덩의 상태는 특히 심각했다. 그는 아샤가 목숨을 구해주길 바라고 찾아왔다.

캄블 씨는 아샤보다 더 가난하게 자랐다. 태어나자마자 버려져 길거리에서 자랐고 별 볼 일 없는 직업을 전전했다. 사무실을 찾아다니며 향기 나는 수화기 커버를 팔고 수수료를 챙기기도 했다. "향기 나는 전화기 커버 사세요, 사아브. 무더위의 악취를 날려줍니다." 그러다 삼십 대에 행운이 찾아왔다. 기차역 매점에서 일할 때였다. 단골이던 한 시청 공무원이 그에게 연민을 품게 되었다. 얼마 후 남자는 캄블 씨에게 자신의 성을 쓸 수 있게 해주고, 신붓감을 찾아주었으며, 뭄바이의 모든 가난한 사람들에게 성배와 다름없는 것, 바로 정규직 일자리를 제공했다.

공동 변소를 청소하고, 자신의 은인을 비롯해 공중위생과 직원들의 출근 카드를 대신 찍어서 그들이 월급은 월급대로 챙기고 그 시간에 다른 일을 하게 해주는 것이 캄블 씨의 일이었다. 캄블 씨는 그 소임을 영광으로 여겼다. 아내와 세 자녀를 낳았고, 오두막에 벽돌로 담을 쌓았으며 한쪽 벽에 걸린 새장에서는 애완용 비둘기 두 마리를 키웠다.(그는 거리에서 먹고 자던 시절부터 비둘기를 좋아했다.) 캄블 씨는 안나와디의 대표적인 성공 사례였고, '**씨**'라는 호칭이 어울리는 남자였다. 그런데 어느 날 변소를 치우다가 쓰러졌다.

심장이 문제였다. 공중위생과에서는 그를 해고하면서 심장판막 수술을 한 후 일을 해도 된다는 의사의 소견서를 받아오면 다시 채용하겠다고 말했다. 뭄바이 공공 병원에서는 무료로 수술을 해주도록 되어 있었지만 의사들은 뒷돈을 요구했다. 시온 병원 외과 의사는 6만 루피를 불렀고, 쿠퍼 병원 의사는 그보다 더 높은 금액을 불렀다.

안나와디에서 신분이 조금이라도 상승한 사람이 둘이 있다면 재앙으로 곤두박질친 사람도 하나 있었다. 그래도 캄블 씨는 희망을 버리지 않았다. 지난 두 달 동안 망가진 몸뚱이를 이끌고 정치인과 자선단체와 기업을 찾아다니며 수술비 지원을 부탁했다. 운영 위원이 300루피를 약속했고, 한 페인트 공장 임원은 1000루피를 약속했다. 그러나 수백 번 간청하고 애원해도 여전히 4만 루피가 부족했다.

그래서 아샤를 찾아와 이를 악물고 미소를 지었다. 얼굴이 상해서 그런지 열 개의 네모난 누런 이가 유난히 커보였다. "구걸을 바라는 게 아닙니다. 심장을 고쳐서 일을 계속하고, 아이들이 결혼하는 것까지 보고 싶어요. 정부 대출을 받을 수 있게 힘써 줄 수 있나요?"

뉴델리에서는 더 많은 시민들이 성공 신화를 쓸 수 있도록 다양한 빈곤 퇴치 정책을 실시했고, 캄블 씨는 아샤가 그런 프로그램을 악용해서 돈을 챙긴다는 이야기를 들었다. 정부는 가난한 자영업자들이 일자리를 창출할 수 있도록 보조금 수준의 저리 대출을 해주고 있었다. 하지만 돈을 지원받는 신생 회사 중에는 가짜로 조작된 곳들도 있었다. 빈민촌 주민이 가상의 사업 계획서를 내고 대출을 신청하면 지방 정부의 관리가 어느 정도 일자리를 창출할 수 있겠다고 확인해준다. 그리고 국영인 데나 은행의 관리가 대출을 승인한다. 그런 다음에는 관리와 은행 지점장이 대출금에서 한몫을 떼어 챙긴다. 지점장과 친분이 있는 아샤는 떡고물이 떨어지길 바라면서 가짜 대출 신청자 선정 작업을 돕고 있었다.

캄블 씨는 인생의 운이 틔었을 때 일했던 곳과 비슷한 매점을 가상 사업체로 정했다. 5만 루피를 대출받아 아샤와 지점장과 관리한테 각각 5000루피씩 떼어주면 필요한 돈에서 5000루피가 모자라지만, 그건 고리대금업자를 찾아가 해결하면 되리라고 판단했다.

"내가 어떤 상황인지 알 거예요, 아샤. 일을 못 하니까 수입이 없어요. 수술을 받기 전까지는 계속 그럴 테고, 만약 수술을 받지 못한다면…… 어떻게 될지 잘 아시겠죠."

아샤는 그를 물끄러미 바라보면서, 생각에 잠길 때의 버릇대로 입소리를 냈다. "그래요. 힘든 상황이라는 게 한눈에 보이네요. 내 생각에 당신은 사원을 찾아가야 할 것 같아요. 아니, 그것보다는 주술사인 가자난 마하라지를 찾아가서 기도를 해봐요."

캄블 씨는 믿을 수 없다는 표정을 지었다. "기도를 하라고요?"

"그래요. 매일 기도하며 소원을 빌어요. 대출, 건강. 주술사에게 기도를 하세요. 희망을 잃지 말고 도와달라고 하면 원하는 걸 얻을 수 있을 거예요."

만주는 놀라서 숨을 헉 들이켰다. 어렸을 땐 다정한 캄블 씨가 아빠였으면 좋겠다고 생각한 적도 있었다. 그리고 주술사를 찾아가라는 말이 좀 더 나은 금전적 제안을 가지고 다시 찾아오라는 뜻이라는 건 캄블 씨도 알고, 만주도 알았다.

"하지만 우린 친구잖아요. 당신은 나를 잘 아니까, 그래서 나는 생각하기를……." 캄블 씨는 모래를 삼킨 것 같은 목소리로 말했다.

"대출을 받는 게 간단한 일이 아니에요. 신께서 당신을 도와주시길 기원하는 건 그래도 우리가 친구이기 때문이에요. 신의 보살핌으로 건강하게 오래 살 수 있을 겁니다."

절룩거리며 떠나는 캄블 씨를 보면서 아샤는 그가 사원을 찾아가기 전에 다시 올 거라고 확신했다. 죽어가는 남자가 살기 위해서는 대가를 많이 치러야 했다.

정작 아샤는 최근 들어 사원을 멀리했다. 스스로 종교적인 사람이라 생각하지만, 최근 몇 주 사이에 굳이 기도나 금식을 하지 않아도 신으로부터 자신이 원하는 바를 얻고 있다는 사실을 깨달았다. 한동안 자신과 운영 위원의 관계를 놓고 무례한 말을 지껄인 이웃 여자가 망하게 해달라고 기도할까 고민했는데, 기도를 시작하기도 전에 여자의 남편은 병에 걸리고 큰아들은 자동차에 치이고 작은아들은 오토바이를 타다 넘어졌다. 이 밖에도 다른 몇 가지 사례를 통해 아샤는 자신이 전반적으로 행운의 궤도에 올랐다는 결론을 내렸다. 어쩌면 얼마 전에 캄블 씨가 떨어져 나온 그 자리를 차지한 것일지도 몰랐다.

방 저쪽에서 딸이 심통을 부리고 있었다. 만주만이 가능한 조용한 심통이었다. 다진 양파를 프라이팬에 냅다 집어던지는 바람에 몇 조각이 바닥에 떨어졌다. 아샤는 눈살을 찌푸렸다. 저러다가 밤늦게 집을 몰래 빠져나가 눈이 시큰거리는 공동 변소에서 미나라는 친구를 만나 엄마가 죽어가는 이웃의 간청을 거절했다며 엉엉 울 게 틀림없었다. 공동 변소의 비밀 회동에 대해서는 잘 모르지만, 안나와디에서 일어나는 일 가운데 아샤의 귀에 들어가지 않는 건 거의 없었다.

만주는 순종적인 태도와 소문난 미모, 그리고 '티타냐'니 '데스데모나'니 하는 묘한 이름을 들먹이는 대학 수업으로 아샤를 기쁘게 했다. 하지만 만주를 저렇게 정에 약한 아이로 키운 건 잘못 같았다. 만주는 오후에 안나와디에서도 극빈층에 해당되는 아이들 몇을 데려다가 영어를 가르쳤다. 원래는 한 달에 300루피를 챙길 수 있다는 이유로 아샤가 벌인 일이었다. 그런데 만주가 그 일을 맡으면서 툭하면 어떤 아이가 밥을 굶고 계모에게 매를 맞았다는 이야기를 늘어놨다.

아샤는 자신이 이율배반이라는 것을 알았다. 자식들을 고생시키지 않고 키워낸 게 자랑스러우면서도 옛날이야기를 할 때 자식들이 이해하지 못하면 섭섭하기도 했다. 아샤가 어렸을 땐 먹을 게 모자라면 보통 여자들이 굶었다. 사람들은 굶주림을 위장의 문제처럼 말하지만, 아샤는 굶주림의 맛을 기억했다. 혀를 파고드는 그 고약한 맛은 수십 년이 지난 뒤에도 어쩌다 침을 삼킬 때면 문득 느껴지곤 했다. 아샤가 이런 느낌을 설명하려고 들면 만주는 이해가 아닌 연민이 담긴 표정으로 어머니를 바라봤다.

아샤는 이웃의 불만을 금전적인 차원에서 접근하는 버릇이 있지만, 지금까지 들은 하소연들은 그저 지루할 뿐이었다. 자식을 줄줄이 낳은 무슬림 제루니사 후사인과 외다리 파티마네 아이들이 서로 누가 누구를 꼬집었다는 식의 말다툼만 하더라도 그랬다. 아샤는 두 여자를 모두 좋아하지 않았다. 파티마는 목발로 제 새끼들을 때렸다. 그리고 제루니사는 참을 수 없이 얄미웠다. 불과 3년 전만 해도 폭우에 지붕을 제대로 얹지 못해 쩔쩔매던 처지였다. 라훌은 그때 제루니사가 울던 모습을 심술궂을 정도로 완벽하게 흉내 냈다. 그랬건만 지금은 뚱한 표정의 아들과 함께 돈을 제법 만진다는 소문이 돌았다. "더러운 무슬림의 돈. **하람 카 파이사**." 아샤는 쓰레기가 아니라 빈곤 퇴치 정책을 노렸다.

정부에서 지원하는 여성 자활 프로그램도 쏠쏠할 것 같았고, 그걸 어떻게 공략해야 하는지도 다 알았다. 원래는 경제적으로 취약한 여성들이 자활 조합을 만들어 함께 돈을 모으고, 필요할 때 저금리로 돈을 빌릴 수 있도록 하자는 취지였다. 하지만 아샤의 자활 조합에서는 그렇게 모은 돈을 조합원이 아닌 극빈층 여자들, 이를테면 아샤에게 감사의 표시로 사리를 사 들고 온 청소부 노파 같은 사람들한테 고금리로 대출해주는 쪽을 선호했다.

그래도 외국 기자들이 여성의 권리 신장에 자활 조합이 어떤 기여를 하는지 취재하러 오면 정부 관리들은 아샤를 찾았다. 그러면 이웃 여자들을 동원해서 자활 조합 덕분에 어떻게 가난을 탈출할 수 있었느냐는 질문에 공손한 미소를 지으라고 시키는 게 그녀의 임무였다. 그리고 적당한 순간에 만주가 들어오면 아샤는 결정적인 한마디를 날렸다. "이 아이는 내 딸인데, 곧 대학을 졸업하면 어떤 남자에게도 의존하지 않는 독립적인 삶을 살 겁니다." 그러면 외국 여자들은 어김없이 감격했다.

아샤는 자녀들에게 말했다. "높은 사람들은 우리가 가난하니까 세상을 이해하지도 못한다고 생각하지." 하지만 아샤는 많은 걸 이해했다. 그녀는 전국적으로 진행되는 허상의 게임, 가난과 질병, 문맹과 아동 노동 같은 인도의 해묵은 문제들을 공격적으로 처리하는 그 게임의 참가자였다. 그 와중에도 부패는 사라지지 않았고, 조금 약한 약자가 많이 약한 약자를 착취하는 것 같은 오래된 문제들은 거침없이 계속되었다.

서구와 인도의 일부 엘리트들은 부패라는 말을 순수하게 부정적인 의미로 이해했다. 그건 현대화와 세계화를 향한 인도의 야심을 가로막는 장해물이었다. 그러나 부패로 아주 많은 기회가 약탈되는 나라에서 부패는 가난한 사람들이 가진 몇 안 되는 순수한 기회였다.

만주가 음식을 거의 다 만들었을 즈음 아샤는 텔레비전을 켰다.

화면의 색이 뭔가 잘못되긴 했어도 안나와디에서 제일 처음 장만한 것이었다. 진분홍색 옷을 입은 아나운서가 유명한 아기 락슈미의 후속 보도를 전하고 있었다. 여덟 개의 팔다리를 달고 태어났다고 해서 팔다리가 많은 힌두 여신의 이름을 붙여 부르는 아기였다. 방갈로르의 최정예 외과 의사들이 아이의 사지 절단 수술을 실시한 게 몇 달 전이었다. 뻔한 내용들이 이어졌다. 놀라운 의학 기술, 영웅적인 의사들, 집으로 돌아와 평범한 삶을 살게 되었다는 아이의 행복한 일상. 하지만 문제가 있는 텔레비전 화면으로도 아이는 멀쩡해 보이지 않았다. 차라리 락슈미인 채로 서커스를 시켰다면 가족들이 더 잘살았을 것 같았다. 하지만 똑같은 방송을 보고 있던 캄블 씨는 의학 발전으로 가능해진 것들을 생각하며 울분을 터뜨렸다.

안나와디 사람들은 누구나 새로운 인도에서 일어나고 있다는 인생 역전의 기적을 원했다. 그야말로 맨바닥에서 영웅으로 다시 태어나고 싶어 했고, 그것도 당장 그렇게 되길 바랐다. 아샤도 새로운 인도의 기적을 믿기는 했지만, 기적은 이웃을 이용해서 챙기는 이익처럼 단계적으로 일어난다고 생각했다.

그녀의 장기적인 목표는 빈민촌장을 넘어 76구 운영 위원이 되는 것이었는데, 이 꿈은 해외에서도 호평 받은 진보적인 법규 덕분에 가능해진 것이다. 인도 정부는 여성들이 사회 구성원으로서 중요한 역할을 할 수 있도록 일정한 선거에는 여성 후보만 출마할 수 있도록 제한한다. 지난번에 그런 선거가 실시되었을 때 76구에서 수바시 사완트 운영 위원은 자신의 가정부를 내세웠다. 가정부가 이겼고, 그는 계속해서 운영을 맡았다. 아샤는 그가 다음번 선거에는 자신을 내보낼 거라고 생각했다. 새 가정부는 귀머거리에 벙어리여서 그의 비밀을 폭로하지 않는다는 이상적인 조건을 가지고 있지만, 그게 선거전에서는 유리하지 못하기 때문이었다.

76구에는 규모가 더 큰 빈민촌도 많았지만, 아샤는 일단 안나와디 울타리 밖으로 자신의 이름을 알리는 작업에 착수했다. 자신의 이름과 컬러 사진을 박고 시브 세나 여성 모임 대표로서 이룬 업적을 나열한 커다란 비닐 현수막을 돈을 들여 만들어 8킬로미터쯤 떨어진 노천 시장에 줄줄이 내걸었다. 안타까운 점은 다른 시브 세나 여성들의 사진도 넣어야 했다는 것이다. 공로를 독차지하려 들면 안 된다는 운영 위원의 경고를 이미 여러 번 받았다.

"하지만 현수막은 내 돈으로 만들었다고." 아샤는 남편한테 불만을 쏟아냈다. 저녁식사 시간에 맞춰 들어온 남편은 다행히 술에 취하긴 했어도 시비조가 아니라 기분이 좋은 상태였다. "다른 여자들은 아직도 시골에 어울리는 사고방식을 가지고 있어. 미리 돈을 약간 내면 나중에 더 많은 돈을 챙길 수 있다는 걸 이해 못해."

라훌과 막내아들 가네시도 들어왔다. 아샤는 일어나더니 웃으면서 엉덩이에 간신히 걸쳐진 라훌의 카고 반바지를 끌어올렸다. "그래, 이게 **스타일**이라더라, 미국 **스타일**. 나도 알아. 아무리 그래도 이건 좀 바보 같잖니."

각자의 앞에는 렌틸 콩과 흐물흐물한 채소, 기우뚱한 모양의 밀가루 로티를 담은 접시가 놓였다. 아무래도 캄블 씨 때문에 화가 난 만주가 일부러 맛없게 만든 것 같았다.

아샤는 자신의 꿍꿍이와 뒷거래, 그리고 밤에 운영 위원이나 경찰, 관리들을 만나 세우는 계략을 딸이 못마땅해한다는 사실을 잘 알고 있었다. 하지만 그렇게 경멸하는 정치 덕에 만주는 대학 교육을 받을 수 있었던 것이다. 언젠가는 온 가족이 중산층에 진입하게 될지도 몰랐다.

"아니, 로티를 둥글게 만드는 것부터 다시 가르쳐줘야 하는 거니?" 야샤는 로티 한 장을 장난스럽게 들어 보이면서 딸을 놀렸다. "이게 뭐야. 이렇게 우스꽝스러운 빵을 만들면 누가 너랑 결혼하겠니?" 아샤가 손가락 끝에 걸고 있는 로티는 너무 형편없어서 만주조차 웃지 않을 수 없었다. 아샤는 딸아이가 이제 캄블 씨를 머릿속에서 지워버린 모양이라고 생각했다. 그러나 그건 착각이었다.

3
수닐

압둘은 워낙 안절부절못하는 성격이었지만 2008년 2월에는 넝마주이들이 보기에도 그런 경향이 더 심해졌다. 주머니의 동전을 짤랑거리고 당장이라도 뛰쳐나갈 것처럼 다리를 흔들어대고 성냥을 잘근잘근 씹으면서 혀를 정신없이 놀렸다. 뭄바이 전역에서 마하라슈트라 청년들이 북부에서 내려온 이주민들, 이른바 바이야(원래는 형이라는 의미지만, 모르는 남자를 부를 때나 낮은 카스트의 사람을 지칭할 때도 사용된다.)들을 구타하기 시작하던 무렵이었다. 그들을 내몰아서 일자리난을 조금이라도 해소하겠다는 의도였다.

압둘은 뭄바이에서 태어났지만 아버지가 북부 출신이라는 사실 때문에 가족 전체가 표적이 됐다. 이건 관념이 아닌 현실의 문제였다. "바이야를 때려잡자!" 그들은 떼를 지어 이런 구호를 외치면서 공항 일대의 빈민가를 돌아다니고, 북부 출신이 운영하는 작은 가게들을 약탈하거나 북부 출신이 모는 택시에 불을 질렀으며 영세 노점상의 물건을 빼앗았다.

가난한 사람들이 가난한 사람들을 대상으로 벌이는 이런 시위는 도시의 일자리난으로 인해 자발적으로 일어난 민중의 항의가 아니었다. 현대화된 뭄바이에서는 좀처럼 시위가 일어나지 않았다. 이민자 추방 시위는 야심이 큰 신진 정치인이자 시브 세나 설립자의 조카가 상류 도시에서 조직한 일이었다. 별안간 등장한 이 조카는 자신이 설립한 신생 정당이 시브 세나보다 바이야를 더 싫어한다는 사실을 유권자들에게 보여주고 싶었다.

압둘은 폭력 사태를 피해 일손을 놓고 집 안에만 틀어박혀 지냈다. 도시에 들어갔던 넝마주이들은 무시무시한 소식들을 가지고 돌아왔다. 갈비뼈가 부러지고 머리를 짓밟히고 남자 두 명이 불에 타고…… 압둘은 급기야 소리를 버럭 질렀다. "그만해. 그만 좀 하라고! 시위는 전부 쇼야. 나쁜 놈들 몇 명이 모여서 소동을 벌이며 사람들한테 겁을 주는 거란 말이야."

그건 어찌해볼 수 없는 현실에 지나친 호기심을 갖지 말라며 아버지가 해준 말이었다. 카람과 제루니사는 1992년부터 1993년까지 뭄바이에서 일어났던 힌두-무슬림 갈등과 2002년에 구자라트 경계선에서 터져나왔던 폭력 사태에 대해 숨죽여 이야기를 나눴지만, 아이들이 자랄 때는 애국심을 고취하는 노래를 가르쳤다. 1000개의 인종과 종교와 언어와 카스트가 어우러져 서로를 너그럽게 포용하며 살아가자는 내용의 노래였다.

이 세상에서 제일 좋은 건 우리들의 나라 힌두스탄
우리는 이 나라의 나이팅게일, 이 나라는 우리의 낙원이라네.

우르드족의 위대한 시인 이크발의 시에 곡을 붙인 이 노래를 카람은 휴대전화 벨소리로 지정했다. "아이들이 빵과 쌀부터 생각하게 만들어야 해. 나머지는 나이가 더 든 다음에 걱정해도 늦지 않아."

하지만 열두 살 나이에 비해 조숙한 넝마주이 수닐 샤르마는 압둘이 입에 물고 있는 신경질적인 성냥의 의미를 이해할 수 있었다. 이 고물상은 나이 들어서 해도 되는 그 걱정을 이미 시작한 것이다.

힌두 바이야인 수닐은 그런 압둘이 걱정됐다. 수닐이 보기에 압둘은 안나와디에서 그 누구보다 열심히 일했다. "밤이고 낮이고 고개 한 번 들지 않고 일해요." 한번은 햇볕에 온전히 드러난 고물상 소년의 얼굴을 보고 흠칫 놀랐다. 열쇠 구멍처럼 까맣고 어린 눈동자를 제외하면 비통한 노인의 얼굴이었다.

수닐은 압둘보다 더 왜소했지만, 다른 넝마주이들보다 산전수전을 더 많이 겪었다고 자부했다. 실제로 그 나이 치고는 타인의 속내를 간파하는 능력이 뛰어났다. '신성한 삼위일체의 종'이라는 뜻을 가진 고아원을 들락거리며 터득한 능력이었다.

1부. 하류 인생

수닐은 고아가 아니었지만 폴레트 원장 수녀가 즐겨 사용하는 **"에이즈 고아"**나 **"테레사 수녀의 오른팔 같은 존재"**라는 표현이 해외에서 기부금을 받는 데 도움이 된다는 건 알고 있었다. 어째서 카메라를 든 기자들이 방문할 때만 아이스크림이 나오는지, 어째서 원생들에게 주라고 기증한 음식이며 옷가지가 고아원 밖에서 은밀하게 거래되는지도 잘 알았다.

수닐은 사람들의 행동 뒤에 숨은 이유를 파악하더라도 좀처럼 화를 내지 않았다. 겉으로 드러난 것 이상을 꿰뚫고 세상이 돌아가는 실상을 감지할 수 있다는 게 아이에게는 갑옷을 입은 것처럼 든든했다. 폴레트 수녀가 열한 살이 넘은 사내아이들은 다루기 힘들다며 거리로 쫓아냈을 때 수닐은 고아원에서 얻은 것을 최대한 활용하려고 노력했다. 수닐은 고아원에서 힌두어 외에 마라티어를 배웠고, 영어로 숫자 100까지 세는 법도 배웠다. 세계지도에서 인도를 찾을 수도 있었다. 곱셈도 얼추 했다. 막말로, 수녀도 그냥 사람이라는 걸 알게 된 것 역시 소득이라면 소득이었다.

두 살 터울인 여동생 수니타가 오빠 없이 혼자 고아원에서 지내고 싶지 않아 해서 둘은 걸어서 안나와디로 왔다. 여기는 어머니가 오래전에 폐렴으로 돌아가신 곳이었다. 아버지가 빌려서 생활하는 오두막 일대는 멧돼지들이 호텔의 썩은 음식 쓰레기를 게걸스레 먹어대는 축사 옆이라 안나와디에서도 가장 악취가 심했다. 길이 3미터에 폭 1.8미터, 더러운데다 빛이라곤 조금도 들어오지 않았고, 땔감까지 쌓아놔서 더 비좁았다. 수닐은 아버지 못지않게 그 집이 부끄러웠다.

　술에 취한 아버지에게서는 스토브 냄새가 났다. 술에 취하지 않았을 때는 스토브 냄새를 풍기기 위해 나가 돌아다녔다. 아이들에게 음식을 사 먹일 돈을 남겨두는 경우는 없었다. 수니타를 보살피는 건 수닐뿐이었다. 다섯 살인가 여섯 살 때 동생을 잃어버렸다가 일주일 만에 찾은 후로는 두 번 다시 그런 일이 없도록 늘 주의했다.

　수니타를 잃어버렸던 사건은 수닐의 뇌리에 선명하게 남아 있는, 어린 시절의 몇 안 되는 기억이었다. 그때 라훌의 엄마 아샤가 얼마나 당황해서 뛰어다녔는지. 아들과 함께 수니타를 찾아 도시 남쪽을 훑고, 아버지가 있는 오두막으로 들어가 아이들이 죽게 생겼는데 술이나 마시고 있느냐고 호통을 쳤던 기억. 그러고는 수닐과 수니타가 마치 다정한 가족처럼 아샤의 손을 한쪽씩 잡고 공항로를 달려갔던 기억. 하지만 고아원의 검은 철문 앞에서 아샤는 남매의 손을 놓고 떠났다.

　그 후로도 수닐은 여러 번 안나와디로 돌아왔다. 수두든 황달이든 다른 원생들의 건강을 위협할 수 있는 어두운 기운이 깃들 때마다 고아원을 나와야 했다. 그러다 보니 옮겨 다니는 데는 이골이 났다. 땔감 더미에 숨어 있다가 잠들었을 때 물어대는 쥐에도 익숙하고, 늘 굶주려 있는 상황에도 익숙했다.

　전에는 저녁 시간에 맞춰 남매가 이웃집 앞에 말없이 서 있기도 했다. 그러면 누군가 안쓰러운 마음에 그릇을 들고 밖으로 나왔다. 수니타는 아직도 그런 식으로 효과를 볼 수 있겠지만 수닐은 자선을 기대할 나이를 넘어버렸다. 그래도 열두 살보다는 아홉 살에 가까워 보였고, 그게 남자의 자존심을 건드리기는 했지만 현실에서는 도움이 됐다. 어쨌거나 이제 수닐을 안쓰러워하는 사람은 없었다.

그리고 수닐은 밥 먹는 시간에만 연민의 대상에서 제외된다는 걸 알아차렸다. 고아원에 있을 때도 수닐은 돈 많은 백인 여자들 앞에서 푼돈을 구걸하지 않았다. 차라리 누군가 그런 자신을 눈여겨보고 당당한 절제력을 가상히 여기기를 기대했다. 그 정도의 식견을 가진 방문객과 눈이 마주칠 날을 오랫동안 기다렸다. 그러면 외국인이 좋아할 만한 이름인 '서니'로 자신을 소개할 작정이었다. 그러다 결국 그게 가망 없는 꿈이고, 가난한 아이들 속에서 자신이 이렇다 할 차별성을 갖지 못한다는 걸 깨달았다. 하지만 다른 사람에게서 뭔가를 바라지 않는 습관은 그때부터 몸에 뺐다.

넝마주이 실력이 무뎌진 터라 집에 돌아와 처음 몇 주는 자고 있는 아버지의 발에서 샌들을 벗겨다 압둘에게 넘기고 그 돈으로 음식을 사 먹었다. 바다 파브(마하라슈트라의 독특한 음식으로 감자 패티를 빵에 끼워 먹는 일종의 채식 버거)를 다섯 개 먹었을 때는 자다 일어난 아버지에게 들켜 두드려 맞았다. 그다음에도 아버지의 솥을 내다 팔았다. 신고 있던 샌들도 벗어서 쌀을 샀지만, 그러고 났더니 더 이상 내다 팔 물건이 없었다. 너무 못 먹어서 아픈 배는 담배꽁초를 주워 피우면 가라앉았다. 가만히 누워 있는 것도 도움이 됐다. 하지만 이렇게 굶다간 키가 크지 않을 거라는 걱정은 무엇으로도 달랠 수 없었다.

수닐은 두툼한 입술과 깊은 눈, 이마에서 용솟음치듯 솟구쳐 오른 머리카락까지 아버지를 닮았다.(도랑에 빠져도 머리만큼은 근사해 보인다는 게 아버지의 특징이었다.) 하지만 수닐은 무엇보다 아버지의 왜소한 체격을 물려받았을까 봐 겁이 났다.

한 해 전 고아원에서부터 성장이 멈췄다. 수닐은 힘을 비축했다가 한껏 자라기 위해 몸이 잠시 쉬는 중이라고 믿고 싶었다. 그런데 그 사이에 수니타가 오빠를 추월해버렸다.

수닐은 신체 발육 시스템을 가동하기 위해 더 뛰어난 넝마주이가 되어야겠다고 다짐했다. 그러려면 명백한 사실, 즉 넝마주이는 극히 짧은 기간에 몸이 상하는 직업이라는 사실을 외면해야 했다. 쓰레기통을 뒤지다가 긁히면 진물이 흐르고 염증이 생겼다. 피부가 찢어진 곳에는 구더기가 슬었다. 머리에 이가 끓고, 괴저병에 손가락이 서서히 죽어버리고, 장딴지는 나무둥치처럼 부풀었다. 압둘은 어떤 넝마주이가 다음 차례일지를 놓고 동생들과 내기를 하곤 했다.

이 내기에서 수닐도 짐작 가는 사람이 있었다. 호텔을 향해 소리치고, 하얏트가 자신을 죽이려 한다고 믿는 미친 남자. "그의 유효기간은 끝난 것 같아." 수닐은 압둘에게 말했다. 하지만 압둘은 눈동자가 노란색에서 오렌지색으로 변한 타밀 남자를 찍었고, 결국 압둘의 짐작이 맞았다.

수닐도 다른 넝마주이들처럼 공항을 출입하는 사람들 눈에 자신이 어떻게 보일지 잘 알았다. 맨발인데다 더러운 몰골이 가관이었다. 겨울이 끝나갈 무렵, 수닐은 이런 경멸에 대처하고자 오로지 공항로용 걸음걸이를 개발했다. 엉덩이를 흔들면서 어슬렁어슬렁 걷는 걸음이었다. 학교에 가는 아이들이 느긋하게 뽐내며 걷는 것과 비슷했다. 하루 일과를 시작할 때라 쓰레기 포대도 비어 있으니 말아서 겨드랑이에 끼거나 슈퍼맨처럼 망토 삼아 걸칠 수도 있었다. 운전기사가 모는 폴레트 수녀의 흰색 밴이 지나가면 머리에 뒤집어쓰기도 했다. 수닐은 수녀님이 자신보다 더 쓸 만한 아이들을 찾아 공항로를 돌아다니는 모양이라고 생각했다.

이른 아침이면 근사하게 차려입은 젊은 여자들이 공항로의 버스 정류장에서 직장인 호텔을 향해 바쁜 걸음을 옮겼다. 여자들은 웬만한 집 안에 모신 사당만큼이나 큰 핸드백을 메고 있었다. 사람들로 붐비는 거리에서 그런 핸드백과 마주치는 건 고역이었다. 그런 걸 메고 거리를 지나가면 아이 하나쯤 거뜬히 때려눕힐 수 있었다. 하지만 새벽에는 이 도시도 모든 걸 포용할 만큼 넓게 느껴졌다. 사람들의 물결에 휩쓸려가는 대신 수닐은 공항을 새로 인수한 사람들이 길가에 조성한 화단 주변을 뒤지고 다녔다. 나무 타기의 달인인 수닐은 코코넛 열매가 달리기만을 기다렸다. 백합 뒤에서는 약에 취해 곯아떨어진 깡마른 남자를 밟지 않으려고 조심했다.

공항로에서 안나와디를 보면 흥미롭게도 화덕에서 나는 연기밖에 보이지 않았다. 공항 관계자들은 터미널 진입로와 빈민촌 사이에 높은 알루미늄 울타리를 세웠다. 반대편에서 터미널로 들어가는 운전자들의 눈에는 콘크리트 벽을 뒤덮은 햇살처럼 노란 광고판만 보였다. 이탈리아제 바닥 타일 광고였는데, '**영원한 아름다움**'이라는 선전 문구가 계속 이어졌다. 수닐은 종종 영원한 아름다움 위로 올라가서 건질 만한 게 있는지 살펴봤지만, 공항로는 인생에 전혀 도움이 되지 않을 만큼 깨끗했다.

쓰레기를 노리는 사람들에게 가장 벌이가 쏠쏠한 곳은 항공 화물을 싣고 내리는 구역이었는데, 그만큼 경쟁도 치열했다. 트럭과 트럭 주차장, 넘쳐나는 대형 쓰레기통, 간이 매점들로 빼곡한 그곳은 시간이 갈수록 많은 넝마주이가 몰려 발 디딜 틈이 없을 정도였다. 간혹 쓸 만해 보이는 쓰레기통에 다가오지 못하도록 수닐에게 칼을 휘두르는 남자도 있었고, 포대를 다 채울 때까지 기다렸다가 수닐을 때리고 빼앗아가는 경우는 더 많았다. 대대로 쓰레기를 주워온 마탕 카스트 여자들은 돌을 던졌다. 마탕 카스트는 빨간색과 녹색으로 된 사리를 입고, 코에는 지참금으로 가져온 보석을 박았다. 안나와디에 와서 무게를 달려고 기다릴 때면 친절했지만, 마탕의 고유한 밥벌이를 다른 카스트가 잠식하고 있는 건 사실이었다. 어지간한 일자리는 구하기 힘들고 쓰레기는 계속 나오기 때문이었다. 마탕 카스트에게 우타르프라데시 출신의 목수 카스트인 수닐은 침입자나 다름없었다.

그런데 마탕 카스트나 수닐에게 더 심각한 사태는 쓰레기를 노리는 다른 조직들이 등장했다는 사실이었다. 유니폼을 입은 사람들이 나타나면서 터미널 일대에서 쓰레기를 찾기가 힘들어졌다. 대형 재활용 업체에서 호화 호텔의 쓰레기를 싹 쓸어갔다. 압둘의 말을 빌리자면 "따질 수도 없을 만큼의 거액"을 간단히 챙겨갔다. 그런가 하면 거리에는 시청의 새로운 쓰레기차가 돌아다녔다. 뭄바이 시는 발리우드 배우들을 앞세워 더러운 도시라는 오명을 씻으려는 시민운동을 전개했다. 쓰레기통 위에는 '청결!'을 외치는 세련된 오렌지색 팻말이 붙었다. 조직 같은 게 없는 넝마주이들은 이러다 아예 할 일이 없어지는 게 아니냐며 걱정했다.

수닐은 고된 하루 일을 마친 후에 뺏기지 않고 남은 게 있을 땐 압둘에게 물건을 넘겼다. 마탕 카스트가 하루 평균 40루피를 버는 동안 수닐은 좀처럼 15루피를 넘기지 못했다. 미국 돈으로 치면 33센트 정도였다. 다른 넝마주이들이 눈여겨보지 않을 곳을 찾지 못하면 절대로 키가 자랄 수 없겠다고 생각한 수닐은 쓰레기를 줍는 사람들이 아닌 버리는 사람들에게 집중하기 시작했다. 이를테면 하늘을 맴돌며 상황을 주시하다 뭔가를 낚아채가는 까마귀들을 따라 하기 시작한 것이다.

돈 많은 여행객들이 국제공항 일대에서 쓸 만한 것들을 버릴 텐데 가까이 가려고만 하면 보안 요원들이 쫓아냈다. 도착과 출발을 알리는 시간표가 **차르르 착착** 넘어가는 소리를 듣고 싶어서 쫓아가는 꼬마들마저 예외 없이 쫓겨났다. 신축 터미널 공사장의 노동자들도 쓰레기를 버릴 테지만 공사 현장에 친 청백색 알루미늄 울타리는 미끄러워서 기어 올라갈 수 없었다. 공항 구내의 사하르 경찰서라고 쓰레기가 안 나오겠느냐만 안나와디의 모든 사람들처럼 수닐도 경찰이 무서웠다. 그래서 그가 주목한 곳은 경찰서 옆 택시 승강장이었다.

기사들은 비행기 착륙을 기다리며 승강장 옆 간이 매점에서 음식을 사 먹었다. 플라스틱 컵에 담긴 차와 사모사(야채와 감자를 넣어 튀긴 인도식 만두—옮긴이)를 먹고는 그 자리에서 쓰레기를 내버렸다. 그런 노다지를 다른 넝마주이들이 차지하지 않을 리 없지만, 수닐은 모든 기사들의 행태가 전부 동일한 건 아니라는 사실을 발견했다.

그중 일부는 컵이나 병을 매점 뒤의 나직한 돌담 너머로 던졌다. 그곳에는 20미터 아래로 미티 강이 흘렀다. 공항 확장에 따라 콘크리트 보를 설치하면서 사실상 강의 방향을 틀어놓은 지점이었다. 기사들은 쓰레기가 물에 떨어져 흘러갈 거라고 생각했을 테지만, 수닐은 돌담 위로 올라갔다가 그 너머로 1.5미터쯤 아래에 좁은 턱이 있는 걸 보게 됐다. 돌담 너머로 던진 쓰레기는 반대편에서 부는 맞바람으로 인해 대부분 그 좁다란 콘크리트 턱에 떨어졌다. 그곳엔 왜소한 소년이 내려서서 균형을 잡을 만한 공간이 있었다.

물론 발을 헛디뎌서 넘어지기라도 했다간 곧바로 강에 떨어졌다. 수닐은 우기마다 물에 잠기는 인터콘티넨탈 옆 빈민촌인 나우파다에서 헤엄치는 법을 배웠다. 하긴 나우파다에서 누가 물에 빠져 죽었다는 이야기는 들은 적이 없었다. 그곳은 이 일대에서 재미의 다른 말로 통했다. 반면 미티 강은 자연의 흐름을 잃으면서 사체를 건져 올리는 곳이 되었다. 수닐은 중간 턱에 몇 번 뛰어내려 보고는 발의 직감을 믿게 되었다.

중간 턱은 택시 승강장에서 공항 진입 램프까지 120미터쯤 이어졌고, 진입로를 달리던 차들이 속도를 늦추고 강물 위로 높이 떠 있는 것 같은 그를 바라볼 때도 있었다. 멀리서 보면 상당히 극적일 거라는 생각에 왠지 뿌듯했다. 항공 화물 구간에서 쓰레기 쟁탈전을 벌이거나 "바이야를 때려잡자!"는 시위대 사이를 돌아다니는 것보다 덜 무섭기도 했다. 무엇보다 난쟁이로 살지 않기 위해 이 정도의 위험은 감수할 의지가 있었다. 아래로 내려갈수록 포대의 부피가 커지면서 다루기 불편해졌다. 그럴수록 아래나 먼 곳을 보지 말고 눈앞의 쓰레기에만 집중해야 한다고 다짐했다.

3월경에는 시위가 잦아들었고, 안나와디를 비롯한 빈민촌에서 시위가 야기한 가장 심각한 효과가 나타나기 시작했다. 북부 출신 이주민들은 두 주 동안 두려움에 일을 나가지 못했다. 돈벌이를 못한 여파에서 끝내 회복하지 못한 이주민들은 뭄바이에서 그토록 자신들을 뿌리 뽑으려 했던 신생 정당 '마하라슈트라 나브니르만 세나'의 염원을 뒤늦게 실현해주었다.

압둘의 부모님은 뒤쪽의 한 평 남짓한 방을 북부의 비하르 주에서 내려와 삼륜 택시 운전을 하는 힌두교 가족에게 세를 줬다. 3월 중순의 어느 날 오후에 그 집 여자가 어두운 표정으로 압둘의 어머니를 찾아왔다. 제루니사는 두 살배기 아들 랄루에게 젖을 물린 채 세입자의 사연을 들었다.

여자의 남편과 시동생이 삼륜 택시를 빌리는 값이 하루에 100루피라고 했다. 시위가 기승을 부리는 동안에는 일을 못했지만, 그러거나 말거나 임대료는 꼬박꼬박 나갔다. 그래서 이제는 기름값도 없고 월세 낼 돈도 없다는 것이었다. 비하르 여자는 제루니사에게 부디 관용을 베풀어달라고 애원했다. "도저히 어떻게 해볼 도리가 없어요. 제발 저희를 내쫓지 말아주세요!"

"아휴, 시위 때문에 고생하지 않은 사람이 어디 있어? 압둘도 일을 못했는걸. 새댁한테 내가 뭘 감추겠수? 애들 아버지 건강이 어떤지는 새댁도 잘 알잖아. 우리도 거리로 나앉기 나흘 전이야." 이웃과 넝마주이, 뇌물을 바라고 오는 경찰에게 힘든 사정을 부풀리는 건 그녀의 버릇이었다.

"그래도 아주머니 댁은 장사가 잘되니까 먹고살 만하잖아요." 비하르 여자는 머리를 덮은 사리의 끝자락을 만지작거리며 말했다. "아주머니 댁이야 쫓겨날 염려가 있나요. 저희 형편이 어떤지는 잘 아시잖아요. 하루 벌어 하루 먹는 처지예요. 저희 남편이 열심히 일하고, 아이들도 착한 건 보셔서 아실 테고요." 그 집 둘째 아들은 만주네 학교에서 가장 뛰어난 학생이었다. 알파벳으로 시작하는 영어 단어를 하나씩 다 알고 있었다. 제이는 조깅, 케이는 카이트, 엘은 라이언…….

제루니사는 화제를 정치로 돌렸다. "빌어먹을 시브 세나. 이번에 새로 생긴 당이 하는 짓들도 마찬가지야. 벌써 몇 년째 우리를 쫓아내려고 안간힘을 쓰고 있지. 우리는 열심히 일해서 먹고사는데, 누가 자선을 구걸했나? 아니, 지들이 우리 밥그릇에 음식 한 번 담아준 적이 있느냐고. 하는 짓이라곤 쓸데없이 **타마샤**, 구경거리나 만들고……."

비하르 여자는 사리 끝을 뭉쳐서 손에 꽉 쥐었다. 정치 이야기는 하고 싶지 않았고, 브레이크 없는 기차처럼 혼자 내달리는 제루니사와는 대화가 되지 않았다. 목을 쭉 빼고 벽에 붙은 도마뱀이나 물끄러미 쳐다봤다. 그러다 마침내 집주인의 말을 끊었다. "가슴이 뭐라고 하는지 들어보세요. 아이들을 데리고 시골로 다시 내려간다 해도 저는 불평하지 않을 거예요. 그곳 사람들 눈에 바보처럼 보이겠지만 어쩌겠어요. 그래도 거기서는 최소한 뭐라도 길러 먹을 수 있으니까. 하지만 남편이랑 시동생은 어떻게 해요. 그 사람들을 길거리에 내버려두고 가나요?" 여자는 제루니사의 얼굴을 바라보며 표정의 의미를 읽어내려 했지만 제루니사는 고개를 돌려버렸다.

넝마주이들이 압둘의 어머니에 대해 항상 하는 이야기가 있었다. 장정 열 명이 달려들어도 그녀의 주머니에서 지갑을 뽑아낼 수는 없을 거라고 했다. 비하르 여자의 눈에 눈물이 고일 때 제루니사는 랄루를 어르며 노래를 불러주기 시작했다. 다 큰 응석받이 아기를 방패처럼 사용한다는 것도 넝마주이들이 항상 하는 소리였다. 결국 비하르 남자들은 거리로 나앉았고 여자는 아이들을 데리고 기차로 사흘 거리의 고향으로 갔다.

제루니사는 며칠 뒤에 장남한테 말했다. "나더러 가슴이 하는 말을 들으라잖아. 그래서 그렇게 했어. 가슴이 말하길, 세를 못 받으면 바사이 땅의 다음 번 분할금은 어떻게 내겠느냐는 거야. 너희 아버지가 또 병원에라도 가게 되면 그땐 어쩌겠니. 이제 간신히 푼돈을 만지게 됐는데, 방심하는 순간 영원히 안나와디에 발목이 잡혀서 파리나 잡고 있지 않겠니?"

압둘은 아버지에게 들은 말을 수닐과 다른 넝마주이들에게 전했다. "우기가 지나면 새로 사람들이 들어올 거야. 그 사람들이 여기가 아니면 어디로 가겠어?" 도시는 이주민에게 가혹하고, 심지어 잔인한 곳이었지만, 그래도 시골보다는 나았다.

안나와디 사람들의 생계가 달린 공항은 수십 년 동안 포장 테이프와 속이 울렁거리는 변소와 무질서 그 자체였다. 그랬던 곳을 정부는 글로벌 경쟁력이라는 명분을 내세워 민간에 넘겼다. 이미지를 중시하는 대기업 GVK가 주도하는 컨소시엄은 아름답고 효율적인 새 터미널을 짓는 데 심혈을 기울였다. 세계적인 도시로 발돋움하는 뭄바이의 위상을 이용객들의 뇌리에 제대로 심어줄 건축물을 구상했다. 공항 부지에 들어선, 안나와디를 비롯한 30여 군데의 무단 점거 정착촌의 철거 작업도 새로운 경영진에 일임되었다. 공항 일대의 빈민촌 철거는 벌써 수십 년째 추진과 중단을 반복해왔는데, GVK와 정부는 마침내 실행할 작정인 것처럼 보였다.

9만 가구에 달하는 무단 점거자를 몰아내려는 첫 번째 이유는 공항 주변 부지를 확보하기 위해서였다. 땅값은 두 번째 이유였다. 빈민촌이 불규칙하게 뻗어나간 그 땅을 수직으로 개발하면 천문학적인 이익을 예상할 수 있었다. 세 번째 이유는 공항을 '인도의 새로운 관문'이라 부르며 날개를 그려넣은 심플한 로고로 브랜드화를 시도하고 있는 만큼, 이것이 국가의 위신이 달린 문제였기 때문이었다. 숨 가쁘게 진행되는 세계화는 인도의 많은 것을 바꿔놓았고, 빈민촌을 바라보는 정서도 달라졌다.

미국과 영국의 굵직한 은행들이 파산하면서 투자처를 찾지 못한 자금이 아시아를 주목하고 있었다. 싱가포르와 상하이가 번영하는 동안 뭄바이가 누린 이윤은 그에 못 미쳤다. 이곳에도 젊고 저렴하면서 숙련된 노동자들이 넘쳐났지만 인도의 금융 수도인 이 도시는 슬럼바이라고 불릴 만큼 빈민촌이 많다는 사실에서 기회비용이 발생했다. 경제 성장에도 불구하고 뭄바이 광역 생활권 주민 가운데 절반 이상이 임시 주택에 살았다. 뭄바이 공항을 이용하는 글로벌 기업의 임원 중에는 빈민촌을 혐오스럽게 보는 사람도 있고 동정의 눈초리로 보는 사람도 있었지만, 그 풍경을 제 기능을 수행하며 적절히 관리되는 도시의 증거로 여기는 사람은 없었다.

안나와디 사람들도 자신들의 존재가 대체로 눈엣가시이며, 자신들의 삶은 일자리뿐만 아니라 집에도 임시 딱지가 붙어 있다는 걸 잘 알고 있었다. 그래도 그들은 2023제곱미터의 이 땅에 달라붙어 살았다. 땅은 크게 세 지역으로 나뉘었다. 압둘과 라훌이 사는 곳은 제일 오래되고 그나마 가장 쾌적한 편인 타밀 사이 나가르라는 곳이었다. 여기에는 공동 변소가 설치되어 있다. 수닐이 사는 지역은 마하라슈트라 시골 출신의 달리트가 조성했는데, 더 가난하고 열악하다.(포장을 어떻게 하건 실상은 억압적 노동 착취 구조인 인도의 카스트 제도에서 불가촉천민인 달리트는 가장 밑바닥이었다.) 안나와디의 달리트는 자신들의 지역을 가우탐 나가르라고 불렀는데, 공항 공사에서 주기적으로 추진하던 철거 작업 중에 폐렴에 걸려 죽은 여덟 살짜리 소년의 이름을 따서 붙인 것이었다.

세 번째 지역은 빈민촌 입구의, 곳곳이 팬 도로였고, 넝마주이들이 많이 살았다. 그 지역에는 오두막이 없었다. 넝마주이들은 서로 경계하며 누가 자기 물건을 훔쳐가지 못하도록 자루 위에서 잠을 잤다.

바퀴 자국이 어지러운 그 길에서 자는 사람 중에는 좀도둑도 있었다. 그들은 주로 공항 일대의 건설현장을 노렸는데, 현장에서는 나사나 막대, 못 같은 것들을 아무 데나 놔두는 경우가 종종 있었다. 공항이 민영화되기 전에는 공항에서 여행객들의 가방을 차까지 들어다 주고 팁을 챙겼지만, 재단장을 거치면서 터미널 구내가 호화 호텔만큼 화려해지는 바람에 누더기 행색의 짐꾼은 추방되었다. 갓난쟁이를 안고 분유 값을 구걸하던 여자들과 조그만 신상을 팔던 아이들도 마찬가지 신세였다.

짐꾼에서 도둑으로 전락한 사람들은 수닐 같은 넝마주이보다 돈을 조금 더 많이 벌었고, 그 돈의 대부분을 중국 여자가 하는 공항로의 매점에서 치킨칠리라이스라는 걸 사 먹는 데 썼다. 그리고 저녁을 먹고 나면 으레 에라즈엑스로 마무리를 했다. 에라즈엑스는 원래 흰색 수정액인데, 사무실에서 수정액이 조금 남은 채로 병을 내버리면 길거리 아이들은 그 찌꺼기를 또 다른 용도로 활용했다. 침을 섞어 묽게 만든 것을 헝겊에 묻혀 흡입하는 것이었다. 그러면 자정 이후의 작업을 대담하게 수행할 수 있었다.

하지만 에라즈엑스 흡입은 장기적으로 문제를 야기했다. 여기에 중독되면 몸이 성냥개비처럼 마르거나 배에 주체하기 힘들 만큼 커다란 멍울이 생긴다고, 압둘은 수닐에게 말했다.

압둘은 이 왜소한 넝마주이에게 막연히 보호 본능 같은 걸 느꼈다. 수닐은 희한한 것에 흥분했는데, 얼마 전에도 공항 직원용 식당 밖에 붙은 지도를 보고 와서 흥분을 감추지 못했다. 안나와디에 돌아와서는 하수구에서 금괴라도 발견한 것처럼 지도 이야기를 늘어놨고, 다른 넝마주이들이 전혀 관심을 보이지 않자 놀란 눈치였다. 압둘은 다른 사람들이 대수롭게 여기지 않는 것을 발견하면서 즐거워하는 수닐의 성향을 알아차렸다. 수닐은 더 이상 자신만의 은밀한 열정을 설명하려 애쓰지 않았다. 압둘은 때가 되면 수닐도 자신의 남다른 면모를 알게 될 거라고 생각했다.

수닐이 알아차린 건 환각제에 취한 도둑들이 멀쩡한 정신으로 묵묵히 일만 하는 압둘보다 더 즐거워 보인다는 사실이었다. 봄이 되자 그들은 안나와디 제일의 유흥지에 모여 떠들썩하게 놀았는데, 그곳은 크고 붉은 비디오 게임기 두 대를 설치해놓은 길가의 판잣집이었다.

이 오락실은 넝마주이들의 물건을 놓고 압둘과 경쟁을 벌이는 늙은 타밀 고물상의 미끼인 셈이었다. 타밀 남자는 아샤 못지않게 약삭빠른 사람이었다. 그는 넝마주이들에게 바머맨이나 메탈슬러그3 같은 게임을 하라며 1루피를 빌려주었다. 비누도 빌려주고 밥을 사 먹을 돈도 빌려주고, 도둑들에게는 철망을 자르거나 자동차 휠캡을 분리할 도구도 빌려주었다. 이렇게 빚을 진 넝마주이와 도둑들은 물건을 그에게 팔 수밖에 없었다.

압둘네 가족은 이를 불공정 경쟁이라 여겼다. 복수할 기회를 엿보던 미르치는 어느 날 오락실에 몰래 들어가서 게임기의 동전통을 털었다. 범인의 정체를 알았을 때 타밀 남자는 웃음을 터뜨렸다. 오락실에서 얻는 이익은 장물로 버는 돈에 비할 바가 아니었다.

수닐이 길거리 사람들 중에서 주목하는 또 한 명은 칼루라는 열다섯 살짜리 익살꾼이었다. 압둘이 그나마 친구라고 부를 수 있는 가까운 존재였다. 칼루는 룽기를 너무 짧게 입는 오락실 주인의 차림새를 흉내 내고, 압둘 같은 무슬림은 자석으로 저울 장난을 친다는 그의 주장을 반박했다. 도둑인 칼루의 주된 공략 목표는 공항의 재활용품 보관함이었는데 그 안에는 알루미늄 조각이 들어 있을 때가 많았다. 공항 구내에 있기 때문에 가시철망 울타리를 통과해야 했지만, 고통을 참는 칼루의 능력은 그야말로 전설적이었다. 철망에 찔려 상처가 나더라도 이 동네에서 연고 대용의 역할을 하는 에라즈엑스 덕분에 하룻밤에 세 번을 왕복하기도 했다. 그렇게 훔쳐온 고철을 압둘에게 팔고 나면 밥을 사 먹으라며 수닐에게 몇 루피를 찔러주기도 했다.

칼루도 수닐처럼 어려서 어머니를 여의고 열 살 무렵부터 밥벌이를 했다. 무수히 전전한 일자리 중에는 경비가 삼엄했던 다이아몬드 연마 공장도 있었는데, 그 이야기를 들으면 다른 소년들은 안타까워서 어쩔 줄 몰랐다.

"귓구멍에 다이아몬드를 하나 넣지!"
"아니면 똥구멍에 열 개쯤 넣거나!"

일을 마치면 다이아몬드 감지 장치를 통과해서 밖으로 나가야 했다고 아무리 설명해도 소용이 없었다.

수닐이 가장 좋아한 건 칼루가 극장에 가본 적이 없는 아이들을 위해 영화 장면들을 실감나게 재연해줄 때였다. 발리우드의 스릴러인 「불 불라이야」에서는 귀신 들린 여자로 변신해서 앙칼진 벵갈어 억양을 그럴듯하게 따라 하고, 「용쟁호투」에서는 이소룡으로 변신해 목구멍에서 가르랑거리는 중국어를 흉내 냈다. 쏟아지는 요청에도 불구하고 「킹콩」의 재연은 더 이상 사절이었다. 「옴 샨티 옴」의 여배우 디피카 흉내는 더 즐거웠다. "아레 캬 이템 하이!" 칼루는 뽐을 내고 걸으며 말했다. "그렇게 유행 지난 옷을 입고도 멋이 나는 사람은 그녀뿐이야."

이목구비를 하나씩 떼어 보면 칼루는 평범한 얼굴이었다. 작은 눈에 낮은 코, 뾰족한 턱과 거무스름한 살색. 다른 길거리 아이들이 붙여준 칼루라는 별명은 '까만 아이'라는 뜻이었고, 결코 칭찬이라고는 할 수 없었다. 그러나 고통을 참아내는 능력에, 재미있게 흉내 내는 재주를 갖추면서 일정한 위상을 누리게 되었다. 영화배우 흉내가 지루해지면 안나와디의 괴짜들로 대상을 바꿨는데, 립스틱을 요란하게 바르고 엉덩이를 내민 채 걷는 외다리도 빠지지 않았다. 외다리는 얼마 전에 남편이 일을 나간 사이에 헤로인에 중독된 노숙 소년을 집으로 끌어들였다. 상대가 아무리 외다리 같은 장애인이라 해도, 길거리 소년의 입장에서는 섹스를 했다는 것 자체가 엄청난 사건이었다.

수닐은 어두워진 후에 칼루가 하는 대화를 주워듣다가 경찰이 길거리 소년들에게 인근 창고나 건설현장의 정보를 일러주면서 건설자재를 훔칠 수 있도록 도와준다는 사실을 알게 되었다. 경찰은 그러고 나서 한몫을 받아 챙겼다. 얼마 전에는 한밤중에 압둘에게 공항 근처에 도둑질을 하러 갔다가 실패하고 돌아온 이야기를 털어놓았는데, 평소의 칼루답지 않게 진지한 목소리였다.

경찰 한 명이 고철이 쌓여 있고 가시철망 울타리도 없는 공사장을 귀띔해주었다. 칼루는 그런 곳을 '일터'라고 불렀다. 밤 11시에 들어가서 고철 몇 덩이를 찾아내긴 했지만 경비원이 쫓아오는 바람에 우북하게 자란 잡초들 사이에 고철을 내던지고 집으로 왔다고 했다. 칼루는 압둘에게 말했다. "날이 밝기 전에 그걸 가져오지 않으면 다른 아이들이 찾아낼 텐데. 하지만 지금은 너무 피곤해서 도저히 못 가겠어."

압둘이 의견을 내놨다. "그러면 여기 애들한테 좀 있다가 깨워달라고 해." 하지만 아이들은 모두 약 기운에 취해 있었고, 그렇지 않다 해도 시간관념이 희박했다. "내가 깨워줄 수 있는데." 수닐이 제안했다. 어차피 오두막의 쥐들 때문에 잠을 설쳤다. "좋아. 그러면 새벽 3시에 와서 깨워줘. 안 오면 난 끝장이야."

칼루는 대수롭지 않게 한 말이지만, 수닐은 "끝장"이라는 말을 가슴에 새겼다. 압둘네 집에서 얼마 떨어지지 않은 마이단에 누워 달의 움직임을 보며 시간을 확인했다. 새벽 3시쯤 됐겠다 싶었을 때 칼루를 찾아가 보니 삼륜 택시 뒷자리에 앉아 몸을 웅크린 채 잠들어 있었다. 열다섯 살 소년은 눈을 뜨고 손으로 입가를 훔치며 말했다. "나랑 가기로 했던 애가 완전히 뻗어버렸어. 같이 안 갈래?"

수닐은 놀랐고, 한편으로는 감격했다.

"혹시 물을 무서워하니?"

"나 헤엄칠 줄 알아. 나우파다에 살 때 배웠어."

"얇은 이불보 같은 거 있어?"

없이 사는 수닐이었지만, 이불보 한 장은 있었다. 얼른 달려가서 이불보를 챙겨온 수닐은 칼루를 따라 공항로로 나갔다. 길을 건너던 수닐이 이불보를 몸에 둘렀다. 춥지는 않았지만 한기가 느껴지는 밤이었다. 칼루가 뒤를 돌아보더니 깔깔 웃었다. "그러면 사람들이 놀라잖아. 유령이 걸어 다니는 줄 알겠다!" 수닐은 할 수 없이 이불보를 뭉쳐서 옆구리에 끼고 국제 터미널로 이어지는 길로 접어들었다.

그 시간에도 공항에서 나오는 자동차들은 줄을 이었다. 유럽과 미국에서 온 비행기들이 도착한 거라고 칼루는 말했다. 그는 짐꾼 시절에 비행기의 이착륙 시간표와 여러 도시의 이름을 외웠다. 칼루는 사우디아라비아, 미국, 독일 사람의 순서로 팁이 두둑하다고 말했다.

출구를 알리는 환한 간판과 즐거운 여행을 기원한다는 글귀가 적힌 바리케이드를 지나자 공사 차량이 드나드는 반 포장도로가 나왔고, 잽싸게 달려서 그 길을 건넌 두 소년은 더 좁고 깜깜한 통로로 접어들었다. 수닐은 눈을 감고 다닐 수 있을 정도로 익숙한 곳이었다. 기내식 만드는 곳에 두른 높은 울타리를 따라 얼마쯤 가면 수닐이 이따금 빈 물통을 찾아내는 노상 변소가 나왔다. 이 황량한 일대를 재빨리 통과하자 어느새 미티 강과 만나는 넓은 도랑가에 이르렀다. 수닐은 메기를 잡아다 팔기 위해 가끔씩 이곳을 오곤 했다. 수닐이 어렸을 땐 물이 푸르고 "수영장 물" 같았는데, 그 후로 검고 악취 나는 물로 변했어도 물고기는 여전히 맛이 좋았다.

도랑 너머의 오른쪽으로는 접근을 차단하는 높은 울타리가 환하게 조명을 밝힌 격납고를 지키고 있었다. 야간에 제트기를 보관하는 곳이었다. 칼루가 말한 목적지인 도랑 왼편은 어두컴컴했다.

길쭉하게 솟은 보리수가 어렴풋이 보이고, 그 뒤로 커다란 헛간 같은 건물이 몇 개 있는 것 같았다. 칼루는 고약한 냄새를 풍기는 물속으로 뛰어들어 손으로 물을 밀어내면서 걸어갔다. 수닐은 헤엄을 치다가 칼루가 걷는 것을 보고는 따라 걸었다. 우기는 아홉 달 전에 끝났고, 물의 흐름은 잔잔했다. 그래도 반대편 둑에 닿았을 때 수닐은 속이 울렁거렸다.

칼루가 "일터"라고 부르는 곳은 새로 생긴 드넓은 산업 단지였다. 제련소, 가소제, 윤활제. '황금 보석 주식회사'라는 회사도 있었다. 몇몇 창고 앞에는 제복을 입은 경비원이 푸르스름한 조명을 받으며 나와 있었는데, 그 빛에 드리운 그림자가 9미터는 되는 것 같았다.

수닐은 다시 물로 뛰어들고 싶었다. 하지만 잡초 벌판으로 가서 고철을 찾아오는 게 그날의 계획이었다. "경비들은 못 볼 거야. 식은 죽 먹기라니까." 칼루의 말은 사실이었다. 하지만 잡초들 틈에 있던 고철은 수닐의 눈에 바벨 같았고, 들었을 때의 느낌도 딱 바벨이었다. 그건 그날 밤의 유일한 딜레마였다. 과연 두 소년이 물을 건너면서 감당할 수 있는 무게는 어느 만큼일까? 둘은 이불보를 멜빵처럼 만들어서 고철을 세 개씩 옮기기로 했다.

소년들은 짐의 무게에 비틀거리고 가쁜 숨을 몰아쉬면서 15분 후에 안나와디로 돌아왔다. 새벽에 일어난 압둘이 고철 값으로 380루피를 쳐주었고, 수닐은 1/3을 받았다. 경찰의 몫이 얼마인지 수닐은 알 수 없었다. 칼루는 자신의 배당에 만족하는 눈치였다. 수닐에게는 태어나서 처음 만져보는 목돈이었다.

"그럼 핑키토키 타운에 가야지." 칼루는 수닐을 영화관에 데려갔고, 수닐은 카펫이 깔린 깨끗한 영화관에 넋을 잃었다. 정오에 시작된 미국 영화에는 윌 스미스라는 배우가 나왔는데, 재난에 처한 뉴욕 시에서 혼자 살아남은 모양이었다. 그 난리 통에 목숨을 부지한 개 한 마리는 주인공의 친구가 되었다. 누런 개의 등에는 안장처럼 보이는 커다란 점이 있었고, 남자는 개가 자신의 말을 전부 알아듣기라도 하는 양 말을 걸었다. 그러다 영화가 끝날 때쯤 남자는 개를 목 졸라 죽였다.

수닐은 주인공이 유일한 친구를 죽일 만했다고 생각했다. 영화는 재난이 배경인데다 유령도 나오고 폭발도 잦았다. 이런 사건들이 주인공의 결정에 영향을 미친 건 틀림없지만, 수닐은 논리적인 연관 관계를 분명하게 파악할 수는 없었다. 컴컴한 영화관에서 나오니 화창한 봄날 오후였다. 갑작스러운 햇빛 속에서 암캐의 배신을 생각하니 수닐은 속이 울렁거렸다. 배를 든든히 채우고서야 속이 조금 가라앉았다.

몇 주 후에 칼루는 다시 도움을 부탁했고, 수닐은 다른 도둑들이 맛있게 먹는 치킨칠리라이스, 그리고 넝마주이의 정해진 진로와도 같은, 구더기와 염증과 황달로 누렇게 변한 눈동자를 비교해봤다. 당분간은 돌담 너머 중간 턱의 쓰레기에 집중하자고 마음먹었다.

수닐이야 할아버지 같은 얼굴의 소년, 압둘이 무슨 생각을 하는지 알 길이 없었지만, 압둘은 수닐의 결정에 안도한 눈치였다. 칼루도 부담을 주지 않았다. 그건 다행이었는데, 수닐 본인이 생각하기에도 그런 결정을 내린 근거가 다른 사람에게 합리적일 것 같지 않았기 때문이었다. 그 근거는 수닐이 태어나서 가장 큰돈을 만져본 날 다른 소년들이 "재미 만땅"이라고 표현하는 벅찬 환희를 느끼지 못했다는 사실과 관련이 있었다. 목 졸려 죽은 암캐는 큰 이유가 아니었다. 넝마주이로 사는 게 좋은 것도 아니었다. "나도 이런 일을 하는 나 자신이 싫어. 이건 욕된 삶이야." 하지만 도둑이 되면 자신이 더 싫어질 것 같았다. 게다가 칼루가 사하르 경찰과 뒷거래를 한다는 사실도 마음에 걸렸다.

뭄바이 경찰이 안나와디 길거리 소년의 삶에 어디까지 손을 뻗칠 수 있는지 수닐이 깨달은 건 나중의 일이었다. 이때는 제아무리 속셈을 꿰뚫어보는 능력을 가졌을지라도, 칼루의 어두운 일에 작용하는 힘이 열두 살짜리가 파악할 수 있는 범위 밖에 있다는 것밖엔 알 수 없었다.

4
만주

만주는 『댈러웨이 부인』이라는 소설의 이야기 구조가 통 이해되지 않았다. 교재를 읽다 보니 기분이 어찌나 축 처지던지 혹시 또 뎅기열이나 말라리아에 걸린 게 아닐까 걱정될 정도였다. 벌레들이 윙윙거리는 오수 웅덩이에서 10미터도 채 안 되는 곳에 살면 그런 위험이 따랐다. 만주는 괜한 생각을 털어버렸다. 아닐 거야. 그냥 날씨 탓이야. 아직 봄인데도 이글거리는 태양의 열기가 칼끝처럼 날카로워서 눈이 다 시큰거릴 지경이었고, 안나와디의 물소들도 때 이른 더위에 힘들어했다.

만주의 눈에는 어머니도 기운이 없어 보였다. 그러나 그건 더위 탓이 아니라 자신을 빈민촌장으로 만들어줄 거라고 기대했던 수바시 사완트 운영 위원이 선거 부정으로 기소된 탓일 가능성이 높았다.

만주가 처음 그 소문에 대해 물었을 때 아샤는 대수롭지 않은 듯 일축했다. 그녀의 정치 후원자는 전에도 두 번이나 살인 혐의를 받았다가 슬그머니 무마된 전력이 있었다. "뭄바이에서는 소송도 관리하는 방법이 있지." 운영 위원은 이렇게 말했었다. 그렇다면 그렇게 늠름하던 가슴이 어째서 배로 축 처진 것처럼 보였던 걸까? 옷깃 주변이 땀으로 끈끈했던 게 꼭 날씨 탓만은 아닌 것 같았다.

인도에는 여성만 출마할 수 있는 선거가 따로 있는 것처럼, 하위 카스트만 출마할 수 있는 선거가 따로 있었다. 역사적으로 정치에서 배제되었던 하위 카스트의 참여를 보장하기 위해서였다. 앞선 해에 하위 카스트만 피선거권을 가졌을 때 운영 위원은 낙승을 거뒀다. 사실 수바시 사완트는 하위 카스트가 아니었다. 단지 새 카스트 증명서와 새 출생 증명서, 그리고 조상을 날조하여 출마 자격을 얻었을 뿐이다. 다른 도시에서도 최소한 열 명이, 그리고 시브 세나의 후보 대부분이 똑같은 꼼수를 썼다.

그런데 국민회의당 소속으로 76구에 출마했다가 2위에 그친 진짜 하위 카스트 후보가 수바시 사완트가 날조한 증거를 확보해서 고등법원에 선거 무효 소송을 제기했다. 그러자 운영 위원은 갑자기 주민들의 지지를 얻을 필요를 느꼈다. 이 지역구를 10년 넘게 관리했고, 그 전에 삼륜 택시를 운전했고, 살인 강도 외에 자잘한 범죄를 저질렀던 기억은 다 잊어버렸다. 그는 서류상의 모순을 해결할 수 있을 거라는 막연한 기대를 품고 지역구의 빈민촌을 방문하기 시작했다.

어느새 안나와디 차례가 되었다. 아샤와 만주에게 빈민촌 주민들을 오수 웅덩이 옆의 분홍색 사원에 모아놓고 운영 위원과 함께 소송의 승리를 위해 기도하게 하라는 임무가 하달되었다.

지시를 받았을 때 아샤는 썩 내키지 않았다. 마침 시험 기간이었기 때문에 엄마가 없으면 순식간에 교과서를 내팽개칠 자녀들만 놔둔 채 집을 비우고 싶지 않았다. 그런 악조건 속에서 아샤는 웬만한 참여 규모를 확보하기 위해 자신의 영향력을 총동원해야 했다.

마침내 지정된 날이 오고 수바시 사완트는 해가 질 무렵에 티 없이 깨끗한 흰색 사파리 정장 차림으로 수행원을 대동하고 안나와디로 성큼성큼 들어섰다. 수닐을 비롯한 넝마주이들은 멀리서 입을 다물지 못한 채 멍하니 그 모습을 바라봤다. 운영 위원은 허벅지 근육이 너무 굵어서 정상적으로는 걸을 수 없는 모양인지 경찰관처럼 다리를 쩍 벌리고 걸었다. 게다가 머리에는 마늘을 튀겨도 될 정도로 많은 기름을 부은 것 같았다.

운영 위원은 만주가 이날을 위해 친구 미나와 함께 준비한 푸리 바지(밀가루를 동그랗게 부풀려 튀긴 빵에 야채 커리를 곁들여 먹는 인도 음식)를 칭찬했다. 낡은 철제 책걸상이 있는 사원의 내부에도 흡족해했다. 안나와디에 처음 정착한 타밀 노동자였던 미나의 부모님은 이 사원을 지어서 신도들을 전염병으로부터 지켜주는 마리아마 여신에게 바쳤다. 하지만 아샤는 수바시 사완트의 승인하에 이 사원의 운영권을 강탈해 마하라슈트라 출신들에게 넘겼고, 그 후로는 이 분홍색 사원에 거의 자물쇠가 채워져 있었다. 하지만 이날 오후에는 미나와 만주가 구석구석 열심히 쓸고 닦았다. 죽은 파리와 쥐똥을 쓸어내고 새로 설치된 신상도 광채가 나도록 닦았다.

"사람들한테 전화해뒤요. 저녁 먹고 가서 연설할 테니까." 운영위원은 수행원과 SUV를 타고 떠나면서 아샤에게 말했다. 아샤가 저녁 8시에 사원의 종을 치자 작은 사원은 금세 사람들로 가득 찼다. 타블라(인도의 대표적인 타악기) 소리가 조용히 울리는 가운데 아샤는 책상 옆에 자리를 잡았다. 제일 좋은 것으로 골라 입고 온 사리의 금빛 테두리가 신께 올린 촛불 빛을 받아 반짝였다.

아샤를 포함해서 사원에 있는 사람들은 거의 대부분 하위 카스트, 시브 세나가 뭄바이에서 쓸어내고 싶어 하는 이주민들이었다. 그런데도 아샤의 눈 밖에 날까 두려워서, 그리고 운영 위원을 믿었기 때문에 그곳에 나왔다. 그들도 수바시 사완트가 부패했다는 건 잘 알았다. 카스트 증명서도 위조했다고 생각했다. "그래도 여기 와서 얼굴이라도 내미는 건 그 사람뿐이야." 안나와디 주민들은 말했다. 그는 선거철마다 시의 기금이나 미국 기독교 자선단체 월드비전의 기부금으로 공동 변소와 하수구, 깃대, 오수 웅덩이 옆의 콘크리트 연단 같은 이런저런 시설을 설치했다.

또 여기 올 때마다 그 연단에 올라서는 2001년과 2004년에 철거에 들어갔던 공항 공사의 불도저를 막기 위해 얼마나 열심히 노력하고 있는지 이야기하는 것을 잊지 않았다. 공항 현대화 사업과 뭄바이 시의 계획에서 그가 맡은 배역은 단역이었다. 이를테면 정치인으로서의 위상이 도로 보수 노동자 정도였다. 그래도 안나와디 사람들이 생각하는 정치 지평에서만큼은 인도 총리보다 더 대단한 지위를 누렸다. 그에겐 주민들의 표가 필요했고, 주민들은 그의 힘이 자신들을 보호해준다고 믿어야 했다.

"그는 언제 오나요?" 사람들이 물었다.

"금방 와요." 아샤가 장담했다. 빈틈없이 들어찬 사람들이 흘리는 땀으로 사원은 그야말로 찜통 속이었다. 빈민촌의 건물은 도시의 열기를 에누리 없이 흡수했고 사원이라고 예외가 아니었지만, 그 괴로운 상황을 다들 아무 불평 없이 견뎌냈다. 그러다 한 시간쯤 지나자 한숨이 터져나왔다.

아이의 시험 때문에 전전긍긍하는 부모가 아니더라도, 안나와디 사람들에겐 일분일초가 소중했다. 그들은 새벽부터 일을 해야 했다. 집을 청소하고 아이들을 씻기고, 무엇보다 졸졸 흐르는 물줄기가 끊어지기 전에 공동 수도에서 물을 길어 와야 했다. 수도 앞에서 기다리는 것만 해도 몇 시간이었다. 안나와디의 수도꼭지 여섯 개에서는 아침에 90분, 저녁에 90분 동안 물이 나왔다. 시에서 공급하는 물이건만 시브 세나가 수도를 접수하고 사용료를 받았다. 이 수돗물 브로커는 원성을 샀지만, 새 수도 설치 명목으로 주민들에게 돈을 걷은 후 챙겨 달아난, 변절한 자선단체 활동가보다는 덜했다.

아샤의 사리까지 목과 겨드랑이가 땀으로 흥건해진 밤 10시에야 수바시 사완트의 운전사와 간신히 통화가 되었다. "오고 계시답니다." 아샤는 사람들에게 말하고 함께 기도를 올리기 시작했다. 운영위원이 도착했을 때 간절히 기도하는 주민들의 모습을 보여주기 위해서였다.

하지만 11시가 되도록 그는 나타나지 않았다. 아샤가 딸에게 음식을 내오라고 눈짓을 했다. 만주가 준비한 음식은 원래 행사를 마치고 먹을 예정이었지만, 사람들이 슬금슬금 돌아가기 시작했고 이제 운영 위원의 운전사마저 연락이 닿지 않았다. 명목상의 종교의식에 참가했던 사람들은 음식을 먹은 후에 집으로 돌아갔고, 이제 사원에 남은 건 열댓 명뿐이었는데 그나마 몽롱하게 취한 술꾼이 대부분이었다. 아샤는 도저히 표정 관리가 되지 않았다.

돌아간 사람들은 아샤가 운영 위원을 데려온다고 해놓고 실패했다며 수군댈 것이다. 더 울화통이 치미는 건 올빼미 같은 수바시 사완트가 야심한 밤에 도착할 경우 텅 빈 사원을 보게 되리라는 것이었다. 그 재앙의 책임을 아샤 혼자 뒤집어써야 했다. 운영 위원은 모욕으로밖에 해석할 수 없을 미소를 지어보이면서 아샤가 주민의 존경을 받지 못하는 모양이라고, 안나와디는 아직 여자 빈민촌장을 맞을 준비가 되지 않은 것 같다고 말할 것이다. 다른 빈민촌에서는 수많은 사람이 운집해서 대성공을 거두었다는 이야기를 빼놓지 않을 것이다.

아샤가 비통한 심정으로 딸을 붙들고 이런 가능성을 설명할 무렵, 예쁘장하니 젊은 히즈라(우르두어로 '중요한 사람'이라는 뜻인 히즈라는 성기가 손상된 채 태어났다가 유아기나 청소년기에 거세된 남성을 의미한다.)가 어슬렁어슬렁 안나와디 쪽으로 왔다가 환하게 불을 밝힌 텅 빈 사원에 타블라 연주자가 졸고 있는 걸 보고는 들어와서 춤을 추기 시작했다.

    길고 무성한 곱슬머리에 속눈썹은 이마에 닿을 정도이고 손목에는 싸구려 팔찌를 주렁주렁 찬 이 히즈라는 엉덩이를 서서히 돌리기 시작했다. 동상처럼 가만히 선 채 팔을 뻗고 다리만 슬그머니 미끄러지듯 움직였다. 정신을 차린 고수가 타블라를 치기 시작했다. 만주는 벌어진 입을 다물지 못했다. 히즈라의 몸은 상체와 하체가 따로 노는 것 같았다. 그러다 제단의 촛불 하나를 입에 물고 빙글빙글 돌기 시작했는데, 중간에 촛불은 그 힘을 못 이겨 꺼지고 말았다.

    이런 여장 남자들은 두려운 동시에 경배의 대상이었다. 성적으로 온전하지 못한 상태로 태어난 이들이 그 불운을 옮긴다고 믿었기 때문이다. 그래서 이들이 문을 두드리면 돈을 쥐어 보냈다. 미워하는 사람한테 코코넛을 던지고 싶을 땐 웃돈을 얹어 줬다. 일단 코코넛을 던지면 그 사람에게 나쁜 기운이 달라붙기 때문에, 당한 사람이 **바바**(수행자)에게 돈을 주고 유리그릇에 쌀을 담아 향을 세 개 꽂은 후 진홍 가루를 뿌리더라도 소용이 없었다.

    안나와디에도 히즈라가 여섯 명 살았는데, 화장이 얼룩진 얼굴에 고단한 삶의 흔적이 역력했다. 그들 중 몇이 젊은 히즈라를 따라 사원으로 들어왔다. 안나와디에 처음 나타난 이 젊은 히즈라는 화장이 완벽했다. 옷차림이나 립스틱이 아닌, 얼굴 그 자체에서 여성적인 기운이 느껴졌는데 그건 한마디로 표현하기 힘들었다. 그는 돈을 챙겨서 떠날 마음으로 온 게 아니었다. 어찌나 빠르게 돌았던지 긴 머리카락이 들려서 땅과 수평을 이뤘으며, 그 모습에 홀려 사원으로 다시 돌아온 빈민촌 주민들 얼굴에 그의 땀이 튈 정도였다.

돌기를 멈추면서 팔로 땅을 짚고 엎드렸던 히즈라는 엉덩이를 쑥 내민 채 훌쩍 튀어오르는가 싶더니 몸을 씰룩씰룩 움직이며 청아하고 높은 음색으로 노래를 불렀다. 이 히즈라의 이름은 수라지이고, 나이는 열여덟 살이었다. 아샤의 아들 라훌은 다른 사람들이 짐작하지 못하는 히즈라의 특징을 단번에 알아차렸다. 딱 붙은 청바지를 입은 수라지는 아직 숫총각이었다. 어머니와 누이들의 상심과 본인의 기억 속에서 수라지의 몸은 3/4이 여자고, 1/4이 남자였다. 현재 그는 빈민촌을 전전하면서 돈을 받아 생계를 이어갔고, 지금처럼 지나치게 격렬한 춤을 추다가 속병이 났다. 아샤와 성격은 다르지만 그 역시 76구에서 명성을 떨치기 위해 노력하는 중이었다.

구경꾼들 사이에서 여자 두 명이 나와 히즈라와 함께 빙빙 돌며 춤을 추자 붉고 푸른 사리가 어지럽게 뒤엉켰다. 그러다 히즈라가 바닥에 쓰러져 누웠다. 혹시 간질을 일으키는 게 아닐까 싶어 다들 숨죽이고 쳐다보는데, 히즈라는 자신의 내면에 깃든 여신이 말씀을 하실 거라고 했다. "옐람마 여신이 말씀하시길, 님 나무(인도에서 예로부터 '모든 질병을 치료하는 나무'라 일컬었을 정도로 민간 약재로 많이 사용되는 나무) 잎을 가져오면 미래에 대한 질문에 답을 해주신답니다."

아샤는 눈살을 찌푸렸다. 수바시 사완트가 도착했다가 이 광경을 보면 뭐라고 할까? 그래도 텅 빈 사원을 보여주는 것보다는 나을 것 같았다. 사람들이 계속해서 사원으로 밀려들었고, 겹겹이 둘러싼 구경꾼들 너머로 히즈라의 모습을 보기 위해 껑충껑충 뛰는 사람도 있었다. 길거리 소년들도 한자리 차지했고, 색싯집 주인과 그의 단골들도 빠질 수 없었다. 사원 안에서 히즈라의 몸에 깃든 여신에게 질문이 쏟아지는 동안, 밖에서는 얼룩말 로버트의 아들이 타이어에 불을 붙여 흥분을 고조시켰다.

"대출을 받아서 집을 수리해야 할까요?" "일자리를 알선해줄 수 있다는 남자한테 돈을 줘야 하나요?" "딸의 혼인 비용을 어디서 충당할지 고민입니다." "우리 아들이 커서 뭐가 될지 알려주세요." 자식들의 시험 통과 여부를 묻는 질문은 몇 번이나 반복되었고, 심장판막에 대해 묻는 사람이 한 명 있었으며, 공항 공사에 대한 궁금증도 끊이지 않았다. "공항에서 언제 우리 집을 부술까요?" 그것에 대해서는 여신도 수바시 사완트만큼이나 알 길이 없었다.

히즈라의 대답은 헛소리일 수도 있었고, 진짜로 남들은 듣지 못하는 여신의 이야기를 전하는 것일 수도 있었지만, 어느 쪽인지는 그리 중요하지 않았다. 그 목소리가 여신의 것인지 여장 남자의 것인지는 알 수 없어도 몽롱한 최면 효과가 있는 건 틀림없었고, 그것만으로도 축복처럼 느껴졌다.

사람들은 이제 질문을 하기 위해 고함을 질러댔다. 비명 같은 그

소리가 마이단 건너 압둘네 집까지 들릴 정도였다.

"이게 무슨 난리야! 대체 언제쯤에나 조용해지려고 이래?" 압둘의 동생 미르치가 수학 책에 이마를 대며 소리를 질렀다. 이래서야 9학년 시험 공부를 어떻게 하란 말이냐고. 아버지도 집 안을 오가며 운영 위원과 힌두교 이웃들을 향해 욕설을 퍼부었다. "일을 내팽개치고 우상을 숭배하면서 1년에 100일쯤 시끄럽게 구는 놈들이 이젠 축제도 아닌데 춤판에 실성을 했구나. 미친놈들."

안나와디에서 가장 교육을 많이 받은 스물한 살의 프라카시는 사원에서 네 집 건너에 살았다. 무릎에 경제학 책을 펼쳐놓고 두 손으로 머리를 감싼 그는 속상한 마음을 이기지 못해 눈물을 흘렸다. 대학 졸업을 앞두고 중요한 기말 시험을 치러야 하는데 빙글빙글 춤을 추는 히즈라가 방해하고 있었다. 그는 기회만 주어진다면 학자들이 더 존중받는 방갈로르로 떠날 작정이었다.

새벽 1시에야 운영 위원이 전화를 받아서는 더 중요한 사람들에게 붙들리는 바람에 못 가게 됐다고 말했다. 그래도 그는 아샤의 일처리에 흡족함을 감추지 못했다. 수화기 너머로 들려오는 환희에 찬 소리를 듣고 안나와디 주민 모두가 그의 명예를 지키기 위해 한자리에 모인 것으로 착각한 탓이었다. 아샤의 행운은 계속되었다. "이제 집으로 가자." 아샤는 딸에게 말했다. "그래요." 만주는 건성으로 대답했지만, 눈은 여전히 땀으로 흠뻑 젖은 히즈라에게서 떼지 못했다. "어머니, 제 평생 이런 광경은 처음이에요."

생김새나 제 어머니의 정치적인 위상, 게다가 개인적으로 눈코 뜰 새 없이 바쁜 생활을 감안하면 만주가 필요 이상 친절하다는 게 안나와디 사람들의 한결같은 평가였다. 만주는 아침에는 대학에 가고 오후에는 집에 꾸민 교실에서 이 빈민촌에 하나뿐인 학교를 운영했다. 남는 시간에는 음식을 만들고 청소와 빨래를 하고 물도 길면서 다섯 식구의 살림을 도맡았다. 이런 강행군은 수면을 하루 네 시간으로 제한했기 때문에 가능했는데 그러면서도 힘든 기색이 없었다. 하지만 이번 봄에는 원인을 알 수 없는 잇단 감염 증세와 열병으로 그녀의 평정심도 시험대에 올랐다.

아샤는 딸의 몸이 열로 펄펄 끓자 행여 신부 가치가 떨어질까 걱정이 됐다. 지금까지 만주는 전혀 걱정할 게 없었다. 십 대 시절에도 바르고 온순한 품행의 교과서 같은 모습을 보여주었다. 만주 자신도 어머니에게서는 찾아보기 힘들다고 생각한 덕목이었다.

어느 날 오후였다. 라훌은 오두막 벽에 걸린 작은 거울 앞에 서서 피부색을 희게 해준다는 페어앤드러블리 로션을 얼굴에 바르며 점점이 주근깨처럼 탈색된 거울을 통해 누나를 물끄러미 쳐다봤다. 만주는 윤기가 반지르르한 머리를 땋아 어깨 너머로 드리운 채 마루에 무릎을 꿇고 앉아서 영어 단어를 중얼대고 있었다. 그 목소리는 갈수록 필사적으로 들렸다.

"얼굴 좀 찌푸리지 마." 라훌의 말에 만주가 고개를 들었다. "라훌, 넌 크림 좀 작작 발라."

만주에게 페어앤드러블리 로션은 흰 피부를 간직해서 결혼 시장에서의 가치를 유지하기 위한 방편이었는데 라훌과 가네시, 두 남동생이 오히려 누나보다 로션을 더 듬뿍듬뿍 발랐다.

라훌이 텔레비전을 켜자 생쥐 제리가 구두약으로 변장하고는 고양이 톰한테 도시 하나쯤 날려버릴 만큼의 폭약을 삼켰다며 허풍을 떠는 장면이 나왔다. 잠시 화면을 바라보던 만주는 다시 한숨을 쉬었다. "내가 뭘 하는지 모르겠다. 한 시간 후면 애들이 몰려올 텐데 정작 내 공부는 밀렸으니. 컴퓨터 수업 교수님이 그러시더라고. 어머니한테 가서 어느 쪽을 원하는지 여쭤보라고. 포토샵 과제를 하길 원하시는지, 아니면 살림을 하길 원하시는지 말이야. 과제를 해오지 않으면 낙제 시킬 거라고 하셨어. 내가 어제 심리학 수업 시간에 무슨 일이 있었는지 얘기했던가? 글쎄, 책상 밑에 가방을 놓고 화장실에 다녀왔더니 그 사이에 누가 돈을 빼간 거야. 어떻게 그럴 수가 있니! 다른 여자 애들은 나보다 돈도 많은데! 하지만 널 붙잡고 이런 얘길 해봐야 무슨 소용이니? 아예 그 안으로 들어갈 것처럼 텔레비전만 쳐다보고 내 말은 듣지도 않는데."

라훌이 말했다. "아냐, 듣고 있어. 누나한테 고민이 너무 많으니까 내가 어떤 것부터 따져봐야 할지 몰라서 이러는 거야."

라훌에게도 그 나름의 고민이 있었다. 라훌은 요즘 9학년 시험 준비와 호텔의 야간 임시직 사이에서 줄타기를 하는 중이었다. 이제는 인터콘티넨탈 웨이터들이 고객을 대할 때 짓는 표정을 그럴듯하게 흉내 낼 수 있었다. 진심을 다해 대접한다는 뜻으로 고객을 예의 주시하면서 고개를 위로 드는 동시에 턱은 아래로 당겨 하인이라는 걸 보여주어야 했다. 그건 이를테면 이런 뜻이었다. **"주인님의 뜻이라면 저는 투명 인간이 되겠습니다."** 원래 라홀은 재미를 찾아 눈을 반짝였고, 안나와디 소녀들은 그 표정에 즉각적인 반응을 보였다. 하지만 라홀은 그 표정을 조금만 자제했더라면 최근의 호텔 파티에서 모욕을 당하지 않았을 거라고 생각했다.

사건은 자정이 지난 후, 디제이가 마치 텔레파시라도 통한 듯 라홀이 요즘 제일 좋아하는 댄스 곡을 틀면서 벌어졌다. 크리스티나 아길레라의 신 나는 노래에 이어 문제의 「라이즈 업」이 흘러나왔다.

일어나! 다시는 넘어지지 말고,
일어나! 사슬이 끊어진 건 이미 오래야.

영어 노랫말이야 아무런 의미도 갖지 못했지만, 베이스의 선율은 거부할 수 없었다. 라홀은 이 노래를 들을 때마다 온몸이 고동치는 느낌이었다. 첫 코러스 부분이 호텔 스피커에서 쿵쿵 울렸을 때 아마도 라홀이 슬그머니 미소를 짓거나 발장단이라도 맞췄던 모양이었다. 젊은 고객 둘이 느닷없이 그의 팔짱을 끼며 "뭄바이 춤사위"를 보여 달라고 졸랐다.

술 취한 백인들은 팁이 후하기로 유명했다. 그는 스텝을 조금 보여주었다. 딴엔 조심하느라 신경을 썼다. 어깨와 손은 가만히 둔 채 머리랑 발만 움직였다.

"이 머저리 같은 놈, 미친 거 아냐?"

호텔 직원이 그를 와락 붙들었다. 홀 저쪽에 있던 다른 매니저들도 급히 다가왔다. 그가 발리우드의 스타를 포크로 찌르기라도 한 것 같은 분위기였다. 목덜미를 잡힌 채 쓰레기 처리실로 질질 끌려가는 그를 보며 정규직 웨이터들은 킬킬거렸다. 호텔의 첫 번째 규칙이 손님을 빤히 쳐다보지 말라는 것이라면, 두 번째는 손님이 시키는 대로 하라는 것 아닌가? 라훌은 나중에 집에 와서야 회심의 반격을 날릴 수 있었을 논리를 생각해내곤 탄식을 했다.

고양이 톰이 기어이 집을 산산이 부쉈을 때 라훌은 다시 거울로 눈을 돌렸고, 만주는 전공 과목의 수업 교재를 읽기 시작했다. 오늘 읽을 부분은 복고주의 연극과 윌리엄 콩그리브의 『세상의 이치』에 대한 것이었다. 만주는 이 『세상의 이치』라는 책을 읽은 적이 없었고, 교수도 그걸 기대하지 않았다. 상위 카스트와 부잣집 자녀들이 대부분인 상위권 대학을 제외하면, 인도 대학의 교양 과목은 암기식으로 이루어졌다. 만주가 다니는 대학은 라이온스 클럽에서 설립한 평범한 여대였고, 강사가 강의 계획표를 나눠주면 각 작품의 줄거리를 암기했다가 시험지에 그대로 옮겨 쓰고 주에서 실시하는 국가고시 때 다시 기억해내기만 하면 그만이었다. 만주는 외우는 재주를 타고났다. 하지만 『세상의 이치』 주인공들은 도무지 그녀의 머릿속에 얌전하게 들어앉아 있지 않았다.

만주는 다시 라훌에게 말을 걸었다. "밀라멘트, 미라벨, 페튤런트. 이런 이름 들어본 적 있어? 이것 말고도 얼마나 많은지 몰라. 하나같이 거짓말을 일삼고 사기를 치면서 돈을 갈취하는데, 교수님이 써준 줄거리도 통 이해가 안 돼."

문제가 된 건 "사랑은 종속적"이라는 부분이었다. 비슷한 또래의 남자랑 손 한 번 잡아본 적 없지만 사랑이라는 뜻의 영어 단어는 그녀도 잘 알았다. 그런데 "**종속적**"이라는 말은 영어―마라티어 사전을 사주겠다던 약속을 지키지 않은 어머니에 대한 짜증만 유발했다. 라훌이나 어머니는 영어를 몰랐다. 오히려 사무실이나 호텔 같은 데서 일하는 버젓한 직업에 인도를 점령했던 식민 제국의 언어가 필요하고 마라티어는 그저 고색창연한 옛날 말로 취급된다며 역정을 냈다.

영어의 중요성은 인도가 더 세계화된 능력 중심 사회로 변해가는 데 따른 부산물이었고, 만주는 그 변화를 대체로 환영했다. 콩그리브의 작품을 배우든, 학원에서 국제 콜센터 업무를 위한 트레이닝 코스인 체이스/맨해튼 비자 카드 응대법을 배우든, 어떤 방법으로 영어를 배우는가는 중요하지 않았다. 우월한 교육을 받은, 세계화 시대의 인재라는 증명서인 영어는 빈민촌을 벗어날 가능성의 도약대였다. 만주의 영어는 아직 어눌하고 어색했지만, 그래도 안나와디에서는 두 번째였다.

첫 번째는 사원 근처에 사는 경제학과 학생, 프라카시였다. 안나와디 젊은 세대의 복잡한 사회 계층(이제는 카스트보다 미래의 경제적 전망이 더 큰 기준으로 작용했기 때문에)에서 프라카시는 꼭대기에 해당됐다. 프라카시는 원래 중산층이어서 좋은 사립학교에 다녔었지만, 아버지가 기차 사고로 세상을 떠난 후 틈틈이 ICICI 은행의 투자 신탁 상품을 팔았다. 몇 푼 안 되는 수수료를 벌기 위해 열심히 세일즈 전화를 걸었다.

만주는 프라카시라면 "종속적"이라는 말의 뜻을 알 거라고 생각했지만, 둘은 한 번도 말을 나눠본 적이 없었다. 빈민촌의 젊은 여자는 남자와 얘기할 경우 그로 인해 초래될 소문의 여파를 고려해야 했다. 안 그래도 만주의 사진을 하트 모양으로 코팅해서 가지고 다니는 크리켓 선수에 대해 사람들이 수군거리는 판이었다. 그래서 만주는 바깥에서 빨래를 할 때에도 몇 미터 떨어지지 않은 오두막에서 공부하는 프라카시에게 눈길 한 번 주지 않았다.

"미라벨은 미인, 밀라멘트는 정부, 페이널 씨는 부정한 여자의 남편." 만주는 펑퍼짐한 어머니 속옷과 어깨가 좁은 아버지 셔츠를 돌멩이로 두드리면서 작품의 개요를 중얼거렸다.

"아니, 미라벨이 정부야." 빨래를 짜서 벽에 걸린 줄에 널었다. 한쪽 벽은 지붕에 60센티미터쯤 못 미쳤지만, 그 틈을 메우겠다던 아버지의 약속은 어머니가 영어—마라티어 사전을 들고 집에 오길 바라는 소망만큼이나 가망이 없었다.

만주는 불구멍이 두 개인 스토브를 닦으면서도 계속 중얼거렸다. "이 작품의 주제는 연애와 사회적 지위, 그리고 돈." 후다닥 도망치는 바퀴벌레가 100마리쯤 되는 것 같았다. 라훌은 어느새 바닥에 누워 잠이 들었고, 만주는 음식 찌꺼기를 들고 라훌의 몸을 넘어 밖으로 나가 오수 웅덩이에 버렸다. 날이 더워지면 웅덩이 물은 부레옥잠으로 뒤덮였다.

"미라벨은 아름다운 밀라멘트와의 결혼으로 신분 상승을 꾀한다." 만주는 줄거리를 암기하면서 종종 자신을 여주인공에 대입시켜보곤 했지만, 이번의 밀라멘트는 영 내키지 않았다. 밀라멘트는 부자인데다 결혼을 스스로 결정할 수 있을 만큼 독립적이면서도 신세 한탄만 늘어놓고 있었다. 만주는 대학을 졸업하면 선생님이 되고 싶은데, 어머니가 홧김에라도 여자가 무슨 바깥일이냐고 생각하는 시골 남자에게 시집보내 버릴까 봐 두려웠다. 그건 지금 하는 일을 죽을 때까지 해야 한다는 뜻이었다. 틈새로 스며드는 흙먼지를 쓸어낸 뒤 걸레질을 하는 사이에 또 들어온 먼지를 쓸어내면서 살아야 한다는 뜻이었다.

"콩그리브의 희곡에서 돈은 사랑보다 더 중요한 가치를 갖는다."
그건 어머니의 입장과 정확하게 일치했다. 만주의 막내 동생인 가네시가 지키고 있는 집 앞 채소 가게는 아샤가 가장 최근에 시도했다가 실패한 사업이었다. 이 가게를 열기 위해 아샤는 캄블 씨가 심장판막 수술 비용으로 쓸 수 있길 바랐던 바로 그 정부 대출금을 얻어 냈다. 원래 남편한테 맡길 예정이었지만 그는 가게에서 번 돈으로 술을 마셔댔다. 지금도 그는 술에 취한 채 막내 아들 발치에 누워 있다.

만주는 돈에 큰 관심이 없었다. 그 대신 가치를 중시했는데, 그런 마음 한쪽에는 두려움이 자리 잡고 있었다. 지금도 만주는 공부를 하다가 목에 생긴 흉터를 손으로 쓰다듬곤 했다. 예전에 초콜릿을 사먹으려고 어머니의 돈을 슬쩍했다가 얻은 흉터다. 그때 아샤는 도끼를 휘두르며 난리를 쳤다. 하지만 선한 사람이 되려는 만주의 욕망은 반항심의 발로이기도 했다. 그것은 지탄받을 행동을 한 덕분에 텔레비전을 비롯한 온갖 이익을 누린다는 소리를 듣는 어머니를 단죄하는 그녀만의 방법이었다.

만주의 선행 도구는 매일 오후에 운영하는 오두막 학교였다. 가톨릭 자선단체를 통해 중앙정부의 예산 지원을 받는 이 학교의 공식 교사는 아샤였다. 하지만 아샤는 시브 세나 일로 바빴기 때문에 만주가 7학년 때부터 수업을 진행했고, 아샤가 못마땅할 정도로 정성을 쏟았다. 학교 운영으로 받게 되는 약간의 수당이 가계에 보탬이 되는 건 기뻤지만, 아샤는 교육감이 순시를 나오는 날에만 수업을 하면 된다는 입장이었다. 많은 오두막 학교가 그런 식으로 운영됐다.

중앙정부에서는 만주가 운영하는 이런 종류의 학교를 "징검다리 학교"라고 불렀다. 노동에 동원되는 어린이나 집안일 때문에 교육 기회를 얻지 못하는 소녀들이 정규 교육 환경에 익숙해지고 공부에 흥미를 가질 수 있도록 매일 두 시간씩 수업을 하는 것이 이런 학교의 취지였다. 아이들의 열정에 불을 지피는 건 어렵지 않았다. 가난에서 탈출할 방법이 크게 세 가지라는 사실은 빈민촌 주민이라면 누구나 알고 있었다. 압둘의 고물상처럼 틈새시장을 찾아 돈벌이를 하는 것, 아샤처럼 정치 쪽에서 부패한 동아줄에 희망을 거는 것, 그리고 남은 세 번째가 교육이었다. 빈민촌에는 사립학교 수업료를 내기 위해 로티와 소금만으로 연명하는 부모들이 수십 명이었다.

지난 5년 사이에 공항 일대에서는 100여 개의 학교가 문을 열었다. 탁월한 시설을 갖추고 비싼 수업료를 받는 곳이 있는가 하면, 만주의 학교처럼 무자격자가 수업하는 사기성 시설도 있었다. 그래도 아샤가 계약직 교사로 일하는 마롤 시립 학교 같은 무상 교육 시설보다는 낫다는 게 주지의 사실이었다. 주내 공립학교 교사의 약 60퍼센트는 대학을 졸업하지 않았고, 정규직 교사 중에는 교장에게 거액의 뇌물을 바치고 자리를 얻은 사람이 적지 않았다. 운영 위원도 이런 지옥 같은 학교 환경을 개선하기보다 그걸 악용하는 편을 선호하는 정치인이었다. 그는 아예 사람을 세워서 직접 사립학교를 하나 열었다.

"마롤에서는 우리끼리 놀고 있으면 쉬는 시간이 돼요. 또 조금 놀다가 점심을 먹어요." 네팔에서 온 남자아이 아다르시는 시립 학교의 수업 과정을 이렇게 표현했다. 그래도 공짜 점심은 강력한 유혹이었다. 아다르시는 정규 학교가 끝나면 만주네 학교로 왔다. 비록 만주가 대학 수업을 위해 암기하는 줄거리일 망정 그래도 여기서는 뭔가 배워가기 때문이었다. 『댈러웨이 부인』의 플롯을 이해하지 못하는 건 만주나 아이들이나 마찬가지였어도, 오셀로가 까만 피부색 때문에 의심을 산다는 이야기는 단번에 알아들었다.

이때 한 아이가 어찌나 급하게 뛰어 들어왔던지, 벽에 압정으로 꽂아둔 시브 세나의 늙은 설립자 발 태커레이의 포스터가 펄럭거리다 못해 떨어져나갔다. "데보! 일찍 왔네. 그리고 신발 벗는 걸 까먹었잖니."

이렇게 말하던 만주의 시선이 바닥의 흙 발자국에서 피투성이가 된 아이의 얼굴로 옮겨갔다.

아이가 머리를 움켜쥐고 말했다. "아야, 택시가……."

안나와디의 아이들은 복잡한 길에서 차에 치이는 일이 비일비재했다. 대부분 마롤 시립 학교를 오가는 길에 있는 위험천만한 교차로에서 사고가 일어났다. 새로 구입한 휴대전화와 초보 운전사는 치명적인 조합이 되곤 했다. 만주는 벌떡 일어나서 스토브 옆의 심황 가루를 가져다가 데보의 머리에 쏟아부었다. 결혼하는 신부에게 행운을 가져다주는 심황은 상처에도 효과적이었다. 만주는 향신료 가루가 피와 섞여서 밝은 오렌지색 반죽이 되도록 문지른 다음 그 자리를 힘주어 눌렀다. 지혈이 됐는지 확인하려는데, 데보의 외눈박이 과부 엄마가 한 자짜리 쇠꼬챙이를 휘두르며 들어왔다. "차에 제대로 치여봐야 정신을 차리지. 길을 건너면서 그렇게 어슬렁거리는데 어떤 신이 너를 구해주겠니? 아예 내 손에 죽어라, 죽어!"

데보는 만주네 나무 찬장 밑으로 잽싸게 기어 들어가면서 쇠꼬챙이가 몸에 닿기도 전에 악을 썼다. 어머니는 기어이 아들을 끄집어내서 때리기 시작했다. 만주가 말했다. "안 돼요! 머리는 때리지 마세요. 다친 데는 때리지 말라고요!"

데보의 어머니가 소리를 질렀다. "이를 부러뜨려 버릴 거야. 아주 껍데기를 홀랑 벗기고 말 테다." 안나와디에서 다치거나 병에 걸리는 건 빚의 나락으로 떨어지는 지름길이었고, 데보의 어머니는 그러지 않아도 죽은 남편의 병원비 때문에 고리대금업자에게 시달리는 처지였다. "차에 치여 크게 다치기라도 하면 내가 무슨 수로 병원비를 내겠니? 데보야, 말 좀 해봐. 단돈 1루피라도 이 어미한테 너를 구할 돈이 있는지."

"그만하세요." 만주는 소리치며 여자의 손을 낚아채려 했지만 소용없었다. 라훌이 잠에서 깨어 눈을 치떴다. 라훌은 만주의 오두막 학교가 가족 배우들의 집합소라고 생각했다. 지금처럼 급박한 상황이 아니었다면 만주는 위험이 기하급수적으로 증폭하는 것 같은 도시 환경에서 부모들이 아이들을 통제하려다 보니 그렇게 보일 뿐이라고 반박했을 것이다. 여기는 부모들 본인도 온전히 이해하지 못하는 도시이다. 만주는 어떤 폭력도 용납할 수 없었지만, 이따금 매를 들거나 도끼를 휘두르는 것이 자녀를 집 근처에 붙들어놓는 데는 효과적일 수도 있었다.

그런데 데보의 어머니는 건설적인 교육의 수준이 아니었다. 만주는 둘의 사이로 파고 들어가서 데보의 어머니를 꼼짝 못하도록 붙드는 데 성공했다.

만주는 숨을 가쁘게 몰아쉬며 데보에게 외쳤다. "얼른 약속드려. 다신 큰길에 나가지 않겠다고."

"안 그럴게요. 두 번 다시 그런 실수 안 할게요." 데보는 훌쩍훌쩍 울음을 삼키는 사이로 말을 이었다.

데보의 어머니는 멀쩡한 외눈으로 만주를 노려보며 이렇게 말하고는 집에서 나갔다. "내일 저 애가 공부하러 안 오거든 내가 저 놈 다리를 분지르고 저 얼굴에 기름을 부은 줄 알아."

만주가 다시 아이의 상처를 지혈하고 있는데, 어린 여자아이가 힐난하듯 쏘아붙였다. "선생님, 수업이 늦어지고 있잖아요."

만주는 피와 심황 가루로 얼룩진 두파타(인도 여자들이 하는 스카프)를 풀었다. "자, 아이들을 부르러 가자." 누구의 보살핌도 받지 못한 채 집에 방치된 아이들은 페어앤드러블리 로션을 함부로 바르는 만주의 남동생들처럼 제멋대로 굴 수 있었다.

오두막을 나설 때면 만주는 늘 화난 표정이 됐다. 아샤가 새로 차린 구멍가게의 곰팡내 나는 물건에 유일하게 반색하는 파리들이 입으로 들어오길 원치 않으면 집을 나설 때 입을 꾹 다물어야 했다. "수업 시작해요. 얼른 오세요." 만주는 압둘이 쌓아올린 고물 더미를 사뿐히 돌아서 마이단을 건너가며 외쳤다. 라훌이 미르치와 친해서 만주도 압둘을 알고 있기는 했지만, 말을 걸거나 하지는 않았다. 그녀가 아는 한, 고물상 소년은 누구에게도 말을 거는 법이 없었다.

"얘들아, 빨리 가자." 만주는 골목을 다니며 손뼉을 쳤다. "얼른,

얼른! 늦었어!" 만주는 이렇게 아이들을 모으러 다니는 게 귀찮다는 듯이 굴었다. 각자 알아서 올 수는 없는 거야?

하지만 밖에 나가서 집집마다 어떻게 사는지 들여다보기도 하고, 선생이라는 안전한 껍데기를 쓴 채 떠도는 소문을 주워듣는 것도 좋았다. 최근에 뜨거운 논란거리로 떠오른 건 아칸소 주 실로암 스프링스라는 곳에 있는 혼다 모터사이클 대리점의 홍보용 클립보드였다. 월드비전에서는 안나와디의 후원 아동 서른여섯 명에게 이 클립보드를 선물할 예정이었는데, 그걸 전해줘야 할 사회복지사들이 선물을 빼돌렸다. 이런 추문이 들려올 때면 만주는 어머니가 연루되지 않았다는 사실을 확인하고 나서야 안도의 한숨을 내쉬었다.

열두 살 미만의 여자아이가 대부분인 만주의 학생들이 하나둘 밖으로 나왔다. 햇볕에 누렇게 바래고 지퍼가 고장난 옷 사이로 아이들의 앙상한 등이 고스란히 드러났다. 어린 샤르다는 채석장 일을 하다 폐가 상한 엄마를 닮아 날 때부터 몸이 앙상했지만, 크게 걱정되지는 않았다. 가슴 아픈 건 락슈미였다. 이 아이의 계모는 자기가 낳은 아이들에게만 음식을 챙겨 먹였다. 색싯집의 열한 살짜리 딸은 딱 달라붙는 검정색 사이클 반바지에 귀걸이를 대롱거리면서 남동생의 손을 잡고 나왔다. 이 집 남매는 손님이 오면, 특히 그 손님을 받는 사람이 엄마일 때는 집 밖으로 나오곤 했다. 이런 아이들에게 만주의 학교는 징검다리가 아니었다. 평생에 다시 없을 교육의 전부였다.

이 순례단이 향한 곳은 만주의 은밀한 학생인 미나의 판잣집이었다. 미나의 부모님은 여자가 배워봐야 무슨 소용이냐는 낡은 사고방식을 고집했다. 많이 배운 딸은 말을 고분고분 듣지 않는다고 생각했다. 그래서 만주는 사람들의 눈을 피해 미나에게 몰래 영어를 가르쳤다.

열다섯 살인 미나는 안나와디에서 태어난 첫 번째 여자아이였다. 습지에 빈민촌 터를 다진 부모들이 이곳에서 생활한 지 2년이 지났을 때 태어났다. 미나는 불가촉천민인 달리트였고, 만주는 농부 카스트인 쿤비였다. 하층 카스트이긴 해도 만주가 미나보다는 높았다. 두 소녀를 비롯한 안나와디의 젊은 세대들은 카스트에 집착하는 어른들의 태도를 시대착오적이라고 여겼다. 만주와 미나는 춤추는 걸 좋아한다는 공통점 때문에 가까워졌고, 서로의 비밀을 지켜주면서 우정을 키워나갔다.

미나는 집 앞의 만주를 보고 웃었다. 영화배우처럼 가슴 설레게 하는 평소의 미소와는 달랐다. 그 미소는 다른 여자아이들은 아무리 따라 하려고 해도 좀처럼 흉내 낼 수 없는 것이었다. 그런데 오늘 미나의 미소는 집에 붙들려서 물을 긷거나 변소에 갈 때만 나갈 수 있으니 그냥 돌아가라는 신호였다. 감금의 이유는 언제나처럼 오빠나 부모님한테 버릇없이 말대꾸했다는 죄목이었다. 남자애들이 마이단에 모여서 호텔 이야기를 할 때 왜 들으면 안 되는 건데? 나는 왜 학교에 갈 수 없는 건데? 낮에는 순순히 주어진 일을 하지만 밤이 되면 종종 울화가 치밀었고, 그러면 어머니와 오빠들은 미나를 때려서 그 성질

머리를 잡아야 한다고 느끼는 모양이었다. 미나가 원하는 일들은 타밀나두의 시골 사람과 거의 성사 단계까지 간 혼담을 깨뜨릴 위험이 있었다.

만주는 미나에게 불만이 있더라도 속으로 삭히라는 충고를 자주 했다. 만주 본인이 그러는 것처럼. 하지만 이 타밀 여자아이의 반항심에 만주의 내면에서도 뭔가가 꿈틀거렸다. 오늘 아침에는 학교 갈 준비를 하다가 이마의 조그만 은색 빈디(힌두교도 여자들이 이마에 찍거나 붙이는 장식—옮긴이)가 미끄러져서 목 아래 옴폭한 부분에 떨어졌다. 빈디가 거기서 반짝이는 모습이 예뻐 보였다. 아샤는 이미 출근한 뒤였다. 만주는 빈디를 거기 떨어진 채로 놔뒀다. 모든 게 빈틈없이 완벽해야 정숙한 건 아니었다.

오두막으로 돌아온 아이들은 핏자국이 묻은 마룻바닥에 자리를 잡았다.

"모두들, 안녕?" 만주가 영어로 인사를 했다. "안녕하세요? 선생님." 아이들도 귀가 먹먹할 만큼 크게 대답했다.

만주는 이제 뭘 해야 하는지 궁리하느라 잠시 입을 다물었다. 『세상의 이치』는 아이들에게 설명해줄 만큼 내용을 파악하지 못했다. 이따가 술에 취해 들어온 아버지에게 어머니가 바가지를 긁으면서 또 한바탕 싸움이 벌어지기 전에 저녁식사를 준비하면서 마저 외워야 했다. 그래서 이날의 수업은 영어 과일 이름 배우기로 정했다. 애플, 바나나, 망고, 파파야. 전에 공부했던 자동차와 기차와 비행기 같은 것들부터 복습한 후에 차근차근 시작하기로 했다. 그런데 아이들이 투닥투닥 장난을 치고 있어서 일단 10분쯤 '머리 어깨 무릎 발'을 부르며 넘치는 기운을 차분하게 정리시켜야 했다.

그래서 이 시간이면 늘 아이들의 노랫소리가 마이단에 울려 퍼졌다. 수닐은 포대를 지고 압둘에게 가면서 수업을 귀동냥하곤 했다. 1월에는 만주의 교실 앞에 며칠을 앉아 '반짝반짝 작은 별'이라는 영어 노래를 외우기도 했지만 뭐든 먹을 수 있도록 일을 하는 게 더 급하다고 판단했다. 그래서 지금은 만주의 학교가 쓸데없고 무의미한 놀이라는 식으로 굴었다.

만주를 안나와디에서 가장 많은 걸 갖춘 여자아이라고 생각하는 압둘은 수닐의 맹랑한 우월감이 감탄스러울 뿐이었다. 외다리의 분신으로 모든 게 변하기 전까지, 압둘이 자부했던 한 가지 능력은 자신이 다른 사람, 특히 넝마주이의 앞날을 내다볼 수 있다는 것이었다. 그런데 수닐의 미래는 좀처럼 예측하기 어려웠다. 모욕은 사람의 마음을 비틀고 바꿔놓기 마련인데, 쓰레기를 주우러 다니면서도 수닐의 마음은 아직 오염되지 않았다. 비록 '에이는 애플'을 외운다면 인생이 바뀔지 모른다는 생각을 여전히 마음속에 품고 있기는 했지만.

2부

모두의 운명을 바꿔버린 사건

"부자들은 어처구니없는 것들을 놓고 싸우잖아요.
가난한 사람들이라고 그러지 말라는 법 있나요?"

— 람바 자, 자녀가 있는 안나와디 주민

5
유령의 집

처음에 외다리 파티마는 가난하고 나이 많은 남편을 오누이처럼 사랑했다. 하지만 결혼을 하고서 다른 방식의 사랑을 배웠다. 그 감정은 마치 천상의 깨달음을 얻은 것처럼 도저히 감출 수 없었다. 그리고 서른다섯 즈음부터 립스틱만큼이나 노골적이고 요란한 성적 욕구로 안나와디에서 명성을 떨쳤다. 그녀가 다른 몸을 가졌다면 그런 바람기도 그저 추문에 그쳤을지 모른다. 그런데 장애를 가졌다는 사실로 인해 놀림거리가 되었다. 거기에는 안나와디의 저녁 시간을 무수히 달궜던, 물불 가리지 않는 그녀의 다혈질도 한몫을 했다.

파티마는 어려서부터 말씨름 실력을 갈고 닦았다. 무릎 아래가 뭉뚝한 다리를 타고나는 바람에 어려서부터 욕을 듣고 자란 탓이었다. 서른 즈음에는 심지어 제루니사도 욕으로 제압할 수 있을 정도였다. 정부 시책에 따라 제공된 철제 목발까지 받았을 땐 이중으로 무장을 한 셈이었다. 그녀는 강한 어깨를 이용해서 버릇없이 군다고 생각되는 이웃을 목발로 힘껏 내리찍었다. 정교한 조준으로 목발을 집어던지기도 했다. 밀주를 마신 모양이라고, 발작하는 그녀의 등 뒤에서 사람들이 수군거리기도 했지만, 안나와디를 샅샅이 뒤진들 그 정도로 화를 내는 걸 수긍할 만큼의 술은 찾을 수 없었다.

그녀는 불구라는 사실을 대수롭지 않게 여겼다. 문맹이라는 사실 또한 인정했다. 하지만 격분한 그녀에게 무식하고 짐승 같다고 손가락질하는 건 **부크와스**, 즉 어림없는 소리였다. 그녀의 이런 난폭한 성질은 무엇보다 자신도 여느 사람들과 다르지 않다는 사실을 뒤늦게 깨달은 탓이었다.

오후의 남자들은 이따금 그녀에게 돈을 주었지만 대부분 너무 가난해서 그럴 형편이 못 됐다. 하지만 아무리 가난한 남자라도 그녀의 부모가, 몸이 성하지 않은 딸이 부끄럽다며 집 안에 꽁꽁 숨겨놨던 부모가 파티마에게서 앗아갔던 것을 되돌려줄 수는 있었다.

다른 형제자매가 달음질쳐 학교에 가고 돌아온 뒤에는 부모의 사랑을 독차지하는 것을 보는 것은 파티마에겐 매일매일의 형벌이었다. 파티마는 자매처럼 의지했다가 등 돌리고 미워하길 반복하는 사이인 제루니사에게 말했다. "그땐 나 자신이 너무 싫었어요. 잘못 태어난 아이라는 말만 듣고 살았으니까." 요즘도 도시 반대편에서 기차를 타고 찾아온 어머니는 다리가 멀쩡하고 코에 번쩍이는 보석을 박은 예쁜 여동생 사진을 기어이 파티마에게 보여줬다. "**이 아이**는 예뻐. 얼마나 곱다고. 피부는 또 얼마나 좋은지." 어머니는 늘 이렇게 말했다.

"자랄 때 당한 이야기를 들으면 외다리가 지금보다 훨씬 더 고약한 말을 해도 이해할 수 있어." 제루니사는 압둘에게 이렇게 말했지만, 속으로는 다 큰 여자가 어렸을 때의 일로 불평을 늘어놓는 건 자기 연민이라고 생각했다. 파키스탄에서 밀겨만 넣고 끓인 죽으로 연명하다가 국경 너머로 시집을 갔던 자신의 어린 시절 이야기를 한다는 건 생각도 할 수 없었다. 사실 안나와디에서 유년기를 달콤하게 회상할 수 있는 여자는 거의 없었다. 하지만 파티마는 비록 아직은 누리지 못했어도 더 나은 시간들로 비참했던 유년을 상쇄할 수 있다고 생각했다.

파티마는 자선가들이 장애인에게 기대하는 것처럼 발을 질질 끌면서 고마워하는 역할 따위엔 관심이 없었다. 어지간한 일에는 꿈쩍도 하지 않는 강한 여자들마저 먹고사는 게 고달픈 빈민촌에서는 자존심을 지키는 것만으로도 충분히 힘들었다. 우기의 아침이면 파티마의 하루는 이렇게 시작되곤 했다. 다리 하나에 목발 두 개, 펌프의 물을 부은 12파운드들이 대야, 미끄러지듯 첨벙하기, 그리고 따라다니며 챙겨줄 수 없는 어린 두 딸, 그녀의 결핍을 여지없이 노출시키는 천방지축의 헐벗은 아이들. 남편은 일하러 가고 딸들은 학교에 가고 남자들이 찾아오는 시간에야 그녀는 자신이 갖지 못한 부분보다

가지고 있는 부분으로 할 수 있는 것을 더 중요하게 느꼈다.

    6월부터 넉 달여의 우기가 시작되면 아무 생각 없이 사는 사람을 제외한 안나와디의 모든 주민이 시름에 잠겼다. 빈민촌은 우묵한 분지 형태인데다 높은 담과 건축 현장에서 실어다 내버린 불법 폐기물에 둘러싸여 있어 홍수라도 나면 속수무책이었다. 뭄바이를 마비시켰던 2005년 대홍수 때 파티마는 가진 걸 대부분 잃었고, 안나와디의 모든 사람들도 마찬가지였다. 주민 두 명이 물에 빠져 숨졌다. 인터콘티넨탈 호텔에 부속 건물을 짓는 공사장 인부들이 밧줄을 가져와서 주민들을 안전한 곳으로 대피시키지 않았다면 차오르는 물에 더 많은 사람들이 죽었을 것이다.

    올해는 우기가 일찍 시작됐고 일주일 가까이 송곳처럼 세찬 비가 쏟아졌다. 안나와디 주변의 건축 공사가 중단되어 날품팔이 인부들은 배를 주려야 했다. 벽마다 푸르죽죽한 곰팡이가 피고, 공동 변소는 마이단으로 넘쳐 흘렀으며, 각종 피부병이 창궐해 조그만 조각상 같은 균이 발밑에서 불쑥불쑥 돋아났는데 발가락 반지를 끼는 게 풍습인 사람들에겐 특히 골칫거리였다.

    빗속에서 물을 길으려고 서 있던 여자는 나비 날개처럼 넓게 퍼진 균을 보며 말했다. "이 발 때문에 죽겠네. 애들이 먹는 양을 보면 지금 가진 쌀로는 보름도 못 버틸 것 같은데." 그러자 우기에 대한 불만이 쏟아졌다. "비가 그칠 때까지 남편이랑 한 집에 틀어박혀 있어야 한다고 생각하면 끔찍해." "그래도 자기는 캄블 씨랑 같이 살지는 않잖아. 심장판막 때문에 밤낮으로 고생을 하니, 원." 그런데 여자들의 불만이 노랫가락처럼 리듬을 타기 시작할 때쯤 비가 그쳤고, 당밀처럼 끈적거리는 노란 태양이 그 자리를 차지했다. 그러자 여자들은 다시 비가 내려야 한다고 투덜댔다. 비가 그렇게 빨리 그치는 건 아무래도 자연스럽지 않았기 때문이었다.

소강 상태에 접어든 우기를 바라보는 아이들의 시각은 달랐다. 새 학기의 시작을 얼마 남겨두지 않은 상황에서 파랗게 갠 하늘은 실컷 놀 수 있는 마지막 기회였다. 미르치는 형이 고물을 모아두는 창고에서 찢어진 자전거 튜브와 깃대를 꺼내다가 마이단에서 초대형 고리 던지기 놀이를 시작했다.

"운이 좋았네." 라훌이 던진 튜브가 깃대를 따라 빙그르르 아래로 떨어지자 미르치가 말했다.

"뭐가 운이라는 거야?" 아이들이 박수를 치며 등을 두드려줄 때 라훌이 발끈해서 소리쳤다. "잘 봐. 얼마든지 다시 할 수 있으니까!"

제루니사는 밖으로 나와 아이들이 노는 걸 지켜보다가 원기 왕성한 둘째 아들 미르치 생각에 눈물을 글썽였다. 미르치는 9학년 시험에 떨어져서 온 집안에 찬물을 끼얹었던 걸 까맣게 잊은 모양이었다. 제루니사는 자식들 중 가장 똑똑한 미르치가 잘하면 의사도 될 수 있을지 모른다고 상상했었다. 그랬건만 청천벽력으로 시험에 떨어져서 집안의 위기가 세 개로 늘어났다. 그러잖아도 남편은 숨을 제대로 쉴 수 없어 병원에 입원했고, 큰딸 케카샨은 시집간 지 1년 만에 친정으로 도망쳐 와 있었다.

미르치가 명랑한 건 누이가 돌아온 것과 관련이 있었다. 후사인 집안의 아이들은 전부 케카샨을 보자 기운이 났다. 병원에 붙어 있다 시피 하는 어머니를 대신해 음식을 만들고 청소를 해줄 사람이 생겼기 때문만은 아니었다. 어린 동생들에게 케카샨은 두 번째 엄마이자 첫 번째에 비해 더 체계적이면서 덜 피곤해하는 엄마였다. 하지만 친정에 온 큰누나의 눈에는 수심이 가득했다.

케카샨의 남편은 그녀의 사촌이기도 했다. 제루니사 자매는 아이들이 두 살이었을 때 짝을 지어주자고 약속했었다. 그런데 케카샨은 남편의 휴대전화에 저장된, 자신보다 더 예쁘지도 않은 여자의 사진들을 보고는 결혼 이후부터 자신을 괴롭혀온 의문, 왜 새신랑이 자신과 사랑을 나누려 하지 않는지에 대한 답을 찾았다고 느꼈다. 케카샨은 어머니에게 말했다. "물어봤더니 그러더라고요. 내가 너무 일찍 자기 때문이라고. 그래서 늦도록 깨어 있기도 했어요. 그랬더니 이젠 아예 밤에 들어오지 않는 거예요. 그러고는 뭐라는 줄 알아요? 자기한테 이래라 저래라 하지 말래요. 나는 자기한테 아무런 권리도 없다나. 이게 사람이 사는 건가요?" 케카샨의 시댁에서는 푸르다를 철저하게 지켰다. 푸르다는 남자 없이 여자 혼자 바깥출입을 하지 않는 관습이다. "나는 이 남자한테 완전히 종속된 사람처럼 집에만 있었는데, 알고 봤더니 그의 마음은 다른 데 있었던 거예요."

제루니사는 언니가 자기 아들의 마음을 다잡아주길 바랐다. 하지만 딸의 절절한 질문, "다른 사람에게 어떻게 나를 사랑하도록 강요할 수 있느냐?"는 질문에는 뭐라고 해줄 말이 없었다. 자신의 남편에게도 흠은 있었지만, 무관심은 거기에 해당되지 않았다.

수다스러운 힌두교 이웃들은 케카샨이 돌아온 걸 알았고, 이 무슬림 여자의 아름다운 외모가 쓰레기 더미에서 살면서 염소 고기를 먹는 결점을 누른다고 재잘거렸다. 게다가 이젠 처녀도 아니잖아. 남자들은 오두막 안을 기웃거렸다. 케카샨은 남자들의 시선을 피했다. 그러면서 가끔씩 자신이 평범한 외모였다면 조금 더 평온하게 살 수 있지 않았을까 생각했다.

제루니사는 발정 난 개 같은 인간들을 집 앞에 끌어들인다며 파티마를 욕했다. 한번은 파티마의 집에 왔다가 슬금슬금 넘어와서 음란한 눈으로 딸을 쳐다보는 남자를 두드려 패서 쫓아버리기도 했는데, 헤로인을 상습 투약해서 힘이라곤 없는 남자였다. 그렇지 않았다면 반격해서 덤벼들었을지도 모른다. 그러면 파티마도 함께 덤벼들었을 것이다. 케카샨은 수심에 가득 차 있고 미르치는 시험에 떨어졌고 갓난쟁이들은 쫓아다니면서 돌봐야 하는데 병원에 누워 있는 남편은 열까지 떨어지지 않아서, 제루니사는 도저히 외다리하고 싸울 여력이 없었다.

제루니사는 파티마의 도덕성에 대해 가타부타 따지지 않으려고 했다. 그녀가 애정과 존경을 갈구하는 사람이라는 것도 알고 있었다. 그래도 파티마의 아이들을 생각하면 그런 마음도 바닥을 드러냈다.

얼마 전에는 여덟 살짜리 딸인 누리를 너무 심하게 때리는 바람에 제루니사는 물론이고 또 다른 여자까지 달려들어 뜯어말려야 했다. 그러고 나서 두 살인 메디나의 일이 터졌다. 어린 메디나가 결핵에 걸리자 파티마는 자신도 옮을까 봐 전전긍긍했는데, 이 아이가 양동이에 빠져 죽은 것이다.

"그때 난 변소에 갔었어요." 파티마가 제루니사에게 말했지만, 얇은 벽 틈새로 비밀은 새기 마련이었다. 그 비밀이란 메디나가 손바닥만 한 판잣집 안에서 물에 빠져 죽었을 때 아이의 엄마와 할머니가 모두 집 안에 있었다는 것이었다. 여섯 살짜리 언니 히나도 곁에 있었다. "메디나는 그날까지 정말 착한 동생이었어요." 아이는 나중에 이렇게 말했다.

제루니사는 수의부터 묏자리까지 장례 비용을 대주면서 메디나의 죽음이 정말 사고라고 믿으려 했다. 자식이 뭘 하고 돌아다니는지 자신도 모를 때가 태반이라는 걸 기억하려 했다.

메디나의 죽음을 조사하려고 경찰이 안나와디를 찾았지만 수사는 금세 끝났다. 빈민촌에서 모호한 이유로 여아가 죽어나가는 일은 비일비재했다. 부잣집에서야 초음파 검사로 미리 딸의 출산을 걸러낸다지만 빈민촌에서는 그 비용을 감당할 수 없기 때문이었다. 터무니없는 치료비 탓에 병약한 아이는 딸, 아들 가리지 않고 처치하는 경우도 있었다.

압둘네에서 두 번째 골목에 사는 한 살배기 다누시는 청결하지 못한 공공 병원에서 태어나면서 병을 얻었다. 피부가 벗겨진 아이는 이불만 닿아도 자지러지게 울었다. 가족들은 고리대금을 빌리고 또 빌려가며 아이의 병을 고치려다 빚이 1만 5000루피로 늘어났다. 3월의 어느 밤, 남편은 아내를 때리고는 설설 끓는 렌틸 콩 항아리를 가져다 사리 요람에서 자는 아이의 몸에 쏟아부었다. 그 끔찍한 광경을 목격한 라훌은 즉시 경찰서로 달려갔다. 제루니사는 라훌을 크게 칭찬했다. 급히 병원으로 데려간 아기는 목숨을 건졌지만, 제루니사는 다누시를 볼 때마다 마음이 아팠다. 화상으로 살이 얼룩져 깜빡일 수조차 없게 된 그 눈에 가득한 수심을 볼 때마다 가슴이 메었다.

메디나가 물에 빠져 죽은 후에 파티마는 뜻밖에도 해방감을 느끼는 눈치였다. 다른 여자들한테서 심한 말을 들어도 개의치 않았다. 배우라도 된 것처럼 눈썹을 짙게 그리고 볼에도 파우더를 덕지덕지 칠했다. "백인으로 변장하는 데 50루피를 처바르는군." 후사인 남자들은 수군거렸다. 그러고 나서 파티마는 새로 애인을 골랐다. 파티마는 제루니사에게 말하곤 했다. "저기 저 남자랑 옆에 있는 친구가 나를 보는 눈빛 봤죠? 왜, 질투 나요? 당신은 봐주는 남자가 없으니까?" 자기가 집에 들이는 남자들은 자기를 아름답다고 생각한다고, 그녀는 옆집 여자에게 말했다. 인도를 다 뒤져봐도 자기 같은 여자는 없다더라고, 이보다 훨씬 낫게 살아야 하는 사람이라며 안타까워한다고 했다.

옆집 사람들은 다른 빈민촌에서 하루에 14시간씩 폐품을 분류해서 100루피를 벌어오는 파티마의 남편을 안쓰러워했다. 미르치는 아예 파티마가 남편을 "신발짝 취급한다"고 말하기도 했다. 그 신발짝은 이따금 옆집으로 건너와서 방탕한 아내에 대한 불만을 토로했는데, 하루는 제루니사가 거기에 부채질을 해댔다. "멍청하기는. 결혼 전에 나하고 의논했어야지. 그럼 내가 사지 멀쩡하고 아이 잘 키우면서 살림도 제대로 할 조신한 무슬림 여자를 골라줬을 텐데."

실수였다. 그렇게 얇은 벽 하나를 사이에 두고 그런 말을 하다니. 파티마가 목발을 휘두르며 제루니사 앞에 나타났다. "네깟 게 뭔데 나더러 나쁜 마누라래?"

그래도 부부 싸움을 할 때면 파티마는 제루니사를 부르곤 했다. 그러면 제루니사는 한숨을 쉬며 건너가서 구제불능의 부부를 뜯어말렸다. '이드'를 비롯한 이슬람 명절에 양고기로 코르마 커리(캐슈넛 크림을 넣어 만든 부드러운 커리—옮긴이)를 만들어 옆집 부부를 초대할 때도 한숨을 쉬었다. 아이를 학대하는 파티마네, 몸을 팔아 연명하는 또 다른 여자네. 이들이 안나와디에서 제루니사가 의지하는 무슬림 공동체의 구성원이었다.

제루니사는 아이들에게 말하곤 했다. "대나무 작대기 하나는 쉽게 부러뜨릴 수 있지만 한 묶음은 구부릴 수도 없어. 가족이나 같은 종교를 가진 사람들도 마찬가지야. 소소한 차이가 있어도 큰 어려움이 닥쳤을 때나 이드 같은 명절에는 무슬림이 함께 모여야 해."

뭄바이 서쪽 언덕 위로 먹구름이 낮게 드리웠지만 빗방울은 떨어지지 않았다. 안나와디 아이들은 여전히 자전거 튜브를 이용해 고리 던지기를 하고 놀았고, 7월 어느 날 아침에도 압둘의 아버지는 문가에 나와 아이들이 노는 모습을 흐뭇하게 지켜봤다. 어깨가 앙상해서 셔츠가 헐렁한 건 여느 때나 마찬가지였지만, 그래도 파티마를 비롯한 다른 이웃들은 그의 얼굴을 보며 놀라워했다. 그는 폐품을 팔아 번 돈으로 더러운 빈민촌 공기 대신 조그만 개인 병원에서 2주 동안 산소를 마시며 누워 있었다. 카람한테서 광채가 났다. **나야 타-카-타크**, 즉 완전히 새로운 사람이 된 것 같았다.

술집을 하는 타밀 여자가 제루니사에게 말했다. "믿을 수가 없네. 얼굴이 10년은 젊어 보여. 발리우드의 영화배우, 누구더라, 그래, 살람 칸 같아."

제루니사가 말했다. "당연히 좋아 보여야지. 병원에 2만 루피나 갖다 바쳤는데! 하지만 정말 그렇긴 해. 아주 젊어졌어. 아예 소년이 됐지. 얼핏 지나다 보면 이런 생각이 들 정도라니까. 아이고, 젠장. 애가 하나 더 있는 걸 잊고 있었네! 또 혼담이 오가야 하나. 그러지 않아도 치울 애들이 한둘이 아니라는 걸 알라신은 아실 텐데."

이제 압둘이 결혼할 차례였다. 비용은 아직 해결되지 않았지만 제루니사와 남편은 적당한 아가씨로 마음을 정했다. 압둘이 폐품을 가져다 파는 사키나카라는 빈민촌에서 재활용품 중간상으로 일하는 사람의 열여섯 살짜리 딸이었다. 얼굴이 예쁘장하고 사마귀 같은 것도 없었다. 무엇보다 더러운 물건을 만지는 남자들에 익숙했다. 얌전하게 부르카를 쓰고서 여동생을 데리고 압둘네 집에도 세 번쯤 찾아왔다. 미르치는 따라온 여동생이 육감적이라고 생각했고, 그 아이를 위해 집 앞에 붉은색 하트를 그려놓기도 했다.

미르치는 일찌감치 결혼을 하고 싶어 했다. 하루는 아버지가 저만치 있는 걸 확인하고는 엄마한테 이렇게 속삭였다. "엄마, 나는 꼭 엄마 같은 여자랑 결혼하고 싶어. 일은 전부 마누라한테 맡기고 나는 손 하나 까딱 안 하게."

하지만 압둘은 다른 일과 마찬가지로 결혼에 대해서도 신중했다. "사랑 어쩌구 하는 얘기는 하도 들어서 그게 뭔지는 알 것 같지만, 사랑을 느끼지는 못하겠는데 그 이유를 모르겠어." 압둘은 괴로워했다. "사람들은 사랑을 하다 여자가 떠나면 칼로 손목을 긋거나 담뱃불로 손을 지지기도 하고, 잠을 못 이루고 먹지고 못하면서 실연 노래만 부르잖아. 내 심장은 그 사람들과 다른가 봐."

부모님에게는 이렇게 얘기했다. "뜨겁게 단 인두를 손으로 쥘 순 없잖아요. 식을 때까지 기다려야지. 급하게 생각하지 마세요."

"아니야. 나는 그 애의 결혼을 서둘러야 한다고 생각해." 제루니사는 남편이 퇴원해서 돌아오고 며칠이 지났을 때 점심을 차리며 말했다. 남편이 기운이 없다며 고기 요리를 해달라고 해서 바닥에 쪼그리고 앉아 랄루에게 젖을 물린 채 도가니탕 냄비를 젓는 중이었다. "결혼하면 압둘도 행복해질 거야. 그 애는 내면에 너무 많은 소용돌이가 일고 있거든. 아마 안나와디에 살면서 행복했던 날이 하루도 없었을걸."

"여기 사는 사람 중에 누가 행복한데?" 남편은 압정으로 벽에 꽂아둔 약봉지에서 호일에 싸인 프레드니솔론(광범위한 염증과 천식, 류머티즘 관절염 등의 자기 면역 질환 치료에 쓰이는 약)을 꺼내며 대꾸했다. "나는 행복한 줄 알아? 주변에는 온통 삼류 인생들뿐이고, 속을 트고 지낼 만한 사람은 아무도 없어. 여기 사는 인간 중에 미국이 이라크에서 벌이는 전쟁에 대해 아는 사람이 있나? 전부 남의 얘기만 수군거리지. 그래도 나는 당신한테 불평 안 하잖아. 압둘이라고 왜 불평을 하겠어?"

"당신은 자기 아들을 그렇게 몰라? 그 애는 아무 말도 안 해. 그냥 묵묵히 일만 하지. 우리가 하라는 것만 한다고. 하지만 그 애가 슬픈 걸 알아보는 사람이 어째서 엄마뿐이냔 말이야?" 남편은 대꾸했다. "바사이로 이사 가면 그 애도 행복해질 거야."

"바사이로 이사 가면 그 애도 행복해질 거라고." 제루니사는 남편의 말을 나직하게 따라 했고, 카람은 거기 담긴 냉소를 모른 척했다.

1월에 계약금을 건 조그만 땅은 도시 밖으로 한 시간 반쯤 나가야 했는데, 건설자재나 산업폐기물을 다루는 사람들이 모여 사는 동네였다. 카람이 나고 자란, 네팔 국경 인근의 우타르프라데시 출신 무슬림이 많이 살았다. 카람에게 바사이 공동체에 대해 알려준 건 경전 공부에 너무 전념해서 미르치와 압둘이 이맘(이슬람교의 성직자)이라고 비아냥거리는 무슬림 개발업자였다.

카람은 처음 그곳에 갔을 때 찻집에 모여 신문을 들고 격정적으로 토론을 벌이는 남자들을 보고 깊은 인상을 받았다. 카람은 저 사람들이 미국 대통령 선거에 나왔다는 그 흑인 이야기를 하는 모양이라고 혼자 상상했다. 오바마라는 그 사람이 겉으로는 아닌 척해도 실은 무슬림이라는 이야기를 듣고 카람은 그를 응원했다.

　찻집에서 위로 구불구불 뻗은 흙길에는 닭들이 어지러이 돌아다녔고, 그 모습을 보자 카람은 고향 생각이 났다. 사탕수수밭 말고는 일할 데도 없고 영유아 사망률이 인도 최고인 그곳에 향수를 느끼는 건 아니었다. 하지만 풍요로 둘러싸인 도시의 빈민촌에서 자란 자녀는 부모를 경멸하게 된다고 생각했다. "왜냐하면 우리는 유명 상표가 붙은 옷이나 자동차를 사줄 수 없기 때문이지." 카람은 미르치가 게으르기는 해도 에라즈엑스를 흡입하는 반항아가 아닌 걸 다행으로 여겼지만, 미르치 밑으로도 여섯이 더 있었다. 카람한테 바사이는 시골 마을과 도시 환경의 이상적인 결합이었다. 적절한 기회와 부모를 공경하는 마음이 서로 배타적이지 않은 곳.

　"그리고 최소한 종교가 다르다는 이유로 모욕을 당하는 일은 없을 거야." 카람은 아내에게 말했다.

　제루니사는 네 귀퉁이에 대나무를 박고 방수포를 덮어서 잠을 잘 수도 없거니와 그나마 계약금만 냈을 뿐인 땅덩이에 아이들의 꿈을 투자하기에는 시기상조라고 느꼈다. "유령의 집." 그녀는 아예 이렇게 불렀다. 그래도 계약금을 치르라는 허락은 했다. 카람은 금전적인 결정만큼은 늘 아내와 상의한다. 제루니사의 충고를 무시했다가 참담한 대가를 치른 적이 두 번이나 있었기 때문이다. 하지만 제루니사는 아직도 자신에게 땅을 보여주지 않은 것이 불만이었다.

"이 많은 애들을 돌봐야 하는데 어떻게 거길 보러 가겠어?" 카람은 1년 내내 이 말만 되풀이했다. 하지만 케카샨이 와서 집안일을 돕고 있는 지금도 제루니사는 여전히 땅을 보지 못했다. 그 동네가 남편의 고향과 너무 흡사해서 남편의 생각마저 시골의 보수적인 무슬림처럼 변한 건 아닌가 의심스러울 정도였다.

남편이 입원하기 전에 개발업자가 찾아와서 부지 매입가의 분할 지급에 대해 의논했었다. 그때 제루니사는 파키스탄 시절의 어머니가 그랬던 것처럼 부르카를 쓰고 차를 대접한 후 한구석에 쪼그리고 앉아 있었다. 어렸을 때는 어른이 되면 남자들이 보지 못하도록 얼굴을 가려야 바깥출입을 할 수 있는 줄 알았다. 그런데 결혼해서 우타르프라데시로 갔더니 사탕수수밭에서 일해야 했다. 밤에도 남자들 사이에서 일을 했는데, 그땐 남편의 결핵이 얼른 나아서 다시 푸르다를 지키며 살 수 있게 해달라고 기도했었다. "말도 못했어. 세상에 두렵지 않은 게 없었지." 그녀는 그 당시에 대해 아이들에게 이렇게 말했다. 그때는 세상을 대신 상대해줄 남자가 있는 게 좋을 것 같았다.

그러다 케카샨을 낳은 후로 푸르다를 바라는 기도를 중단했다. 알라신에게 뭔가를 요청할 때면 한 번에 한 가지만 집중해야 효과적이라는 게 제루니사의 생각이었다. 그래서 그때부터는 케카샨이 건강하게 해달라고 기도했고, 그다음에는 인터콘티넨탈 호텔의 흙구덩이에서 태어난 압둘의 건강을 위해 기도했다. 카람은 농사보다 수월한 일자리를 찾을 수 있을 거라는 희망으로 식솔을 이끌고 뭄바이로 왔지만, 그가 찾을 수 있는 일이라곤 고작 빌린 손수레로 고물을 실어다 재활용업자에게 가져가는 것이었다.

압둘은 갓 태어났을 때부터 살가움이라곤 없었다. 젖을 빨기만 해도 부족할 아기가 젖을 밀어낼 때가 많았다. 그래도 바로 밑으로 태어난 동생과 달리 압둘은 살아남았다. 그다음에 태어난 미르치는 토실토실 예쁘장했고, 뒤이어 태어난 여섯 아이들도 모두 건강했다. 제루니사는 자식들이 남편을 닮지 않고 자신을 닮아 건강하다는 게 인생에서 제일 뿌듯했다. 압둘 아래로는 아무도 왜소하지 않았다.

이제 꼬물거리는 저 어린 것들 중에서 제루니사의 뒤를 이어 압둘과 함께 일을 할 만큼 총기를 보이는 애가 나타나겠지. 넝마주이와 도둑과 경찰을 상대할 만큼 똑똑한 애가 있을 거야. 그러기만 하면 제루니사는 흔쾌히 집 안에 들어앉을 것이다. 하지만 푸르다를 지키며 살던 시절로 돌아가야 할까? 그제야 바사이에서는 그렇게 살아야 할지도 모른다는 생각이 제루니사의 뇌리를 스쳤다. 안 그래도 남편이 거들먹거리는 게 불만인데, 그곳에 가면 남편의 그런 태도가 더 심해질 것 같았다.

얼마 전에도 제루니사는 남편에게 쏘아붙였다. "내가 글을 못 읽는다고 마치 당신이 이 집안의 대장이고 나는 아무것도 아닌 것처럼 구는데 말이지. 내가 당신 아니었으면 우리 엄마 뱃속에서 나오지도 못했을 것처럼 굴잖아. 그래 어디 한번 해봐. 무슨 대단한 샤리프라도 되는 것처럼 굴어보시라고. 하지만 지금껏 이 집안의 모든 일을 도맡아 처리해온 사람은 바로 나라고!"

안나와디에는 시시콜콜 잔소리를 해대는 보수적인 무슬림이 없기 때문에 제루니사는 필요하면 남편에게 소리도 지르고, 아이들을 굶기지 않기 위해 일도 할 수 있었다. 이런 자유를 포기해야 한다면 고통스러울 것이다.

"당신 마음은 벌써 바사이에 가 있는 것 같네." 제루니사는 도가니탕을 떠서 비좁은 오두막에 사느라 몸에 밴 옹색한 동작으로 남편에게 건네며 말했다. "그러지 말고 아예 짐 싸서 가지 그래. 그다음에는 사우디로 가. 거기 가면 아주 편안하게 쉴 수 있을 거 아니야. 하지만 당신 마누라랑 자식들이 사는 집은 여기야. 여길 좀 봐. 당신도 이 맘이 왔을 때 이런 꼬락서니가 부끄러웠잖아."

홍수로 부풀어 올랐던 벽에는 물이 찼던 얼룩이 남았다. 울퉁불퉁한 돌바닥에는 구석구석 폐품이 가득하고, 쓰레기 더미보다 한 치 정도 높은 곳에서 자면 숨 쉬기가 한결 쉬워진다며 카람이 얼마 전에 산 철제 침대 밑에도 여지없이 폐품이 들어찼다. 하지만 박쥐처럼 천장에 매달려 잔들 냄새를 피할 수는 없었다. 쓰레기 냄새에 쾨쾨한 화덕 연기, 물이 충분하지 않아 제대로 씻지 못하는 열한 명의 체취까지.

"나도 여길 떠나고 싶어. 하지만 애들은 어디서 키울 건데? 그 유령의 집에서?" 제루니사가 물었다.

카람은 뭐가 뭔지 통 모르겠다는 표정으로 아내를 쳐다봤다. 아내는 엊저녁부터 아침 내내 잔소리를 퍼부었다. 하지만 제루니사에게는 나름대로 생각이 있었고 남편이 퇴원했을 때 운이 트이는 느낌을 받았다. 그건 달이나 별의 위치와는 아무 상관이 없었다. 이유라면 짧은 인생과 소강 상태에 접어든 비 때문이었다.

"당신이 병원에 있을 때 내가 얼마나 걱정했는지 기억하지? 이 많은 식구를 남겨놓고 당신이 떠나면 어쩌나 싶어서." 카람은 이렇게 대답했다. "그래. 신께서 나를 불러들이시는 건가 싶어 두려웠지."

카람은 잠시 후 눈살을 찌푸린 채 고개를 끄덕이며 물었다. "그래서?"

"이번엔 당신을 놔주셨어." 제루니사는 잠시 입을 다물었다가 말을 이었다. "내가 우리 가족을 위해 얼마나 열심히 일하는지 알잖아. 내가 보석을 사달라고 조른 적이 있길 해?"

"아니, 없어." 카람은 순순히 수긍했다.

제루니사는 갈수록 자신이 바사이에 가고 싶은 건지 확신이 서지 않았고, 그곳으로 이사할 때까지 남편의 목숨이 붙어 있을지도 알 수 없는 일 같았다. 그래서 아이들의 건강을 위해서라도 여기서 좀 더 위생적으로 살고 싶었다. 어디서 쥐가 달려들지 모른다는 두려움 없이 음식을 만들 수 있는 시렁을 갖고 싶었다. 주워온 합판이 아니라 돌로 단단하게 만든 시렁. 어린 자식들이 제 애비처럼 기침을 하지 않도록 화덕 연기를 내보낼 작은 창문을 내고 싶었다. 바닥에는 '영원한 아름다움' 광고 간판에서 본 것 같은 타일을 깔고 싶었다. 금이 가고, 부서진 틈마다 때가 낀 콘크리트를 걷어내고 닦으면 새것처럼 깨끗해지는 타일을 깔고 싶었다. 이런 자잘한 개선이 된다면 아이들을 안나와디의 그 누구보다 건강하게 키울 수 있을 것 같았다.

그녀가 구구한 이야기를 다 끝내기도 전에 카람은 그러라고 했고, 거기서부터 두 집의 운명을 영원히 바꿔놓을 우연의 연쇄반응이 시작됐다. 부부는 비축해놨던 돈을 조금 헐어서 번듯한 집을 꾸미기로 했다. 이튿날 평소의 버릇을 버리지 못한 카람은 집수리도 자신의 생각인 양 굴었지만, 기분이 좋은 제루니사는 남편의 흰소리를 그냥 들어넘겼다.

6
창문으로 보인 엄마

새 학기가 시작됐는데도 집에 붙들어놓고 일을 시킬 때에야 아이들은 집수리가 심각한 사안이라는 걸 깨달았다. 그 후 사흘 동안은 심지어 여섯 살짜리까지 놀고 있을 수 없었다. 제일 먼저 할 일은 오두막의 세간을 전부 마이단으로 끌어내는 것이었다. 녹슨 침대부터 꺼낸 후 카람과 제루니사가 자리 잡고 앉아 짐을 지켰고, 압둘이 동생들을 진두지휘했다.

"마침내 번듯한 부엌이 생기는 거야!" 제루니사가 이렇게 말하며 남편에게 몸을 기대자 머리의 스카프가 어깨로 흘러내렸다.

"아타하르 좀 봐." 셋째 아들을 가리키며 카람이 말했다. 아이는 땡볕 더위에 시멘트가 굳지 않도록 열심히 젓고 있었다. "저놈은 머리가 나빠서 걱정이야. 8학년이 되도록 숫자 8도 못 쓰니 말이야. 그래도 일은 열심히 하네. 압둘처럼 힘든 일을 두려워하지 않아."

"저 아이는 큰 탈 없이 잘살 거야." 제루니사는 남편의 말에 맞장구를 쳤다. 걱정인 건 다섯째 아들인 사프다르였는데, 아버지를 닮아 현실감각이 없는 몽상가였다. 개구리를 잡겠다면서 오수 웅덩이에 들어가 헤엄을 치기도 했는데, 그런 날이면 아무도 그 아이 옆에서 자려 하지 않았다.

아샤의 남편 마하데오가 녹슨 침대 옆으로 불쑥 나타났다. 왜소한 체구에 풍상에 시달린 얼굴의 그는 술에 취하지 않고서는 한마디 이상 말하는 법이 없었는데, 아샤가 교묘한 장소에 지갑을 숨기기 시작한 후로는 더 말이 없었다. 힘겨운 상황을 타파하고 싶었던 그는 자신의 집수리 공사 솜씨를 100루피에 제공하기로 했다.

어디서부터 뭘 해야 하는지 갈피를 잡을 수 없었던 압둘은 마하데오의 도움이 반가웠다. 그 집 사람들 중에서 압둘의 다리를 후들거리게 만드는 사람은 아샤뿐이었다. "야심에 미쳐버린 사람 같아." 압둘의 아버지는 며칠 전에도 이런 말을 했었다. "공인이 되어 화려한 자리에 서고 거물급 정치인이 되고 싶어 하지만 사생활은 너무 부끄럽잖아. 밤마다 남편하고 싸우는 소리를 다른 사람들이 듣지 못한다고 생각하는 걸까?" 실제로 아샤와 마하데오가 싸우는 소리는 외다리 파티마네 부부 싸움만큼이나 시끄러웠고, 사람들 얘기로는 늘 아샤가 이긴다고 했다.

만주의 학생들 몇 명이 호기심에 모여들었다. 만주가 불러서 수업을 하러 가기 전까지 마이단에 널린 후사인 집안의 가재도구를 구경하느라 정신이 없었다. 구경하러 온 건 아이들만이 아니었다. 후사인네 오두막 안으로 들어가 본 사람은 별로 없었지만, 늘어놓은 물건들을 보아 하니 이 무슬림 고물상 가족이 생각보다 잘사는 모양이라고들 여겼다.

안나와디의 많은 사람들은 2005년 대홍수 때 이 집안이 얼마나 많은 걸 잃었는지 기억했다. 막내딸은 거의 죽을 뻔했고 옷가지와 쌀, 애써 모은 돈 5000루피까지 물에 떠내려갔다. 그랬는데도 주워온 합판으로 짠 옷장은 아샤네 집에 있는 것보다 두 배나 컸고, 할부로 산 소형 텔레비전에 두툼한 솜 누비이불도 청백색 체크와 초콜릿 브라운, 두 개나 됐다. 스테인리스강 접시가 11개, 솥이 5개, 신선한 생강과 계피 가루도 다른 사람들이 쓰는 것보다 질이 좋았다. 금이 간 거울과 모발 관리용 브라일 크림 튜브, 약을 담아놓은 커다란 비닐봉지, 녹슨 침대. 빈민촌 주민 대부분은, 아샤까지도 바닥에서 잠을 잤다.

"집을 고치니까 다들 우리를 질투해." 케카샨은 얼마 전에 시골에서 온 사촌에게 말했다.

그 말을 듣고 제루니사가 외쳤다. "질투하려면 하라지. 조금이라도 더 나은 환경에서 살 수 있는데, 더 좋은 집에서 살면 왜 안 된다는 거야?" 말은 그렇게 했지만 텔레비전은 집을 다 고칠 때까지 색싯집 주인한테 맡기기로 했다.

언제 공항 공사에서 철거에 들어갈지 모르는 집을 뭐하러 고치

느냐고 묻는 구경꾼은 없었다. 여기 사람들은 누구나 여력이 되는 한도에서 집을 손보며 살았는데, 위생 상태를 개선하고 우기에 대비하려는 것만이 아니라 공항 공사로부터 집을 지키려는 마음도 작용했다. 저들이 빈민촌을 쓸어내겠다며 불도저로 밀고 들이닥칠 경우 번듯한 오두막은 일종의 보험으로 작용할 거라는 계산속이었다. 마하라슈트라 주에서는 2000년부터 공항 인근을 점거한 무허가 판자촌 사람들에게 소형 아파트 이주를 약속해왔다. 그래서 안나와디 사람들은 부수기 힘든 집이라면 자신의 점거 사실을 좀 더 확실히 인정받을 수 있을 거라 생각했고, 그래서 부서질 집에 돈을 들였다.

하지만 압둘이 집수리 계획을 현명하지 못한 처사라고 생각한 이유는 공항 공사와는 아무 상관이 없었다. 압둘이 보기에 그건 지붕에 올라가서 여기 힌두교도들보다 돈을 많이 버는 무슬림이 산다고 자랑하는 꼴이었다. 타는 불에 기름을 끼얹을 이유가 뭔가. 게다가 어머니가 원하는 대로 타일을 깔아봐야 어차피 폐품으로 뒤덮일 텐데.

그 돈을 원하는 대로 쓸 수 있다면 압둘은 아이팟을 샀을 것이다. 음악에 대해서 별로 아는 게 없는 압둘이었지만 미르치에게 아이팟 얘기를 듣고는 그 개념에 매료되었다. 원하는 것만 듣게 해주는 작은 기계가 있다니. 이웃의 소음을 차단해주는 기계가 있다니.

화덕 연기가 빠질 창문은 첫째 날 완성됐다. 둘째 날에는 타일을 바를 수 있도록 바닥의 돌을 깨서 평평하게 만드는 일에 집중했다. "**세라믹 타일!**" 어느 정도 기력을 회복해서 타일을 사러 나가는 남편에게 제루니사는 신신당부를 했다. 두 살배기 랄루는 자신만 일에서 제외된 게 속상했는지 중차대한 나들이에 나서는 아버지의 신발을 천으로 닦았다. 정오가 막 넘어갈 무렵, 카람은 주머니에 2000루피를 챙겨 넣고 사키나카에 있는 조그만 타일 가게로 출발했다. 압둘은 아버지가 외출하는 모습을 기쁘게 바라봤다. 늑장 부리기는 아버지의 주특기였다. 압둘은 이제 밤까지만 일을 마치면 될 거라고 생각했다.

"망치질 소리가 너무 크잖아. 도대체 시끄러워서 라디오를 못 듣겠네." 얼마 있으니 벽 너머에서 파티마의 목소리가 들렸다. 압둘의 동생들은 재미있다는 표정으로 서로 쳐다봤다. 전에도 세 번쯤 소소한 수리를 한 적이 있는데, 그때마다 파티마는 명성에 걸맞게 신경질을 냈다.

제루니사가 큰소리로 대꾸했다. "부엌에 타일을 깔려고 바닥을 깨는 중이야. 타일이 저절로 깔리고 그 자리에 시렁이 마법처럼 생겨나면 좋겠지만, 그럴 리는 없으니까 오늘은 좀 시끄러울 거야."

압둘은 여자들의 대화를 무시한 채 눈앞의 문제에 집중했다. 어머니가 원하는 시렁 때문에 골머리가 아팠다. 1미터 남짓한 회색 석판은 표면이 고르지 않았고, 바닥도 마찬가지여서 시렁을 지탱 시키기 위해 지지대 두 개를 세웠지만 그 위에 석판을 놓았더니 위태롭게 흔들렸다. 이 멍청한 집구석에서는 똑바로 된 걸 찾을 수가 없었다. 시렁을 평평하고 안전하게 고정하려면 벽을 파서 박아넣는 수밖에 없었다. 벽도 똑바르지 않은 건 마찬가지였지만 시멘트를 바르면 제자리에 고정시킬 수 있을 것 같았다.

이날 아샤의 남편은 심한 숙취로 일을 할 수 없는 형편이라 또 다른 이웃이 선불을 받고 돕는 중이었다. 이 남자도 비틀거리는 것처럼 보였지만, 압둘은 그 생각을 애써 밀어낸 채 그와 함께 벽을 정으로 쪼기 시작했다. "이제야말로 외다리가 진짜 뭐라고 하겠네." 제루니사가 이렇게 말하고 30초나 지났을까, 파티마가 소리를 지르기 시작했다.

"우리 집 벽을 어쩌려는 거야?"

제루니사가 큰소리로 대답했다. "걱정하지 마, 파티마. 시렁을 다느라 그래. 오늘만 좀 봐줘. 우리도 비가 다시 내리기 전에 빨리 끝내고 싶어."

압둘은 일을 계속했다. 그는 고물만이 아니라 사람을 분류하는 데도 일가견이 있다고 자부했는데, 파티마가 겉으로 보기엔 조금 튀는 것 같아도 실은 평범한 사람이라고 생각했다. 고약한 성질머리의 핵심에는, 좋지 않은 성격이 대부분 그럴지도 모르지만, 아마 질투가 있을 테고, 그 질투의 핵심에는 아마도 희망이, 다른 사람이 누리고 있는 행운이 언젠가 자신에게도 돌아올 거라는 희망이 자리 잡고 있을 것이다. 안나와디 사람들이 전부 어슷비슷하게 못살던 시절에는 이웃 간의 갈등과 반목이 심하지 않았다는 게 어머니의 주장이었다. 제루니사는 옛날을 생각하면 늘 감상적이 되었다.

"이런 젠장! 우리 벽을 무너뜨리고 있잖아!" 파티마가 또 외쳤다.

제루니사도 발끈했다. "**너희 벽**이라고? 이 벽은 우리가 세웠고, 너한테서 파이사 한 닢 받은 적 없어. 그런데 어쩌다 한 번 우리 벽에 못 하나 박는 것까지 하지 말라는 거야? 좀 참고 있어. 뭐가 어떻게 되더라도 시렁을 설치한 후에 다 고쳐놓을 테니까."

그 말에 파티마는 입을 다물었지만, 벽에서 부스러기가 떨어지기 시작하자 더 이상 참고 있을 수가 없었다. "쌀에 벽돌 부스러기가 들어갔다고! 저녁거리가 전부 엉망이 됐어. 먼지가 사방에 날린단 말이야!"

압둘은 당황했다. 엉성하게 쌓은 벽돌이 허물어질까 봐 전부터 걱정이었는데, 그게 현실이 된 것 같았다. 벽돌 자체도 모래 함량이 너무 높았고, 모르타르도 질이 낮았다. 형편없는 벽돌마저 달라붙어 있지 않은 꼴이어서, 벽이라기보다 위태롭게 쌓아올린 벽돌 더미라고 보는 게 옳았다. 압둘이 집을 폭삭 주저앉히는 일 없이 시렁을 설치할 방법을 고민하고 있을 때 제루니사가 밖으로 나갔다. 파티마도 나와서 두 여자는 서로 밀쳐대며 싸우기 시작했다. 그걸 구경하려고 사람들이 몰려들었고, 아이들은 인도 출신의 세계적인 프로레슬러 그레이트 칼리와 누가 더 비슷한가를 놓고 말씨름을 했다.

"우리 집 부수는 걸 당장 멈추지 않으면 너를 집어 처넣을 거야, 이 빌어먹을 년아." 파티마가 소리를 질렀다.

제루니사도 지지 않고 맞받아쳤다. "부서져도 우리 집 벽 부서진다, 이 화냥년. 네 년이 벽을 세울 때까지 기다렸으면 지금도 서로 홀

딱 벗은 걸 보고 살았을 거다!"

압둘이 달려 나가서 여자들을 떼어냈다. 그러고는 자기 엄마의 목을 움켜쥐고 집으로 끌고 들어갔다.

압둘은 지긋지긋하다는 말투로 말했다. "애들 생각은 안 하세요? 사람들 다 보는 데서 쌈질이나 하고. 엄마도 외다리보다 나을 게 하나도 없어요!" 그런 볼거리를 만드는 건 남의 이목을 끌지 말아야 한다는 압둘의 안나와디 철칙 첫 번째를 어기는 행동이었다.

"하지만 저 여자가 먼저 욕했단 말이야." 제루니사는 볼멘소리를 했다.

"그 여잔 자기 남편한테도 막말을 하는 사람이잖아요. 언제 그 여자가 엄마한테 욕하는 걸 망설인 적 있어요? 그렇다고 엄마도 똑같이 욕을 해야겠느냐고요. 그 여자는 미쳤어요. 미친 여자라고요. 엄마도 알잖아요."

파티마는 마이단을 가로질러 안나와디를 벗어날 때까지 욕을 해댔다. 여자들이 파티마를 보며 웃는 소리가 들렸지만, 압둘은 그 이유가 뭔지 관심이 없었다. 그저 파티마가 집을 비웠으니 마음 놓고 시렁을 마무리할 시간을 벌었다는 사실이 중요할 뿐이었다. 그런데 이번엔 일손을 거들던 이웃 남자가 넘어지면서 석판을 떨어뜨렸다.

"취했군요!" 압둘은 패대기쳐진 것처럼 바닥에 엎드린 남자에게 힐난조로 말했다. 남자는 부인하지 못했다. 중증 결핵 환자였던 남자가 변명했다. "요즘은 술을 안 마시면 힘이 없어서 아무것도 못 들어."

벽이 무너질 새로운 위협 앞에서 압둘은 울고 싶은 심정이었다. 다행히 떨어진 석판은 깨지지 않았고, 이웃 남자도 그 덕분에 술이 깬 것 같았다. 남자는 한 시간이면 일을 마칠 수 있을 거라며 압둘을 안심시켰다. 압둘은 지금보다 나은 집에서 살면 엄마가 더 고운 말을 쓸지 모른다고 상상하며 마음을 가라앉혔다.

그런데 누가 와서는 희한한 장면을 봤다고 말했다. 여윳돈이 있을 리 없는 파티마가 삼륜 택시를 타고 어딘가로 가더라는 것이었다.

15분쯤 지났을 때 또 다른 소식이 들렸다. 파티마가 사하르 경찰서에 가서 제루니사에게 폭행 당했다고 신고했다는 이야기였다.

"세상에. 그년은 언제부터 그렇게 새빨간 거짓말쟁이가 된 거야?" 제루니사는 기가 막혔다.

케카샨이 말했다. "빨리 가보세요. 엄마가 빨리 가서 얘기하지 않으면 경찰이 그 여자 얘기만 듣고 판단할 거 아니에요."

제루니사가 막 집을 나서려는데 카람이 돌아왔다. 타일이 생각보다 비싸서 200루피가 부족했다는 남편에게 제루니사가 말했다.

"꾸물거리지 말고 돈을 가져가서 타일을 사 와. 경찰이 왔다가 물건이 전부 밖에 나와 있는 걸 보면 우리를 아예 쫓아버릴지도 모르니까." 어느새 압둘의 동생들이 물건을 집어 창고에 던져 넣고 있었다.

"내 걱정은 하지 마. 그러고 있지 말고 얼른 일을 끝내." 제루니사가 압둘에게 말했다.

제루니사가 800미터를 내리 달려 경찰서에 도착해 보니 파티마가 책상 앞에 붙어 앉아 쿨카르니라는 꺽다리 여경에게 자초지종을 이야기하는 중이었다.

"이 여자가 나를 때린 바로 그 여자예요. 보시다시피 다리가 하나뿐인 이런 불구자를."

"나는 저 여자를 때리지 않았어요. 온 동네 사람이 전부 나와 있었고 본 사람이 한둘이 아닌데, 제가 그랬다고 말할 사람은 아무도 없을 거예요. 저 여자가 먼저 싸움을 걸었다고요."

"저 집 인간들이 우리 집 벽을 부쉈어요! 쌀이 모래투성이가 됐다고요!"

"우리한테 올가미를 씌우겠다더니. 우리는 남의 일에 신경 쓰지 않고 우리 일만 했을 뿐인데……."

파티마가 울자 제루니사도 눈물 작전에 돌입했다.

경찰이 책상을 짚고 일어섰다. "이렇게 몰려와서 귀찮게 굴다니, 두 사람 다 미친 거야? 경찰이 별것도 아닌 일로 싸운 얘기나 듣고 있을 만큼 한가한 줄 알아? 우리는 공항의 안전을 책임지는 경찰이야. 집에 가서 저녁밥 짓고 애들이나 챙겨!" 경찰은 파티마에겐 이렇게 말하더니 제루니사에겐 "당신은 저기 앉아."라고 했다.

제루니사는 나란히 늘어놓은 간이 의자에 웅숭그리고 앉았다. 이제 정말로 눈물이 났다. 올가미를 씌우겠다는 파티마의 협박은 빈말이 아니었다. 이제 파티마는 안나와디로 돌아가서 사람들한테 제루니사가 잡범처럼 경찰서에 잡혀 있다고 말할 것이다.

제루니사가 한바탕 눈물을 쏟고 났더니 옆에 아샤가 와 있었다. 아샤는 경찰 몇 명이 공공 주택 아파트를 얻어 부업을 할 수 있도록 손을 써줬고, 본격적인 브로커가 되어 돈을 벌어볼 작정이었다. 무슬림 사이의 갈등을 해소해주는 일에서 기대할 수 있는 잠재 이익은 미미했지만, 그래도 그녀가 안나와디의 사소한 분쟁을 처리하지 않으면 사람들은 '흰 사리'라는 별명으로 통하는 국민회의당 여자를 찾아갈 테고, 그 얘기는 수바시 사완트 운영 위원의 귀에도 들어갈 것이다.

아샤는 제루니사와 눈을 마주치며 1000루피를 내면 파티마가 더 말썽 피우지 않게 손을 써주겠다고 말했다. 그러면서 그 돈은 자신이 챙기려는 게 아니라고 했다. 그 돈(의 일부분)은 파티마에게 줄 거라고 했다.

아샤는 원래 이렇게 노골적으로 돈 얘기를 하지는 않는데, 제루니사한테는 그렇게 해야 할 것 같았다. 언젠가 미르치가 장물을 샀다가 경찰에 적발됐을 때 제루니사는 아샤에게 도움을 청했다. 아샤는 경찰서에 가서 미르치가 아직 어린데다 건강도 나쁘다는 점을 강조했다. 그건 사실이었다. 미르치의 엉덩이엔 쥐에게 물려서 심하게 곪은 자국이 여섯 군데나 있었다. 그런데 기껏 미르치를 집에 데려갔더니 이게 아샤에게 일종의 사업이라는 걸 모르는 것처럼 그냥 "도와줘서 **고맙다**"는 말뿐이었다.

하지만 아샤가 제루니사를 믿지 못하는 것처럼 제루니사도 아샤를 불신했다. 여기 있는 대부분의 경찰들과 마찬가지로 아샤도 무슬럼 추방을 주장하는 시브 세나였다.

"파티마의 남편하고 잘 얘기하면 풀 수 있을 거예요." 제루니사는 얘기를 끝내자는 투로 말했다. "고맙지만 괜찮을 거예요."

그리고 한 시간쯤 지나 쿨카르니라는 여경이 차 한잔을 내주며 이렇게 충고했을 땐 정말 모든 게 괜찮을 거라고 믿기 시작했다. "외다리를 진짜 죽도록 두드려 패서 이 문제를 끝내지 그래요."

"아휴, 그래도 그렇지 어떻게 불구인 여자를 때릴 수 있어요?"

"하지만 그만큼 때리지 않으면 그 사람을 계속 상대해야 할 것 아냐. 그냥 때려눕혀요. 또 찾아와서 툴툴대면 내가 알아서 처리할 테니 걱정하지 말고."

제루니사는 경찰이 이렇게 다정하게 구는 것도 뒷돈을 원한다는 뜻일지 모른다고 생각했다. 토칼레라는 남자 경찰은 이렇게 파악하기 어렵지 않았다. 그는 공항 부지를 불법 점거한 사람은 장사를 할 수 없다는 점을 빌미로 툭하면 찾아와 돈을 요구했다. 그는 경찰서에 온 제루니사를 보고 이렇게 말했다. "지금 몇 달치가 밀렸어. 그동안 나 피해서 숨어 다닌 거야? 이왕 왔으니 정산 좀 해보자고."

파티마보다는 제루니사에게 돈이 많았고, 파티마가 아닌 제루니사가 경찰서에 붙들려 있었던 데에는 얼마쯤 뜯어낼 수 있다는 계산이 작용했을지도 모른다. 토칼레에게는 돈을 줘야 할 것이다. 안 그러면 장사를 할 수 없을 테니까. 하지만 이웃을 두드려 패라는 조언을 해준 쿨카르니에겐 눈물이 그렁그렁한 눈으로 아낌없는 감사의 마음만 전했다. 그러고는 다시 밀크티를 마시기 시작했다.

안나와디에 해가 넘어갈 무렵, 케카샨은 울화통이 터졌다. 케카샨은 마이단에 내다놓은 살림살이를 지키고 앉아 언제 경찰이 들이닥쳐 돈을 뜯어갈지 모른다는 두려움에 동생들이 허겁지겁 시멘트를 펴 바르는 모습을 보고 있었다. 열린 문틈으로 쿵쿵 울리는 힌두 영화 주제곡에 맞춰 목발을 짚고 몸을 흔들어대는 파티마도 보였다. 경찰서에서 돌아온 파티마는 평소보다 요란하게 화장을 했다. 이마에 반짝이는 빈디를 붙이고 검은 카잘 아이라이너에다 붉은 립스틱을 발랐다. 금방이라도 무대에 올라갈 것 같은 모습이었다.

케카샨은 도저히 입 다물고 가만히 앉아 있을 수가 없었다. "당신이 거짓말을 해서 지금 우리 엄마가 경찰서에 붙들려 있는데, 그렇게 영화 주인공이라도 된 것처럼 차려입고 춤을 추게 됐어요?"

마이단에서 새로운 싸움이 시작됐다.

"이 잡년이! 너도 경찰서에 처넣어 줄까?" 파티마가 소리를 꽥 질렀다. "내가 가만둘 줄 알아? 너희 집 인간들한테 전부 올가미를 씌울 거야!"

"그렇게 하고도 부족해? 우리 엄마가 너 때문에 잡혀 있는데! 그걸 생각하면 나머지 다리를 확 비틀어 뽑아버려도 시원치 않아!"

눈앞에서 벌어지는 이 **타마샤**를 보기 위해 사람들이 다시 몰려나왔다. 케카샨이 저렇게 화내는 모습은 아무도 본 적이 없었다. 안나와디 여자들 사이에서 늘 중재자 역할을 하던 그녀가 지금은 「카하니 가르 가르 키」라는 연속극('저마다의 집안 이야기'라는 뜻으로, 2001년부터 2008년까지 방영되며 큰 인기를 얻은 인도 연속극)의 파르바티처럼 눈물이 그렁그렁한 눈을 부라리고 있었다.

"내 다리를 비틀어? 그럼 나는 가만 있을까?" 파티마가 받아쳤다. "결혼했다더니 네 남편은 어디 있니? 매춘부 짓을 하다 남편한테 들킨 거야?"

딸을 욕보이는 소리에 카람이 밖으로 나왔다. 케카샨은 매춘부라는 소리를 듣는 것보다 다른 게 더 걱정이었다. 그녀는 아버지에게 말했다. "지금 몇 시인 줄 아세요? 이제 밤이 다 되어 가는데 어머니가 아직도 경찰서에 있어요."

"엄마한테 아무 일도 없는지 가 봐라." 카람은 미르치를 경찰서로 보냈다. 그러고는 파티마에게 말했다. "잘 들어, 이 거지 같은 인간아. 지금 하는 일을 마치고 나면 영원히 서로 상관 말고 살자고."

압둘은 집 안에서 벽돌 조각을 포대에 넣는 중이었다. 부엌 시렁 설치는 끝났다. 며칠 동안 압둘은 완성된 시렁을 보며 어머니가 기뻐하는 모습을 상상했다. 그랬는데 지금 어머니는 경찰서에 붙들려 있다. 바닥의 상태는 아버지가 아직 타일을 사 오지 않아 깨진 벽돌 조각 반에 젖은 시멘트 반이었다. 할부로 산 텔레비전은 일껏 색싯집에 맡겨놨더니 그 집 아들이 깨트렸다. 여기저기서 쏟아지는 날카로운 소리에 동생들은 겁에 질렸고, 아버지도 금이 가고 부서진 집의 몰골에 화가 끓어오르는 눈치였다.

그때 카람이 갑자기 파티마네 집으로 성큼성큼 들어가 버럭 소리를 질렀다. "이 병신아. 내 아내한테 맞았다고 거짓말을 했으니, 진짜로 처맞는 게 어떤 건지 기억을 생생하게 되살려주마!"

그래놓고는 그건 아니다 싶었는지 직접 손을 대지는 않았다.

"압둘! 와서 저년을 때려라!"

압둘은 등골이 오싹했다. 그때껏 아버지 말을 거역한 적이 한 번도 없는 압둘이었지만, 몸도 성치 않은 여자를 때릴 수는 없었다. 다행히 누나가 끼어들었다. "아버지, 진정하세요." 케카샨이 침착하게 말했다. "어머니가 돌아오시면 다 알아서 하실 거예요!" 케카샨은 위기 상황에서 집안의 지휘권을 누가 쥐는지 알고 있었다.

못 이기는 척 케카샨 손에 끌려가던 카람이 어깨 너머로 소리쳤다. "외다리 너! 지금까지 그 오랜 세월 우리가 너한테 베푼 친절의 대가가 이거라면, 벽 세우는 비용의 절반을 내놓으라고 네 남편한테 전해." 파티마가 맞받아쳤다. "얼마든지. 네놈의 장례를 치르려면 돈푼 좀 필요할 테니까. 네놈들 모두한테 처절한 고통을 안겨줄 테야."

경찰서 사정을 살펴보러 갔던 미르치가 이내 돌아왔다. 어머니는 보기에는 상한 데 없이 조용히 여경 앞에 앉아 있더라고 했다. 마음이 놓인 케카샨은 저녁을 차리기 시작했다.

하루 중 이 시간이면 안나와디 전역에서 화덕에 불을 피우고, 거기서 나오는 연기가 빈민촌 위로 거대한 기둥을 형성했다. 그러면 하얏트 꼭대기 층에 투숙했다가 그 모습을 본 사람들이 놀라서 프런트에 전화를 걸기 시작한다. "호텔 앞쪽에 큰 불이 났어요!", "무슨 폭발이 일어났나 봐요!" 그리고 30분쯤 지나면 호텔 수영장에 소똥을 태운 재가 떨어진다는 불만이 폭주한다.

그런데 이날은 불길이 하나 더 일어났는데, 파티마의 집 안에서였다.

파티마의 여덟 살짜리 딸 누리가 저녁 먹을 시간에 맞춰 집에 왔는데 아무리 밀어도 나무 문이 열리지 않았다. 안에서는 사랑 노래가 울려 퍼졌고, 누리는 엄마가 춤을 추느라 밥때가 된 줄도 모르는 모양이라고 생각하고는 엄마랑 친한 신시아 아줌마네로 달려갔다. 신시아도 문을 열 수 없어서 지붕 가까이 난 구멍으로 누리를 들어올렸다. 누리가 자랑스럽게 창문이라고 부르던 구멍이었다.

"뭐가 보이니, 누리야?"

"엄마가 머리에 석유를 붓고 있어요."

"안 돼, 파티마!" 신시아는 음악 소리보다 크게 외쳤다. 몇 초 뒤, 영화 주제곡은 슈욱 하는 소리를 내며 터진 작은 폭발음에 묻혔고, 여덟 살짜리의 비명이 이어졌다. "엄마가! 몸에 불이 붙었어요!"

케카샨도 비명을 질렀다. 마이단을 가로질러 제일 먼저 달려온 건 색싯집 주인이었고, 뒤따라 온 소년 세 명이 몸을 던져 문을 부쉈다. 안으로 들어가 보니 파티마가 바닥에서 몸부림을 치는데 몸에서는 연기가 뭉게뭉게 솟고, 옆에는 노란 플라스틱 석유통이 뒤집어진

2부. 모두의 운명을 바꿔버린 사건

채 놓여 있었다. 물통도 있었다. 파티마는 요리용 기름을 머리에 붓고 성냥을 그은 다음 불길이 일자 물을 퍼부은 것이었다.

"살려줘요!" 그녀가 소리쳤다.

색싯집 주인은 어찌할 바를 몰랐다. 파티마의 등 밑에서는 아직도 뭔가 계속 타고 있었다. 주인은 담요를 가져다 덮어씌웠고, 어느새 집 앞에는 엄청난 인파가 모여들었다.

"무슬림 쓰레기들이 하루 종일 어찌나 시끄럽게 싸워대는지."

"이런 짓을 하다니, 딸들 생각은 하지도 않은 거야?"

불을 끄려고 서두르는 통에 파티마의 몸 위로 와르르 쏟아진 솥들을 색싯집 주인이 밀어내며 말했다. "이제 괜찮아요. 목숨은 건졌어요. 이제 문제없어요!"

그가 파티마를 일으켜 세웠다. 그런데 그가 손을 놓자마자 파티마가 울부짖으며 다시 주저앉았다. 뒤집어진 물통이 사람들 눈에 띄었다.

"이런 멍청이를 봤나." 한 노인이 말했다. "불을 살짝만 붙여서 보여주려다가 몸을 심하게 태운 게로구먼."

"내가 왜 이런 짓을 했는데! 저 인간들 때문이라고." 파티마는 놀랍도록 또렷한 목소리로 외쳤다. 그녀가 누굴 지칭하는지 모르는 사람은 없었다.

케카샨은 얼른 눈물을 닦고 남동생과 아버지에게 단호한 지시를 내렸다. "도망쳐! 어서! 우리한테 올가미를 씌울 거라고 그랬단 말이야. 우리가 자기한테 불을 질렀다고 말할지도 몰라!"

"이제 경찰 수사가 시작되겠네. 저 집도 끝났군." 후사인네 아들이 공동 변소 앞을 지나 스위트룸 하루 숙박비가 800달러라는 릴라 호텔을 향해 달려가는 모습을 보며 누군가 말했다.

"물!" 파티마가 애원했다. 얼굴이 불그죽죽했다.

"하지만 물을 줬다가 저 여자가 죽으면 영혼이 그 사람 몸속으로 들어간다는데." 누군가 말했다. "여자 귀신은 심각하지. 세월이 아무리 흘러도 절대로 떠나지 않아."

결국 프리야라는 불운한 십 대 소녀가 물을 가져왔다. 안나와디에서도 가장 가난한 프리야는 이따금 파티마가 음식을 만들거나 아이들 뒤치다꺼리하는 걸 도와주고 먹을 걸 얻어먹었다. 프리야의 몸에는 이미 혼백 두 개가 들어 있다는 얘기도 있었다.

"멍청한 사람들. 화상 환자한테는 물을 주면 안 돼."

웅성거리는 소리 위로 또렷하게 울린 말의 주인공은 아샤였다. 그녀는 운집한 사람들 뒤에 서 있었다. 사람들의 고개가 뒤로 돌아갔다. "그러면 마시지 못하게 해야지. 아샤! 그만두게 해요!"

"하지만 저걸 무슨 수로 낚아채요? 이게 마지막 순간이라면, 나도 죽어가는 여자의 저주를 받고 싶진 않아요. 그랬다가 곧바로 숨을 거두면 어쩌라고?" 아샤가 말했다.

만주가 밖으로 나왔지만 아샤는 딸에게 집으로 들어가라고 명령했다. 만주의 친구 미나는 조금 더 가까이 다가갔다. 눈에 들어온 광경은 차마 말로 표현할 수 없을 정도였다. 파티마는 앞뒤로 분홍색 꽃무늬가 있는 갈색 투피스를 입고 있었는데, 꽃들은 대부분 불에 타서 없어지고 그 자리에 군데군데 살 거죽이 늘어졌다. 미나는 속이 메스꺼워져서 그곳을 빠져나왔지만, 그 모습만 떠올리면 계속해서 속이 울렁거렸다. 죽을 때까지 그럴 것 같았다. 파티마가 말을 하고 있었다. "나 혼자 어떻게 병원을 가요? 남편이 없는데."

"누가 삼륜 택시를 불러서 저 여자를 쿠퍼 병원에 좀 데려가요. 멍청하게 서 있지만 말고. 지금 눈앞에서 사람이 죽어가고 있잖아."

"하지만 쿠퍼 병원에 데려갔다가 저 여자 몸에 불을 질렀다고 의심 받으면 어떡해."

누군가 말했다. "아샤가 데려가야겠네. 아샤는 시브 세나니까 경찰도 함부로 못할 거야."

파티마의 눈이 아샤를 향했다. 그녀가 간청했다. "선생님. 제가 지금 이런 처지인데, 어떻게 걸어서 병원에 가겠습니까?" 아샤가 말했다. "삼륜 택시 값은 내가 낼 게요. 하지만 난 기다리는 사람들이 있어요. 바빠서 같이 갈 수는 없어요." 안나와디 사람들은 집으로 성큼성큼 걸어가는 아샤의 뒷모습을 지켜봤다.

"택시비를 대주겠다고는 했지만, 아니 어째서 나더러 가야 한다는 거야?" 나중에 아샤는 집에서 남편한테 분통을 터뜨렸다. "쓰레기들 사이에 일어난 싸움이고, 그런 짓을 벌일 때는 어떤 결과가 나올지 알았을 텐데. 어쨌거나 제루니사는 경찰서에서 도와주겠다는 내 제안을 받아들였어야 했어. 그 여자는 아주 단순한 진리를 모르고 있더라고. 미리 돈을 내면 나중에 치러야 할 대가가 줄어든다는 이치를 말이야. 거지 동냥하는 셈 치고 외다리한테 돈을 쥐어줬으면 이렇게 히스테리를 부리기 전에 막을 수 있었을 거 아냐. 이제 경찰에서 수사를 시작하면 변호사를 구해야 할 걸. 변호사는 일부터 하고 돈은 나중에 받는 줄 아나? 산파는 돈을 주기만을 조용히 기다리나? 아이가 죽어도 산파는 돈을 챙겨간다고. 하지만 이젠 몰라. 그 집구석이랑 꼬질꼬질한 돈에 관심 없어. **하람 카 파이사.** " 더러운 돈이라는 뜻이었다.

아샤는 미소를 지으며 덧붙였다. "외다리가 경찰한테 이렇게 말해야 할 텐데. '나는 힌두교도로 태어난 사람인데 이 무슬림이 나를 조롱하고 힌두교도라는 이유로 내 몸에 불을 질렀다.' 그러면 그 인간들은 평생 감옥에서 썩게 되는 거야."

어느새 저녁 8시였고, 마이단 위의 하늘은 멍이라도 든 것처럼 짙은 보라색이었다. 파티마의 남편이 폐품 분류 일을 마치고 돌아오자 사람들은 이제 파티마가 병원에 갈 수 있게 됐다고 생각했다. 그래서 다들 저녁을 먹으러 집으로 갔다. 파티마의 얼굴이 뜯어져 떨어졌는지 보려고 기다리는 소년 몇 명만 남아 있었다.

아샤네 뒷방에 세 들어 살던 여자한테도 비슷한 일이 있었다. 그 여자는 남편이 떠나자 파티마처럼 몸에 불을 질렀다. 라훌은 숯이 되도록 타버린 얼굴이 바닥에 달라붙었고, 가슴이 다 터지다시피 해서 심장이 보일 정도였다고 떠들어댔었다.

7
와해

성냥을 긋기 전에 말아올렸던 파티마의 머리카락이 바스러져 떨어졌다. 얼굴은 칼리 동상에 눈동자를 그려 넣으라는 주문을 받은 화공이 흥을 못 이겨 얼굴을 다 칠해버린 듯 검게 번들거렸다. 뭄바이 서부의 빈민들을 위한 쿠퍼 병원의 제10 화상 병동에는 거울이 없었지만, 몸이 부었다는 건 거울을 보지 않아도 알 수 있었다. 그건 화상 증상 중 하나였는데, 몸이 불에 타면서 늘어난 건 그것만이 아니었다.

파티마는 왜소한 남편의 등에 업혀 안나와디를 나섰고, 소중한 사람처럼 대접을 받았다. "대체 내가 무슨 짓을 저지른 거지?" 안쓰러운 표정으로 하얏트 근처에 늘어선 구경꾼들을 보며 파티마가 외쳤다. "이왕 이렇게 된 이상 그 인간들이 대가를 치르게 만들겠어!"

삼륜 택시들은 그 지경이 된 여자를 태우려 하지 않았다. 시트

커버가 상할 것부터 걱정했다. 지나가던 남자 셋이 달려들어 태우지 않으면 죽이겠다고 협박한 끝에야 간신히 병원으로 갈 수 있었다.

형광등이 소등에처럼 윙윙거리는 쿠퍼 병원에 와서도 그녀는 계속 중요한 사람이 된 듯한 느낌을 받았다. 좁은 화상 병동에선 소독 거즈 냄새가 진동했지만, 환자들이 바닥에 너부러져 있는 일반 병동에 비하면 근사했다. 어느 부인과 단 둘이 병실을 썼는데 그녀의 남편은 치명적인 사태를 불러온 성냥을 자신이 긋지 않았다고 맹세했다. 오줌에 젖어 축축하긴 했지만 발포 매트리스에 누워보는 것도 처음이었다. 끝에 아무것도 연결하지 않은 플라스틱 튜브를 코에 꽂았다. 재활용 주삿바늘이 달린 전해질 약봉지도 옆에 걸려 있었다. 간호사는 번번이 새 주사기를 사용하는 건 낭비라고 했다. 하지만 파티마가 화상 병동에서 처음 겪은 여러 경험 중에서도 가장 뜻밖이었던 것은 높은 신분의 여자 문병객이 줄을 이었다는 사실이었다.

파티마와 제일 친했던 신시아가 제일 먼저 왔다. 고물상을 하다가 압둘이 승승장구할수록 내리막을 걷는 남편을 지켜봐야 했던 신시아는 자기네 집을 자빠뜨린 인간들이 경찰 수사를 받을 수 있도록 뭔가 충격적인 얘기를 해보라고 파티마를 부추겼다. 나중에야 이게 끔찍한 충고였음을 깨달았지만, 그날 신시아가 가져온 바나나 라시는 맛이 좋았다.

제루니사도 왔다. 아침에 파티마가 일어나보니 병실 바로 앞에 웅크리고 앉아 있었다. 아샤도 빈민촌 여자 네 명을 대동하고 나타났다. 아샤의 병문안을 받은 파티마는 우쭐해졌다. 자신을 노골적으로 무시하던 시브 세나 여자가 아니던가. 그런 아샤가 달콤한 라임 주스와 코코넛 물을 건네며 검게 그을린 파티마의 귀에 대고 무슨 말인가를 속삭였다.

아샤는 파티마가 이웃집과 벌인 싸움을 마이단에 나와 있던 수백 명이 지켜봤으니 누구한테 맞았다거나 누가 불을 질렀다는 식으로 거짓말을 하면 안 된다는 점을 상기시켰다. "그런 **가만드**, 헛된 자존심을 부려봐야 무슨 소용이 있어? 어리석은 짓을 저질러서 살이 다 타버렸는데도 여전히 가슴에 앙심을 품고 있는 거야?"

아샤는 경찰 수사를 피할 수 있도록 화해를 중재하려 했다. 파티마가 후세인 집안 사람들한테 맞은 게 아니라는 사실을 인정하면 제루니사가 병원비를 부담하고 파티마의 딸들한테도 약간의 돈을 주는 걸로 조정을 봤다. 파티마는 아샤가 이런 합의의 대가로 제루니사로부터 중개료를 챙기려 한다는 걸 알아차렸다. 몸에 화상을 입었다고 머리까지 어떻게 된 건 아니었다. 하지만 진실을 털어놓기엔 너무 늦었다. 파티마는 벌써 경찰에 신고를 해버렸다.

쿠퍼 병원에 도착했을 때 파티마는 자신에게 불을 지른 사람들로 카람과 압둘, 케카샨을 지목했다. 그녀의 진술을 들은 경찰들이 카람을 체포하러 자정이 넘은 시간에 안나와디에 들이닥쳤고, 압둘은 창고에 몸을 숨겼다. 하지만 다음 날 아침에 사하르 경찰은 파티마의 진술이 사실이 아니라는 걸 알게 됐다. 누구보다 여덟 살짜리 딸

누리의 증언이 또렷했다. 아이는 지붕 밑에 난 구멍으로 엄마가 직접 몸에 불을 붙이는 걸 봤다.

경찰 조사를 밀어붙여서 후사인 가족들에게 돈을 뜯어내려면 좀 더 그럴듯한 피해자 진술이 필요했다. 파티마에게서 그런 진술이 나올 수 있도록 경찰은 예쁘장하고 통통한 정부 조사관을 쿠퍼 병원에 보냈는데, 유명 브랜드의 금테 안경을 쓴 이 여자가 파티마의 병상을 막 떠났을 때 아샤가 도착했다.

마하라슈트라 주 정부 특수 행정관인 그녀의 임무는 병원에 입원한 피해자의 진술을 듣는 것이었다. 여자는 다정한 말로 파티마가 화상을 입기까지의 과정을 처음부터 새롭게 구성하는 걸 도왔다. 파티마가 정리한 내용을 읽을 수도 없고 서명란에 사인을 할 수도 없노라고 털어놨는데도 금테 안경 여자는 정중한 태도를 유지한 채 엄지로 지장을 찍어도 된다고 설명했다.

특수 행정관은 인도에서 자살 교사가 중대 범죄라는 걸 알고 있었다. 이 조항이 형법에 추가된 건 영국 식민지 시절이었다. 죽은 남편을 화장하는 불에 미망인이 뛰어들도록 부추겨서 부양 부담을 덜어내려는 오랜 관행을 엄격한 처벌로 다스려 종식하려는 의도였다.

새로운 진술에서 파티마는 자신이 직접 불을 지른 걸 인정했지만, 분신 시도의 원인은 신중하게 할당했다. 해질녘에 남은 다리를 비틀어버리겠다던 케카샨의 폭언을 고스란히 옮기고, 자신을 패주겠다던 카람의 협박도 정확하게 되풀이했다. 두 집 사이에 벽을 세운 비용의 절반을 남편에게 부담시키겠다고 한 말도 잊지 않았다. 분신 사건이 일어난 시간에 경찰서에 있었기 때문에 알리바이가 확실한 제루니사는 언급하지 않았다. 그 대신 압둘에게 비난의 화살을 돌렸다.

압둘 후사인이 목을 조르겠다고 위협했으며 호되게 때리기까지 했다고 진술했다. 집안의 생계를 도맡은 아들을 끌어들이지 않고서야 어찌 눈엣가시 같은 집을 무너뜨릴 수 있겠는가.

"저는 왼쪽 다리가 성치 않아서 그들의 공격에 맞설 수 없었어요. 화를 참을 수 없어 집에 있던 석유를 몸에 붓고 불을 질렀습니다." 파티마의 진술은 이렇게 끝맺었다.

특수 행정관인 푸르니마 파이라코는 "본 기록은 환한 형광등 아래에서 작성"되었다는 글을 진술서에 덧붙이고는 본격적인 업무를 하기 위해 병실을 나섰다. 이렇게 한결 개선된 피해자 진술에 안나와디에서 충분히 매수할 수 있을 거라 낙관하는 목격자 증언 몇 건이면 후사인 집안으로부터 돈을 두둑하게 챙길 수 있었다.

공공 병원에 입원한 지 사흘째 되던 날, 검게 탄 얼굴에 주름이 잡히면서 아몬드 모양이었던 눈이 둥글게 변했다. 마치 성냥을 그으면 어떤 일이 벌어지는지 몰랐다는 듯이 놀란 표정이었다. "말을 할수록 더 아파." 파티마는 머리맡에 선 남편에게 말했다. 통증에도 아랑곳없이 이따금 남편에게 소리를 질러대긴 했지만, 예전만큼 앙칼진 목소리는 나오지 않았다.

삽처럼 넓적하던 남편의 얼굴은 갈수록 길쭉해지는 것 같았다. 폐품 분류에는 일가견이 있었건만 황망한 처지이다 보니 실수가 잦았다. 파티마의 약을 갈아 가루로 만드는 일이 너무 복잡해서 정신을 못 차리는 것 같았다. 그는 아내에게 먹이려고 가져온 빵을 작게 잘랐다.

파티마가 입맛이 없던 건 다행이었다. 병상 500개에 가난한 병자 수백만 명을 상대해야 하는 쿠퍼 병원은 환자식이 제공되지 않았다. 없기는 약도 마찬가지였다. "오늘은 재고가 떨어졌어요." 이게 간호사들의 공식적인 해명이었고, 뒤로 빼돌려 팔아먹느라 약품 창고가 텅텅 비었다는 건 비공식적인 진실이었다. 가족들은 길거리에서 환자에게 필요한 것을 구해야 했다. 의사가 추천해준 실버설파다이아진이라는 화상 연고는 211루피였고, 이틀이면 다 떨어졌다. 남편은 파티마의 연고를 비축하기 위해 돈을 빌려야 했다. 연고를 발라줄 때는 아프지 않을까 걱정이 됐다. 살이 타서 떨어져나간 배는 특히 조심스러웠다. 간호사들이 도와줄 거라고 기대를 걸었건만, 그들은 환자를 직접 만지길 꺼렸다.

키가 크고 젊은 한 의사만 환자와 접촉하는 것을 개의치 않았다. 어느 날 밤에 의사가 와서 파티마의 팔을 한쪽씩 펴보자 거무튀튀하고 누렇게 변색된 붕대가 풀려나갔다. 파티마가 의사에게 말했다. "뭐가 잘못된 것 같아요. 너무 추워요."

"하루에 물을 세 병씩 마셔요." 의사는 말하면서 더러운 붕대를 다시 감았다. 옆에 있던 남편이 연고를 사느라 생수를 살 돈이 없다고 말했다. 의사는 뒤에서 아내에게 필요한 것도 사 주지 못하는 무책임한 남편이라고 흉을 봤다.

약을 살 돈을 벌기 위해 남편은 다시 일을 나갔고, 파티마의 어머니가 간병을 맡았다. "옆집 사람들이 나한테 불을 질렀어." 파티마는 이렇게 말했다가 또 딴소리를 늘어놔서 어머니를 혼란스럽게 만들었다. 뭐가 뭔지 혼동이 되는 건 파티마도 마찬가지였지만 모든 걸 처음부터 설명하고 싶지는 않았다. 지금의 급선무는 치료였다. 고발장의 소소한 허점들은 경찰이 알아서 처리할 수 있을 테고, 압둘과 카람 후사인이 지금 경찰서 유치장에 들어가 있다는 사실이 중요했다.

물고기 입술을 한 경찰이 처음으로 매질을 했을 때 압둘은 그가 휘두른 가죽끈이 몸에 닿기도 전에 비명을 질렀다. 자수를 하러 이른 아침에 경찰서로 달려왔을 때부터 몸속에 차올랐던 울음이 비명으로 터져나왔다.

공항을 가로질러 달리면서 압둘은 전날 저녁에 파티마와 있었던 일에 대해 잘 설명할 수 있길, 최소한 자기 몸뚱이를 내주고 아버지를 폭행으로부터 보호할 수 있길 바랐다. 지금 그는 나무 탁자에 엎드려 아버지 대신 매질을 당하고 있는 걸지도 몰랐다. 하지만 확신은 들지 않았다. 분명한 건 경찰들이 그의 얘기에 귀 기울이지 않는다는 사실뿐이었다. 경찰은 이웃 간의 날카로운 감정싸움이나 허술하게 쌓은 벽 얘기는 듣고 싶어 하지 않았다. 그저 압둘이 몸도 성치 않은 여자의 몸에 석유를 붓고 성냥불을 그었다고 자백하기만을 바라는 것 같았다.

"여자는 죽을 거야. 그럼 302가 되는 거지." 한 경찰관이 말했다. 압둘에게 좋은 소식이라도 전하는 투였다. 압둘은 302가 인도 형법에서 살인 사건을 의미한다는 걸 알고 있었다.

매질은 한참 동안 계속됐다. 얼마나 됐을지 의식도 가물가물해지던 차에 압둘은 어머니의 목소리를 듣고 정신을 차렸다. 어머니는 경찰들이 접견실이라고 부르는 방 바깥에 와 있는 것 같았다. 어머니는 우렁찬 목소리로 간청했다. "때리지 마세요. 말로 하세요. 선처를 베풀어주세요!"

압둘은 어머니가 비명 소리를 듣게 하고 싶지 않아서 어떻게든 참아보려고 안간힘을 썼다. 수갑을 보는 건 도움이 되지 않았다. 입술 두꺼운 경찰과 빳빳하게 줄을 세운 카키색 제복 바지를 보는 것 역시 마찬가지였다. 그는 눈을 감고 마지막으로 외웠던 기도문의 핵심 단어들을 떠올리려고 노력했다.

이런 노력도 입을 다물고 있는 데는 도움이 되지 않았다. 비명과 흐느낌이 길까지 울려 퍼졌다. 하지만 나중에 광나게 닦은 갈색 구두가 멀어지는 모습을 보면서 자신은 아무 소리도 내지 않았다고 애써 믿으려 했다. 매질을 당하는 내내 어머니의 통곡 소리에 귀가 먹먹할 지경이었지만, 그것만으로는 아무것도 알 수 없었다. 어머니의 평소 성격을 보면 하루 종일 통곡을 했을지도 모를 일이었다.

반가운 점이라면 그 비통한 소리가 이제 멀리서 들려온다는 것이었다. 어쩌면 경찰들이 시끄럽다며 끝어냈는지도 모른다. 공항 공사에서는 낡은 방갈로를 사용하는 경찰서 주변도 예쁘게 단장해주었다. 앞쪽에 심은 분홍색 꽃과 열대 식물은 경찰서 주차장에 서 있는 신형 지프차만큼이나 번들거렸다. 압둘은 어머니가 어서 저 손바닥만 한 정원을 지나 집으로 가길 원했다. 어머니가 집에 있다고 생각하면 마음이 편할 것 같았다.

유치장에는 압둘이 빤히 보는 앞에서 매질을 당한 아버지를 비롯해 여러 피의자들이 함께 감금되어 있었다. 비디오를 틀어주는 사키나카의 헛간에서 봤던, 영화 속의 텅 빈 공간과는 전혀 달랐다. 여기에는 철제 의자와 코팅 처리로 근사해 보이는 커다란 나무 탁자, 그리고 새로 산 것 같은 철제 캐비닛도 네 개나 있었다. 압둘은 그렇게 멋진 캐비닛은 평생 처음 보았다. 고드레이라는 브랜드에서 만든 것으로 각각 황동색과 하늘색, 청회색이었다. 그중 두 개에는 문에 번쩍이는 거울도 달려 있었다. 긴장감이 없고 비명 소리만 들리지 않는다면 캐비닛 전시장 같은 분위기였다.

사하르 경찰서에도 좀 더 일반적인 유치장이 있었다. 그런데 압둘과 아버지가 들어간 곳은 상습범들이 "비공식 유치장"이라 부르는 장소로, 원래는 경찰들이 서류 작성을 하는 방이었다. 공식 서류에는 후사인 부자가 체포되었다거나 유치장에 감금된 기록이 남지 않았다. 이 방에서 벌어지는 일들 역시 기록되지 않았다. 피의자들이 전부 동의하는 이 방의 가장 큰 특징은 작은 창문으로 친지들이 담배나 과자 같은 것들을 전해줄 수 있다는 점이었다.

압둘은 수닐이나 고철 도둑 칼루를 비롯한 여러 소년들이 그 창문을 들여다보며 안부를 물을 때를 기다렸다. 괜찮은지 물으면 대답할 말도 준비해두었다. 안 괜찮아. 일단 그렇게 말한 후에 다시 그들을 안심시켜줄 말도 상상하곤 했다. 하지만 어머니 말고는 아무도 찾아오지 않았다. 사흘째 되던 날 압둘은 누가 찾아올지 모른다는 기대를 접었다.

"절름발이한테 왜 그런 짓을 한 거야?" 경찰들은 같은 질문을 고집스레 반복했다.

압둘은 애처로운 답안을 내놨다. "나리, 저도 이렇게 약골입니다. 욕은 했을지언정 그런 짓은 결코 하지 않았습니다. 빈민촌에서는 너나없이 서로 욕을 합니다."

애처로운 대답은 또 있었다. "제발 안나와디에 가서 물어보세요. 그 자리에 수많은 사람이 있었습니다. 저는 그 여자의 털끝 하나 건드리지 않았어요. 제가 왜 여자랑 싸우겠습니까? 그것도 외다리인 여자랑. 가서 아무나 붙들고 물어보세요. 제가 여자랑 시비를 벌인 적이 한 번이라도 있었는지. 저는 싸움이라곤 모르는 사람입니다. 다른 사람들이랑 좀처럼 말도 섞지 않아요. 제가 귀찮게 구는 사람이라면 남동생인 미르치뿐인데, 저는 어렸을 때도 그 아이를 때린 적이 없습니다. 형이니까 그럴 수도 있었을 텐데, 저는 동생을 때린 적이 없어요."

2부. 모두의 운명을 바꿔버린 사건

하지만 그가 생각하기에도 경찰이 안나와디에 가서 사실을 확인하지는 않을 것 같았다. 그래서 체념 섞인 말을 내뱉었다. "그 여자는 순간적인 화를 이기지 못하고 자기 몸에 불을 지른 거예요. 저희 어머니와 사소한 말다툼이 있었는데 별것 아닌 걸 그렇게 키운 겁니다. 하지만 이게 다 무슨 소용인가요. 그 여자는 그런 짓을 벌였고, 그런 진술을 했고, 나리는 화상 입은 여자의 말만 믿고 제 말씀은 듣지 않으실 텐데요."

아버지에게는 좀 더 흥미로운 것들을 물었다. 이를테면 이런 것들이었다. "어이, 무슬림, 자식은 뭐하자고 그렇게 많이 낳았어? 이제 자식들을 먹여 살릴 수도 없을 텐데. 너는 이제 마누라가 네 얼굴을 잊어버릴 만큼 오랫동안 감옥에서 썩게 될 거야."

압둘은 아버지에게 말했다. "아버지가 저자들에게 맞는 걸 보느니 차라리 제가 맞는 게 나아요." 수갑을 찬 채 바닥에 누워 불면의 밤을 보낼 때 아버지도 아들한테 똑같은 말을 했다. 두 주 전에 개인 병원에서 받은 산소 치료의 효과는 이미 다 사라지고 없었다.

아들과 나란히 타일 바닥에 누운 카람은 경찰도 정말로 자신들이 파티마를 죽이려 했다고 믿지는 않는다는 사실을 아들에게 납득시키려 했다. 증인이 수백 명은 족히 넘는다는 걸 감안하면, 경찰이 최소한 실제 벌어진 일을 파악은 했을 거라고 속삭였다. 하지만 불구의 여자를 상대로 어떤 짓을 했는지 따위는 경찰들의 관심거리가 아니었다. 카람은 아들에게 그들을 움직이는 건 이 비극을 통해 챙길 수 있는 돈이라고 말했다. "그러니까 너희가 안나와디에서 돈푼깨나 만진다면서?" 한 경찰은 카람에게 이 말을 반복했다.

애먼 사람을 범인으로 몰아 죄를 추궁했다는 기록은 남기지 않으면서 잔뜩 겁을 주어 수중에 있는 것은 물론이고 고리대금업자한테서 빌릴 수 있는 한도까지 최대한 쥐어짜겠다는 속셈이었다. 인권조례에서는 구타를 금지하고 있지만 감금 상태에서 벗어날 돈을 받아내는 데는 구타가 효과적이었다.

그제야 압둘은 인도의 형사정책이나 사법제도가 고물을 사고파는 시장과 다를 게 없다는 것을 깨달았다. 무죄와 유죄도 폴리우레탄 포대처럼 사고팔 수 있었다.

압둘은 아버지 병원비에 집수리까지 했으니 집에 돈이 얼마나 남았을지 의문이었다. 하지만 죄를 뒤집어쓰지 않으려면 있는 걸 전부 긁어서라도 가져다줘야 한다고 생각했다. 그렇게 지긋지긋하던 집이 그리웠다.

"그런데 내일 당장 파티마가 죽어버리기라도 하면." 카람이 말했다. 압둘은 아버지의 말이 그저 혼잣말이라는 걸 알고 있었다. 냉큼 돈을 줬는데 파티마가 죽으면 돈은 돈대로 써놓고 기소를 면할 길이 없을 것이다. 그리 된다면 무슨 돈으로 변호사를 쓰겠니. 파산의 의미가 내포된 '변호사'라는 말을 할 때마다 아버지의 목소리는 매번 바뀌었다. 똑같이 비공식 감금 처지였던 한 남자는 전에 재판을 받은 적이 있다면서, 뭄바이에서 관선 변호사를 쓴다는 건 감옥에서 영원히 썩는 걸 의미한다고 경고했다.

유치장에서 보내는 날이 늘어나면서 압둘과 아버지 사이의 대화는 줄어들었고, 압둘은 그것도 나쁘지 않다고 느꼈다. 하기야 그가 무슨 할 말이 있겠는가? 부모님이 압둘처럼 남의 이목을 끌지 않으려고 조심했다면 미친 외다리가 달려들었어도 무시했을 거라고? 그냥 샨카르 예람이라는 수사관의 한도 끝도 없는 질문에 대답하느라 너무 피곤해서 말을 하지 않게 됐다고 생각하는 편이 나았다. 이제 보니 수사관의 입술은 물고기보다 원숭이랑 더 비슷한 것 같았다.

하루도 빠짐없이, 때로는 하루에도 두 번씩 초췌한 제루니사가 창문에 달라붙어 두 사람의 자유를 위해 타협 중인 과정을 설명했다. 아샤는 기소를 무마하려면 5만 루피가 든다고 했는데, 물론 그 돈을 아샤가 갖는 건 아니었다. 경찰한테 일부 주고, 일부를 적당히 떼어 파티마의 남편을 회유할 거라고 했다.

분신 사건이 있고 며칠 동안은 제루니사도 아샤에게 고마움을 느꼈다. 무슬림과 이주민을 정치적으로 반대하는 입장이면서도 아샤는 제루니사의 가족들을 위해 보수도 받지 않은 채 뛰어다녔다. 파티마에게는 거짓 진술을 철회하라고 충고했고, 제루니사가 경찰서에 갈 때 같이 가서 파티마가 제 몸에 직접 불을 질렀다는 인상을 심어주었다. 하지만 코를 들이밀다가 결국 동티가 나고 말았다. 어느 날은 경찰이 소리를 빽 질렀다. "뭐하자는 거야? 당신네 여편네들이 경찰이라도 된 줄 알아? 저리 비키지 못해? 수사는 우리가 알아서 할 거라고."

안나와디에서는 힘 좀 쓴다는 아샤였지만 빈민촌 울타리 바깥에서도 그러리라고 기대할 수는 없었다.

제루니사는 유치장 창문에 달라붙어 남편에게 말했다. "그러니까 요는, 아샤가 며칠은 보수도 안 받고 우리를 도와주었지만 이젠 나더러 돈을 깔고 앉아 있으니 지갑을 열라는 거야. 당신이랑 압둘을 여기서 나오게 할 수만 있다면 얼마든지 그러겠지만, 그 여자한테 돈을 준다고 그렇게 되리라는 확신은 들지 않거든."

제루니사는 이미 토칼레라는 경찰에게 돈을 주었다. 파티마랑 싸우고 경찰서에 달려온 제루니사한테 장부 정리를 하자던 경찰이었다. 분신 사건이 터진 후에 그는 "공정"한 수사가 이루어지고 남편과 아들이 심문 중에 몸이 상하지 않도록 손을 써주겠다고 했다. "그렇게만 해준다면 얼마든지 주겠다고 했지. 그는 우리 처지를 정말 안쓰러워하는 것 같아. 이게 조작된 음모라는 것도 알고 있어. 사실 마음만 먹었으면 그것보다 더 많이 챙길 수도 있었거든." 제루니사는 남편에게 말했다.

병원에서 파티마의 진술서를 받은 특수 행정관도 돈을 원했다. 그녀는 제루니사를 찾아와 파티마의 진술과 안나와디 사람들의 증언 내용이 모두 제 손에 달렸다고 했다. 파티마에게 그랬던 것처럼 다정한 목소리로 손바닥을 뒤집어 보이며 말했다. "내가 어떻게 했으면 좋겠어요? 좋게 말할까, 나쁘게 말할까? 나는 정부 공무원이고 내 말에 결정권이 있어요. 결정은 당신의 몫이고 빠른 시일 안에 마음을 정해야 할 거예요."

제루니사는 남편에게 말했다. "그 여자는 아샤랑 똑같아. 얼마를 받든 그걸 자기가 챙기는 게 아니라는 거야. 파티마 남편한테 줄 거라나. 하지만 그 남자한테는 내가 벌써 딸들을 돌보겠다, 파티마의 개인 치료비와 약값, 식대까지 전부 부담하겠다는 얘기를 했거든. 사람들의 증언을 받고 다니는 여자한테 돈을 주는 게 내키지 않아. 파티마 남편한테 갈 돈을 가로채서 파티마가 계속 쿠퍼 병원에 있게 되면 어떡해?"

"개인 병원 얘기를 했더니 남편은 뭐래?"

"아무 말도 안 했어. 감정이 격한 상태라 판단이 안 선대. 미칠 노릇이지. 파티마가 죽어서 새 마누라를 얻게 되길 바라는 거야? 쿠퍼에 그대로 있다간 죽을 테고 그러면 우리가 가진 건 전부……."

미르치는 이런 노래를 자주 부르곤 했다. "쿠퍼에 있다가는 아예 위로 올라가지." 천국으로 간다는 얘기였다. 파티마가 위로 올라간다면 제루니사의 남편과 아들과 딸은 10년 넘게 감옥에서 살아야 할 것이다.

카람은 특수 행정관의 요구를 무시한 채 개인 병원을 조건으로 파티마의 남편과 직접 타협을 시도하겠다는 아내의 의견에 동의했다.

"알았어." 이렇게 말해놓고 제루니사는 울음을 터뜨렸다. "하지만 그럼 또 어떻게 될까? 공무원이라는 여자는 화가 나서 우리를 엿먹이고 싶어 하는 사람들한테 진술을 받을 거야. 만약 우리가 대대로 살아온 마을의 동족이었다면 우리를 생각해서 진실을 말해줄 거라는 희망을 걸 수 있겠지만, 이 도시에서 우리는 완전히 외톨이잖아."

부슬비가 내리기 시작했다. 압둘은 경찰서 지붕에 떨어지는 빗소리를 들으며 언젠가 칼루를 따라가서 봤던「얼라이브」라는 액션 영화를 떠올렸다. 연유도 모른 채 감옥에 갇힌 주인공은 기약 없이 계속되는 납득할 수 없는 상황에 미쳐갔다. 칼루는 주인공이 탈출해서 자신이 감옥에 갇히게 된 이유를 알아내고, 등에 칼을 맞아 그 칼끝이 몸을 뚫고 나온 상태에서도 악당들을 전부 망치로 때려죽이는 마지막 부분을 좋아했다. 하지만 압둘은 그 남자가 파티마네 집과의 사이에 있는 것보다 훨씬 단단해 보이는 벽을 몇 년에 걸쳐 조금씩 파낸 끝에 작은 구멍을 내는 데 성공했던 장면을 떠올렸다. 그 틈으로 내민 남자의 손에 빗방울이 떨어졌었다.

집에 있었을 때는 바사이에서 사는 것에 대한 막연한 환상과 좀 더 현실적인 건강 문제를 제외하고는 미래를 깊이 고민해본 적이 없었다. 나도 아버지처럼 폐가 망가질까? 오른쪽 어깨는 앞으로 굽을까? 쪼그려 앉아 폐품 분류를 10년쯤 하다 보면 그렇게 되기 십상이었다.

일찌감치 고물상의 삶을 받아들인 압둘은 미르치, 가장 많은 걸 갖춘 만주, 아니면 지금과는 다른 삶을 살 수 있을 거라고 믿는 안나와디의 청소년들을 자신과 다른 별종이라 여겼다. 압둘이 원하는 미래는 과거와 같되, 다만 돈이 더 많은 상태였다. 그의 집보다 더 가난했던 어떤 이웃의 분노는 계산에 없었다.

어머니 말로는 옛날에는 가난해도 이마에 신이 적어놓았다는 운명을 받아들이고 서로 정을 나누며 평화롭게 살았다지만, 압둘은 정말 그랬을지 잘 믿기지 않았다. 그래도 어머니가 다 같이 비참하게 사는 걸 원하지 않는다는 것만은 분명했다. 곤궁한 삶이 어떤 건지 잘 아는 어머니는 그 생각에 진저리를 쳤고, 현대의 치열한 경쟁에 대비해서 아들을 키웠다. 지금은 어떤 사람은 위로 올라가고 어떤 사람은 아래로 떨어지는 시대였고, 제루니사는 압둘에게 너는 체구가 작으니 위로 올라가야 한다고 가르쳤다. 2005년의 대홍수에 많은 걸 잃었지만 그건 안나와디에 사는 사람들 대부분이 마찬가지였다. 압둘은 이렇게 혼자 동떨어져 있는 것에 대해서는 어머니도 미처 대비를 시키지 못했다고 생각했다.

오늘이 며칠쯤 됐을까? 여기 들어온 지는 얼마나 된 걸까? 매질을 당하고 있는데 옆방에서 전화벨이 울렸다. 무전기가 치직거리는 소리를 듣고 압둘은 옆방이 일종의 컨트롤 센터인 모양이라고 생각했다. 경찰들이 전부 마라티어를 써서 무슨 말을 하는지 놓치지 않고 알아들으려면 안간힘을 써야 했다. 압둘은 무죄가 분명한데도 유치장에 갇혀 매를 맞는 당면한 문제를 걱정하는 것 외에 경찰들이 한 말을 이해하려고 노력하면서 시간을 보냈다.

경찰들은 그의 손을 노렸다. 거기에 그의 생계가 달려 있다는 걸 알기 때문이었다. 작은 손에 불거진 핏줄, 녹을 만지느라 가실 날이 없는 노란 얼룩. 고물을 다루다 보면 으레 생기기 마련인 베이고 아문 자국들. 압둘이 손을 심하게 다쳤던 건 단 한 번, 자전거 바퀴살에 깊이 찔렸을 때뿐이었다.

압둘은 정신이 몽롱해졌다. 옆방의 통화 소리가 아득해졌다. 잠시 후 목소리가 다시 또렷하게 들렸고, 압둘은 경찰 누군가가 자신에 대해 얘기하고 있다는 걸 알았다.

"불구자를 때렸다는 놈들…… 애비 말고 아들…… 하지만 아무도 때리거나 하지는 않았어. 아샤…… 아니, 그런 게 아니라니까."

전화를 건 사람이 아샤라는 걸 알고 압둘은 흠칫 놀랐다. 어머니가 돈을 주지 않기로 마음을 바꾸자 더 심하게 매질을 하라고 전화한 걸까?

그러더니 갑자기 비공식 유치장에 토칼레 경찰이 들어왔다. "아샤 말이, 이 애는 누구한테 불을 지르지도 않았고, 안나와디에서 어떤 문제도 일으키지 않았으니까 때려봐야 소용이 없다는데." 토칼레는 가죽끈을 쥐고 있는 동료에게 말했다. 압둘의 매질은 끝났고, 그 후로는 압둘뿐만 아니라 그의 아버지도 두 번 다시 구타를 당하지 않았다. 발에 차고 있던 족쇄도 풀렸다.

압둘은 이 상황을 이해해보려 했다. 아샤의 아들인 라훌이 미르치와 절친한 사이니까, 어쩌면 라훌이 압둘을 보호해달라고 어머니를 설득했을지도 모른다. 어쩌면 아샤가 마이단에서 폐품을 분류하는 압둘을 오랫동안 지켜보면서 일을 열심히 한다는 걸 알았고, 말 없는 칠푼이 같은 아이에게 가혹 행위를 할 필요가 없다고 생각했을지도 모른다.

압둘의 아버지가 짐작하는 이유는 좀 더 현실적이었다. 통화 내용과 이런 상황이 결국 제루니사에게 전달될 것을 노리고 아버지와 아들에게 뭔가 보여주기 위해 벌인 쇼라는 것이었다. 아샤와 토칼레는 그런 식으로 공모할 때가 많았다. 이번엔 토칼레가 압둘 부자가 유치장에서 크게 다치지 않도록 힘을 쓸 수 있다는 걸 과시했고, 그걸 대가로 제루니사에게 돈을 받아내려는 술책이었다. 아샤도 자신이 사하르 경찰서에 실질적인 영향력을 갖고 **있다**는 걸 후사인 가족들에게 입증하면 한몫 챙길 가능성을 높일 수 있었다.

하지만 카람은 뒤에 숨은 이런 이유를 아들에게 설명해서 상처를 주고 싶지는 않았다. 누군가 가족들을 위해 정신없이 일하던 자신의 모습을 갸륵하게 여겨서 그저 선의로 보호해주려 한다고 믿게 놔두는 편이 낫다고 생각했다.

분신 나흘째 되던 날, 해 질 무렵에 무슬림 수도승인 파키르가 축복을 내리고 악귀를 쫓아준다는 공작 깃털 빗자루를 들고 안나와디에 나타났다. 파키르가 안나와디를 찾는 일은 드물었는데, 자신들의 신비로운 기도에 시주를 할 무슬림 신도가 적기 때문이었다. 케카샨은 늙은 파키르를 보고 반색했다. 유치장에서 아름다운 젊은 여성에게 일어날지 모를 일들을 걱정한 어머니가 토칼레에게 딸의 수감을 최대한 미뤄달라고 사정사정했지만, 케카샨도 경찰서 출두 명령을 받은 상태였다. 파키르의 축원이 간절했다.

브래지어에서 10루피짜리 지폐 한 장을 꺼내 쥔 케카샨은 수도승의 빗자루가 정수리에 닿을 때 눈을 감았다. 그러면서 파키르가 자신을 빗자루로 때리지 않는 것에 안도했다. 흑주술을 풀어내는 **즈하드-풍크**라는 의식을 치르면서 그렇게 하는 파키르들도 있기 때문이다. 케카샨은 그게 고객의 만족을 고려하는 일종의 현대적인 마케팅 차원이라기보다 파키르가 자신에게 달라붙은 악귀를 보지 못했기 때문일 거라고 믿고 싶었다. 케카샨이 수도승의 축복이 온몸 구석구석으로 깊숙이 스며들도록 가만히 앉아 있는 동안, 파키르는 파티마네 집으로 향했다.

파티마 남편이 눈을 부라리며 집 밖으로 냅다 달려 나왔다. "당신은 손이 없소, 발이 없소? 지금 **나한테** 구걸을 하러 온 게요? 이런, 맙소사! 가서 당신 힘으로 벌어먹어. 가서 일을 하라고!"

파키르는 하늘을 올려다보고는 쿠르타(편자브 지방에서 주로 입는 튜닉 모양의 상의—옮긴이) 주머니 속의 황금 실을 만지작거리며 뒤로 물러났다.

그 모습을 본 케카샨은 마음이 심란했다. "알라신이시여! 파키르를 내쫓아서 그의 저주를 자청하다니!" 파티마의 남편이 수도승에게 막말을 해서 불운을 불러들였고, 그 불운은 후사인 가족에게도 화근이 될 터였다.

2부. 모두의 운명을 바꿔버린 사건

"저 남자한테 무슨 일이 있었나?" 수도승이 물었다.

"부인이 자기 몸에 불을 질렀어요." 케카샨이 목소리를 낮춰서 소곤거렸다.

"그러면 부인은 언제 죽었지?"

"아니! 안 돼요!" 케카샨은 저도 모르게 소리를 질렀다. "그녀가 목숨을 유지하도록 빌어주세요. 안 그랬다간 우리가 곤경에 처하게 돼요."

파티마의 딸 누리가 케카샨에게 달라붙었다. 아이는 엄마가 몸에 불을 지르는 모습을 본 후로 케카샨한테 매달려 떨어지지 않았다. 누리가 말했다. "오늘은 남자 놀이를 하는 중이야. 말도 남자처럼 하는 거야."

"내 여동생인 타부도 그러는데." 케카샨은 심란한 마음을 떨치지 못한 채 대꾸해주었다. "그 애는 남자 옷만 입으려고 들고, 못하게 하면 울거든." 케카샨은 울지 말자고 다짐했다. "가서 쌀을 가져와. 쌀을 씻어야겠다." 몸을 일으켜 옷에 묻은 먼지를 털어내며 미르치에게 말했다. "오늘은 누가 물을 길어올 차례지?"

막내인 랄루는 이제 엄마의 욕을 따라 할 만큼 컸다. "당장 저녁을 차리지 않으면 눈깔을 파버릴 거야." 그런가 하면 여동생 꼬맹이는 파를레지 비스킷을 자기만 적게 줬다며 목이 터져라 울고 있었다.

수도승이 축원을 모두 마치고 안나와디를 떠날 때 후사인네 집의 풍경은 다른 집과 별반 다르지 않았다. 밤의 장막이 내릴 무렵이면 빈민촌 사람들은 있는 것들로 상을 차리고, 그때만큼은 욕을 줄인 채 눈물자국 위에 입을 맞추곤 했다. 다음 날 아침 파티마는 하얀 철제 상자에 담겨 집으로 돌아왔다.

그녀를 죽인 건 감염이었다. 의사는 병원 책임을 무마하기 위해 기록을 고쳤다. 파티마가 입원할 당시 전신 35퍼센트였던 화상이 죽고 나자 95퍼센트, 어떻게 손써볼 여지가 없었던 치명적인 상태로 변했다. "녹색 빛이 도는 누르스름한 딱지가 화상 부위를 뒤덮고 있었고 지독한 악취를 풍겼다." 사망 진단서에는 이렇게 적혔다. '뇌충혈, 폐충혈, 심부전.' 파티마의 진료 기록은 빨간 끈으로 묶여서 시체 안치실의 기록 보관소로 넘어갔다. 바닥에 수북이 쌓인 서류철 사이에서는 들개들이 잠을 잤고, 창문으로 새들의 노랫소리가 들려왔다. 창밖의 야자나무를 점령한 점박이 비둘기 떼가 구구거리며 다른 새들의 노랫소리에 가락을 더했다.

죽은 파티마는 다시 오그라들었다. 상자의 절반이 비어 있었다. 안나와디 사람들이 전부 나왔다. 하지만 분신 때와 마찬가지로 구경꾼들은 일정 거리 이상 다가가지 않았다. 빈민촌은 정적에 휩싸였고, 시체를 씻으려고 얼굴을 가린 제루니사와 케카샨이 오두막에서 나오자 더 조용해졌다.

파티마의 죄를 씻어내는 이 중대한 의식은 오로지 무슬림 여자만이 행할 수 있었다. 제루니사는 늘 입버릇처럼 말하곤 했다. 무슬림은 좋을 때나 힘들 때나 함께해야 한다고. 망자에게 이제 죽어서 곧 땅에 묻히게 된다고 말해주는 게 전통이기 때문에, 후사인 모녀는 물과 장뇌유를 담은 그릇에 헝겊을 적시면서 그 말을 중얼거렸다. 두 사람은 흰 모슬린 천을 들춰가며 파티마의 몸을 닦기 시작했다. 긴 다리를 닦고 나서 반쪽짜리 다리를 닦은 다음에는 검게 번들거리는 얼굴로 천천히 올라갔다. "입을 닫아야지." 누군가 말했다. "파리가 들어가잖아."

파티마의 몸을 깨끗이 닦아 죄를 씻어낸 후 케카샨은 관을 닦고 집에 있는 제일 좋은 누비 면 이불을 가져다 그 위에 덮어 씌웠다. 작은 체크무늬가 들어간 파란색 이불이었다. 이제 파티마는 1.6킬로미터 남짓 떨어진 묘지로 가고, 케카샨은 감옥에 가야 할 처지였다. 그녀는 기어이 기소되고 말았는데, 후사인 집안 사람들이 자신을 구타해서 분신에 이르게 되었다며 그중 가장 심한 폭행을 가한 장본인으로 압둘을 지목했던 파티마의 두 번째 진술이 근거가 됐다. 한 경찰은 제루니사에게 기소장을 보고 싶으면 5000루피를 따로 내라고 했다.

제루니사는 집으로 돌아와 흐느껴 울었다. 옆집 여자의 몸을 마지막으로 닦아준 헝겊을 그때까지도 손에 쥐고 있었다. 제루니사가 그토록 서럽게 운 이유는 남편과 아들, 딸의 기막힌 처지 때문이 아니었다. 앞으로 헤쳐나가야 할 커다란 부패의 거미줄 때문도, 더 비열한 자가 덜 비열한 자를 벌하는 혼돈의 소용돌이 같은 사법제도 때문도 아니었다. 그녀는 자신도 어쩔 수 없는 것이 아닌, 제 손아귀에 있었던 것 때문에 울었다. 제 몸을 무기 삼아 이웃을 무참히 공격한 여자에게 이별 선물로 준 아름다운 누비이불이 아까워서 울었다.

무슬림의 묘지에는 남자만 갈 수 있었다. 미르치는 관을 운구하는 파티마 남편 옆에 서 있었다. 장뇌 냄새를 풍기는 관이 분주한 공항로에 접어들었다.

빈민촌 사람들의 장례 행렬은 공항 도시의 거대한 욕망 앞에서 더 작아 보였다. 거대한 광고판은 《피플》이라는 잡지의 인도판 창간 소식을 전했다. 하얏트 호텔에는 운전기사가 모는 검정색 세단이 줄을 이었다. 제약 회사가 주최한 컨벤션에 참가했다가 자유 시간을 이용해 도시 구경을 나가는 사람들이었다. 릴라 호텔에서는 미국 유니버설 영화사의 테마파크 관계자들이 인도 시장 진출 계획을 긍정적으로 전망하고 있었다. "인도는 부유층 비율이 낮긴 하지만, 절대 수치를 봐야 합니다. 그 숫자는 이번 일을 추진하기에 충분하다고 판단됩니다. 디즈니는 거론할 필요가 없습니다. 최강의 브랜드는 우리니까요. 「스파이더맨」과 「미라의 복수」, 그리고 「해리 포터」도 현재 좋은 결과를 보여주고 있습니다. 저도 압니다. 그래도 디즈니월드에 가서 경쟁자의 상황을 살펴봐야 한다는 의견이 있다는 것을. 하지만 전 그럴 수가 없습니다. 저는 승부욕이 너무 강해서 반론은 거들떠볼 여력이 없거든요……"

정신없이 뒤엉키는 교차로를 가로지른 흰 관은 마롤 시립 학교를 지나고 또 다른 빈민촌의 좁은 골목을 이리저리 지난 끝에, 물때로 얼룩진 녹색 모스크와 파파야 나무 한 그루가 있고 비둘기가 떼 지어 돌아다니는 묘지에 도착했다.

파티마는 물에 빠져 죽은 두 살배기 딸 옆에 묻혔다. 그리고 남은 두 딸은 며칠 뒤에 폴레트 수녀의 손에 맡겨졌다. 딸들을 사랑하는 아버지는 마음이 찢어질 듯 아팠다. 하지만 그는 집을 비운 채 하루에 14시간씩 폐품을 분류했고, 인근의 술꾼들은 혼자 집을 지키는 소녀들을 겁탈하기도 했다.

8
마스터

다시 비가 퍼부었다. 세찬 빗줄기가 살에 닿는 느낌이 얼얼할 정도였다. 천지가 물에 젖어도 상류 도시에서는 우기의 낭만을 이야기했다. 나른한 섹스, 기분 전환용 쇼핑, 갓 튀겨낸 잘레비(인도식 꽈배기—옮긴이)만 있으면 7월에서 8월로 훌쩍 넘어간다고 했다.

안나와디의 오수 웅덩이는 살아 움직이는 생명체처럼 슬금슬금 앞으로 기어나왔다. 병든 물소는 젖어서 값어치가 떨어진 폐품 더미에 코를 디밀고 먹을 걸 찾으면서 안나와디의 수도꼭지는 감히 따라갈 수 없는 속도로 잘못 고른 먹을거리의 결과를 배설해댔다. 병에 걸린 사람들도 진흙 발자국을 찍으며 말했다. "뱃속이며 가슴에 불이 난 것 같아." "밤새 통증이 다리를 따라 오르락내리락하더라고." 오수 웅덩이의 개구리들이 안쓰럽다는 듯 울어댔지만, 집에 들어앉은 사람들은 개구리들의 합창을 들을 수 없었다. 철제 지붕을 두드려대는 빗소리는 빈민촌의 가짜 얼룩말들이 그 위를 내달리는 것만 같았다.

수닐이 언제 누구한테서 들었는지는 기억 나지 않지만, 비가 내리면 사람들의 고약함도 씻겨 내려간다고 했다. 그건 잘 몰라도 얼룩말의 줄무늬가 씻겨 내려가는 건 분명했다. 비가 내리는 동안 얼룩말의 실체가, 꼬챙이처럼 앙상한 뼈에 가죽을 인색하게 덮어씌운 것 같은 늙은 말이라는 사실이 밝혀졌지만, 빈민촌장 로버트는 가르니에 뉴트리스 염색약으로 까만 줄무늬를 새로 칠했다.

우기에는 공항의 통행량이 줄고 건축 공사도 중단되기 때문에 평소보다 쓰레기가 줄었다. 미티 강 위로 뻗은 수닐의 콘크리트 턱도 비바람에 깨끗해졌다. 수닐은 공항로를 따라 있는 담벼락 뒤에서 약간의 위안거리를 발견했다. 비에 젖은 밀림 같은 그곳에 보라색 연꽃이 여섯 송이 피어났다. 수닐은 행여 다른 아이들이 꽃을 꺾어다 팔지 모른다는 생각에 아무에게도 이 발견에 대해 말하지 않았다.

수닐은 비밀스레 간직한 연꽃을 조심조심 돌아서 어쩌다 떠 있는 슬리퍼나 물통 같은 것들을 건져내려고 가다가 이따금 제루니사를 지나치기도 했다. 평소와 달리 부르카를 쓴 그녀는 진흙탕 길을 너무 급히 걷느라 계속 발이 미끄러졌다.

넝마주이들은 제루니사가 변호사 비용을 대기 위해 오두막 뒷방을 팔았다고 수군거렸다. 수닐은 그녀가 무슨 수를 써서라도 압둘을 빼내 오길 바랐다. 압둘 대신 저울을 재는 미르치는 영 소질이 없었기 때문이다. 압둘의 동생은 물건의 값어치를 전혀 몰랐고, 수닐이나 다른 넝마주이들이 도와주려고 하면 오히려 약점이나 건드렸다.

넝마주이들은 약점이나 물건 값에 민감했다. 그러다 보니 경쟁 관계인 비디오 오락장 주인의 사업이 상대적으로 번창했다.

미르치가 경험이 부족해서 장사를 망치고 있다는 걸 제루니사도 알았지만, 형사사건이 걸린 판에 넝마주이들을 직접 상대하고 있을 수가 없었다. 어린 자녀들을 먹이고 씻길 시간조차 없을 정도로 바빴다. 비에 초토화된 뭄바이 전역의 빈민촌에 흩어져 사는 친척과 친지들을 찾아다니며 제루니사가 무릎을 꿇고 "제발 병든 남편과 아들, 딸을 감옥에서 꺼내올 수 있도록 보석금을 빌려달라."고 사정하는 동안 동생들을 돌보는 일까지 미르치가 맡아야 했다.

제루니사는 한 집에서 구구절절한 사정을 늘어놓으며 동정심을 자극하다가 굴욕적인 마음으로 다음 집을 찾아갔다. 그나마 어느 집에서는 짧게 끝났다. 압둘과 약혼할 여자의 집이 있는 사키나카까지 부르카 차림으로 물속을 헤엄치듯 찾아갔지만, 여자의 아버지는 아침 나절을 동네 술집에서 보내고 온 사람을 보듯 제루니사를 쳐다봤고, 그것으로 모든 것이 끝났다.

문제는 보석금을 마련할 담보가 없다는 것이었다. 글을 읽을 줄 모르는 어머니를 대신해서 미르치가 서류를 살펴봤다. 카람은 회색 플라스틱 통에 이크발의 시집 몇 권, 우르두어 스릴러 소설 한 권과 함께 서류를 보관해두었다. 미르치는 집안의 재산 상태를 보여주는 다섯 장의 서류를 꺼냈다. 수레는 카람이 폐품을 재활용 공장으로 싣고 가려고 샀던 것인데, 지금 넝마주이의 물건을 구매하는 입장이 될 수 있었던 데에는 이 수레의 힘이 컸다. 집은 뭄바이 생활을 청산하고 되돌아가는 이민자에게서 매입했고, 오두막 옆의 창고에는 값이 떨어진 물건을 잠시 쌓아뒀다가, 판매 시점을 조정했다. 수레에 비해 훨씬 많은 물건을 옮길 수 있는 낡은 삼륜 트럭, 그리고 예치금을 지불한 바사이의 토지도 있었다. 하지만 이 서류들에는 전부 카람 후사인의 이름만 적혀 있었다.

"엄마, 마음을 편히 가지세요. 전 잘 있어요." 케카샨은 보석금을 내지 못하는 이유를 설명하러 바이쿨라에 있는 여자 교도소로 찾아온 어머니를 안심시키려고 거짓말을 했다.

하지만 뭄바이에서 가장 크고 악명 높은 아서로드 교도소에 수감 중인 카람은 아내가 찾아왔을 때 그런 이해심을 발휘할 수 없었다. 제루니사는 남편을 만나기 위해 네 시간이나 줄을 서서 기다리고, 간수와 경찰관 들에게 미리 돈도 찔러줬다. 교도소는 적정 수준보다 네 배쯤 많은 인원을 수용하고 있었다.

"절망적이야." 남편은 아내에게 하소연했다. 감방은 사람이 너무 많아서 반듯하게 누울 수가 없었다. 숨도 제대로 못 쉬고 음식을 삼키기도 힘들 만큼 비좁았다. 카람은 그러게 왜 파티마한테 싸움을 걸었느냐며 아내에게 호통을 치다가, 당장 나를 여기서 빼내라고 소리를 질렀다. 제루니사가 손 놓고 있기라도 한 것처럼. 파티마를 두드려 패겠다고 협박한 멍청이는 자신과 아무 상관없는 것처럼. 각종 서류에 아내 이름을 누락해서 일을 어렵게 만들어놓고도.

제루니사는 면회를 마치고 돌아설 때는 화가 치밀었지만, 그런 마음은 오래 가지 않았다. 사리분별을 할 줄 아는 뭄바이 사람이라면 누구나 아서로드 교도소라는 이름만 들어도 치를 떨었고, 비록 그 당시에 사리분별이 명확하다고 하기 힘든 상태이긴 했지만 제루니사도 마찬가지였다. 하찮은 싸움 한 번에 병든 남편이 중범죄자가 되어 아서로드에 갇혀 10년 형을 앞두게 되리라고는, 그녀도 몰랐고 남편도 예상하지 못했다.

하루는 앞도 제대로 볼 수 없을 만큼 세찬 소나기를 맞으며 교도소 입구에 서 있는데, 랄루가 부르카 때문에 젖을 물 수 없다며 욕을 해댔다. 제루니사는 남편 소유의 휴대전화를 받기 위해 랄루를 다른 쪽 팔로 옮겨 안았다. 전화한 사람은 사하르 경찰서에서 유일하게 같은 편이라고 생각하고 있던 토칼레 경사였고, 그는 랄루보다 더 사납게 화를 냈다. 이번 사건을 도와주면서 돈을 받았다는 사실을 어떻게 안나와디 사람들이 알게 됐느냐는 게 용건이었다.

하지만 그녀가 무슨 말을 할 수 있겠는가? 가족들이 체포되고 몇 주 동안 반쯤 넋 나간 사람처럼 돌아다니면서 손에 잡히는 대로 아무나 붙들고 가슴에 있는 얘기를 모두 토해냈는데. 유치장에서 구타당하며 비명을 지르는 아들과 경찰에 이끌려 감옥으로 사라지는 순한 딸을 보면서 제루니사의 머릿속에 떠오르는 말이라곤 **카야마**

트, 말세라는 말뿐이었는데.

그때부터 제루니사는 잠을 잘 수 없었다. 그 전이라고 제대로 잤던 건 아니었지만 그날 아침에는 어느 교도소에 와 있는지도 분간이 되지 않았다. 세찬 빗줄기에 물안개가 희게 꿈틀거렸다. 그 순간에도 랄루는 이런 말을 내뱉고 있었다. "개한테나 물려버려라!" 점심 도시락을 잔뜩 싣고 사무실로 배달 가는 소년들의 자전거가 옆으로 휙휙 지나갔다. 사이피 병원의 주야 수송 앰뷸런스는 바퀴가 펑크 난 모양이었다.

수화기 너머에서는 토칼레가 여전히 소리를 지르고 있었다.

"그렇기는 한데 꼭 그런 건 아니에요, 사아브." 제루니사의 목소리가 간절했다. "제가 지금 밖에 나와 있어요. 병원에 있어요. 누가 그러던가요? 아니요, 사아브. 아닙니다. 그 사람들이 있지도 않은 얘기를 지어내고 부채질을 해서 사아브가 이렇게 저한테 화를 내시는 겁니다. 전 지금 병원이에요. 건강이 아주 나빠졌어요. 제발 제 말씀 좀 들어주세요. 아들하고 딸 걱정에 너무 무리를 했나 봅니다. 아닙니다, 나리. 제가 신세를 졌죠. 누가 그런 말을 했는지는 모르겠지만 정신 나간 인간이에요. 아니요, 나리. 저는 아무 말도 안 했어요."

해 질 무렵, 구름이 밀려오는 우기의 하늘이 붉게 물들어갈 때, 그녀는 경찰서 앞에서 무릎을 꿇고 용서를 빌었다. 화가 난 경찰이 가족에게 닥친 불행을 얼마나 더 어렵게 만들 수 있을지는 오직 알라신만이 알았다.

재판은 몇 년이 걸릴지도 모르는데, 오두막 뒷방을 넘기고 받은 돈은 이미 바닥이 났다. 미르치가 고물로 돈을 번다지만, 식비로 쓰고 나면 남는 건 거의 없었다. 오두막 옆의 창고도 팔아야 할까? 남편이 감옥에 들어가 있으니 모든 걸 혼자 결정해야 하는데, 지금껏 그녀의 선택은 죄다 잘못인 것만 같았다. 남편한테는 아니라고 주장하며 살아왔지만, 그녀는 사실 얼간이였는지도 몰랐다.
　경찰서에 처음 갔던 그날 파티마의 화를 진정시키겠다는 아샤에게 돈을 줬어야 했다. 증인의 진술을 좌지우지할 수 있다는 특수 행정관에게도 돈을 줬어야 했다. 아들의 구타를 막고 딸의 구속 시점을 미뤄달라면서 토칼레에게 돈을 준 사실에 대해서는 함구했어야 했다. 그래도 제루니사가 잘했다고 확신하는 게 하나 있었는데, 그건 압둘과 관련된 결정이었다.

　경찰은 압둘을 성인으로 기소할 예정이었다. 겉모습이 성인처럼 보이는데다, 제루니사에게 아들의 나이를 입증할 증빙 서류가 없었기 때문이었다. 압둘은 아버지와 함께 아서로드 교도소에 수감될 예정이었다. 압둘의 정확한 나이는 제루니사도 몰랐다. 이번 사건이 있기 전까지 누가 장남이 몇 살이냐고 물으면 열일곱 살이라고 대답했지만, 어쩌면 스물일곱 살일지도 몰랐다. 아이들 입에 먹을 걸 넣어주기 위해 아등바등 살아야 하는 사람들은 그 아이들이 몇 살인지 기억할 여력이 없었다. 안나와디의 많은 어머니들이 그렇게 아이들을 키웠다.

아샤도 이제야 아이들의 생일을 적당히 정해서 케이크를 만들어 놓고 기념했다. 생일이 1월인 만주는 2년째 18번째 생일을 맞았다. 딸의 신부 가치를 떨어뜨리지 않으려는 꼼수였다.

압둘은 생일상을 차려달라고 한 적이 없었다. 그저 태어난 해와 날짜를 알고 싶을 뿐이었다. 어머니는 자신이 아는 것밖에 말해줄 게 없었다.

"네가 태어나기 전에 어디에선가 사담 후세인이라는 사람이 많은 사람을 죽였어. 한 해 전이었나? 두 해 전이었을지도 모르겠다. 아휴, 뱃속에서 네가 얼마나 발길질을 해대던지. 나중에 네 동생들하고 비교해도 정말 심했단다. 그래서 내가 아프다고 계속 울었더니 사람들이 나더러 뱃속에 사담 후세인이 들어 있는 것 아니냐고들 했지. 그런데 태어난 걸 보니 어찌나 작던지. 사담은커녕 쥐새끼 같았단다. 그래도 이름은 순한 걸로 골랐어. 사람들 말대로 되지 않을까 은근히 걱정이 됐거든. 압둘 하킴, 독학으로 의술을 터득해서 사람들의 병을 고쳐준 지혜로운 사람. 너는 커가면서 사담 같은 모습을 전혀 보이지 않았고, 그래서 마음을 놓았단다."

차라리 사담과 비슷했다면 청부 살인자, 변태 성욕자, 범죄 집단의 조직원들이 우글거리는 아서로드 교도소에 수감된다고 해도 이렇게 속이 울렁거릴 정도로 걱정되진 않았을 것이다. 그런데 자신이 벌인 싸움 때문에 아들이 아서로드에 갇히고, 심지어 강간까지 당할지 모른다고 생각하니 덜컥 겁이 났다. 그 사태를 막기 위해 그녀가 궁리해낸 방법은 돈을 써서 아들의 출생 기록을 만들어 청소년으로 기소되게 만들자는 것이었다.

제루니사는 마이단을 가로질러 색싯집 주인을 찾아갔다. 마약 거래와 매춘 알선과 갈취 등등 웬만한 사람은 짐작도 못할 온갖 나쁜 짓을 저지르고도 실제로 감옥에 들어간 건 두 번뿐인 사람이라면 어디에 뇌물을 써야 할지 잘 알 거라고 생각했다.

색싯집 주인은 그게 자기 전문이라며, 적절한 대가만 보장된다면 힘껏 도와주겠다고 했다. 그런데 출생 서류는 그가 지금껏 주로 이용해온 분야가 아니었다.

그러면 그런 기록이 필요할 때 어디다 뇌물을 써야 하는지는 누구한테 물어봐야 할까? 당연히 사하르 경찰이었다. 그제야 제루니사는 며칠 전부터 경찰 한 명이 이런 암시를 넌지시 해왔다는 걸 깨달았다.

그의 조언대로 그녀는 마롤 시립 학교를 통해 어떤 경찰의 주머니에 돈을 찔러주었다. 그리고 원하던 것을 손에 넣었다. 마롤 시립 학교에 재학했던 압둘 하킴 후사인이 열여섯 살이라는 위조 서류였다. 어디로도 미성년자로는 보이지 않는 아들이 최소한 사법제도에서만큼은 미성년자 대우를 받게 되었다.

뭄바이 청소년 감호소는 안나와디에서 20킬로미터 정도 떨어진 동그리라는 곳에 있었다. 처음에는 경찰 호송차 뒷칸에서 스물다섯 명 사이에 끼인 채 실려갔다. 그러다 반드라의 법원에서 미성년자로 분류된 후에는 지루한 표정을 감추지 않는 여자와 함께 택시를 타고 동그리까지 갔다. 여자의 어깨 너머로 윤택한 중산층 무슬림 동네의 저녁 풍경이 보였다.

암녹색 모스크 양쪽으로 즐비한 상점에는 세찬 빗줄기에도 아랑곳 않고 상품들이 넘쳐났다. 할랄('허용된'이라는 뜻으로, 이슬람법에서 허용한 먹을거리) 푸줏간. 무슬림 가구점. 나지르 약국. 하비브 병원. 고리마다 국자가 줄줄이 걸린 주방용품점. 밝은 노란색으로 문을 칠한 식당. 전봇대에는 정계 입문을 꿈꾸는 무슬림의 준비를 도와준다는 광고 현수막이 누더기가 된 채 걸려 있었고, 인적이 사라지기 전에 폭죽을 팔기 위해 좌판을 펼친 남자도 있었다.

그러다 이끼에 덮인 돌담이 한없이 이어졌다. 그 돌담은 전면에 유일한 철문에서 단 한 번 끊어졌다. 동그리 감호소의 출입문은 희한하게 작아서, 압둘은 어린이의 키에 맞춘 모양이라고 짐작했다.

몸을 수그리고 안으로 들어가는 대신 냅다 도망을 칠 수도 있었다. 호송 책임자는 딴생각을 하는지 손도 건성으로 잡고 있었다. 하지만 압둘은 그 문을 지나 중간중간에 힌두 신상을 모셔놓은 어두침침한 복도를 걸어갔다. 복도가 끝난 곳에서 야자수 한 그루가 있는 환한 중정이 나왔을 땐 깜짝 놀랐다.

감호소는 19세기에 영국인들이 지은 근사한 사암 건물을 중심으로 그 이후 방갈로와 헛간을 합쳐놓은 듯한 건물들이 추가되어 만들어졌다. 다른 아이들은 식민지 시절에 여기서 교수형이 집행됐고 그들의 피 묻은 뼈가 지하실에 쌓여 있으며 밤이면 그 유령들이 돌아다닌다고, 이제 막 들어온 압둘에게 말했다. 다른 안나와디 아이들처럼 압둘도 유령이 무서웠지만, 그런 얘기를 들어도 심란하지는 않았다. 살아 있는 사람들이 너무 두려운 나머지 유령에 대한 무서움이 가신 모양이었다.

옷을 모두 벗고 지나치게 큰 죄수복을 받은 압둘은 헛간 같은 건물에 새로 온 수감자들과 비좁은 공간에 갇혔다. 창문에는 덧문이 달려 있었다. 입 냄새와 몸 냄새로 탁해진 공기 속에 한 시간쯤 있으려니 숨이 막히고 정신까지 혼미해졌다. **여기 더 있다간 꼬마 아이를 토막 내서 먹어버릴 것 같아**. 그러다 자신이 그런 생각을 했다는 사실에 경악했다. 나중에 문이 열리고 로티를 나눠줬을 때도 속이 울렁거려서 도저히 먹을 수가 없었다.

그러다가 청소년 수감자 등록을 하러 교도소장 사무실에 갔다. 그곳은 고맙게도 창문이 열려 있었다. 가슴이 딱 벌어진 대머리 소장은 무자비하다기보다 무심해 보였다. 얼마 전 인도 최고의 구독률을 자랑하는《타임스 오브 인디아》신문에 "동그리 감호소는 생지옥"이라는 제목의 폭로 기사가 실렸다. 인권 운동가들이 찾아와 속바지도 입지 않은 어린이에게 변기 물을 억지로 마시게 한 일에 대해 질문을 쏟아냈다. 그 후로 부랴부랴 상황을 개선하는 중이었다.

압둘은 사무실 뒤쪽 바닥에서 여러 소년들 사이에 끼어 앉아 이름이 호명되어 갈색 종이에 인적 사항을 기입할 차례를 기다렸다. 소장 뒤로는 인도 위인들의 초상화가 걸려 있었는데, 열 명 중에 압둘이 확신할 수 있는 건 세 명이었다. 간디는 지폐에 비해 눈이 좀 휘둥그레 하지만 틀림없이 간디였다. 압둘은 이 사람이 가난한 사람들을 위해 살았으며 힌두교도이면서도 무슬림을 좋아했고 인도의 독립을 위해 노력했다는 걸 알고 있었다. 자와할랄 네루도 알 수 있었다. 독립 이후의 인도를 이끌었던 그는 피부가 꼭 백인처럼 희어서 일상에서 보는 여느 인도인과 달랐다. 브힘라오 암베드카르는 빨간 넥타이를 매고 검은 테 안경을 썼다. 그는 불가촉천민도 인간답게 살 수 있는 권리를 위해 싸운 사람이었다. 안나와디에 사는 많은 달리트들이 그의 초상화를 코팅해서 집에 걸어놓았다.

그 밖에 다른 사람들은 소장의 책상 위에 놓인 힌두교 신상들만큼이나 생소했다. 미르치라면 초상화를 보고 위인들의 이름을 척척 댈 수 있을지도 몰랐다. 그런 건 운 좋게 학교에 다닐 수 있었던 아이들이나 머릿속에 담게 되는 정보였다.

인적 사항을 기록한 후에는 감방으로 돌아가서 122명의 소년들과 함께 차가운 타일 바닥에 누웠다. 철제 덧문이 덜컹거리는 소리가 들렸고, 돌담 바깥에서는 동네 상점들이 하나둘 문을 닫고 있었다. 그러다 까무룩 잠이 든 모양이었는데, 그다음으로 들려온 건 인근 모스크의 확성기를 통해 들리는 새벽 아잔(이슬람교에서 기도 시간을 알리는 소리)과 낭랑한 기도문이었다. **알라-우 아크바르**, 신은 위대하시다.

압둘의 아버지는 더러운 몸으로 알라에게 기도를 올리는 건 무례한 짓이라고 여겼고, 그래서 압둘도 **나마즈**, 즉 매일 기도를 거의 올리지 않았다. "기도를 하더라도 일을 생각했어." 나중에 압둘은 누나에게 털어놓았다. 그래도 신도들을 부르거나 녹색 티셔츠 차림의 아이가 모스크 미아 보호소에 있다는 소식을 알리는 무에진(이슬람 사원에서 예배 시간을 알리는 사람—옮긴이)의 소리를 들으면 마음이 차분해졌다. 저런 목소리를 가진 남자가 보호해준다면 어떤 미아라도 안전할 것 같았다.

압둘은 내면에 강력한 확신이 없어서 오래전부터 경제성에 근거해서 알라의 존재를 입증하는 방법을 고안해냈다. 이런 식이었다. "나는 다른 사람들에 비해 이해력이 떨어지지만, 똑똑한 사람 중에 알라 신을 믿는 사람들이 많잖아. 아잔을 알리는 이맘들, 자선을 베푸는 부유한 무슬림들. 이런 사람들이 있지도 않은 신을 위해 이런 일을 하면서 돈을 쓰겠어? 그런 훌륭한 사람들은 돈을 함부로 쓰지 않아." 그렇기 때문에 알라신은 틀림없이 존재했고, 저지르지도 않은 죄 때문에 이렇게 갇히게 된 데에도 알라신의 뜻이 있을 게 분명했다.

곰보 자국이 얽은 간수가 아이들을 깨워 헝겊과 양동이를 나누어주며 수돗가 앞에 줄을 서라고 지시했다. 여기는 안나와디보다 물이 더 잘 나왔다. 경찰서 유치장에서 흘린 땀을 씻어내고 나니 압둘의 기분도 조금 나아졌다. 하지만 이튿날 아침에도 목욕을 하라는 지시에 압둘은 시큰둥했다.

안나와디에서는 매일 몸을 씻을 이유가 없었다. 몸을 말리기 무섭게 다시 더러워질 게 뻔했기 때문이었다. 가끔은 너무 때가 꼬질꼬질해서 어머니가 수건을 코앞에서 흔들어댈 정도였다. "이 멍청아, 몸이 깨끗하면 얼마나 좋은데!" 다른 사람들한테나 좋겠지. 압둘은 목욕이 무의미할 뿐만 아니라 자기를 속이는 짓이라고 생각했다. 새날이라고 깨끗이 씻어봐야 새로운 일이 일어나나? 오늘도 어제처럼 지지부진한 날이 될 거라는 사실을 받아들이고 하루를 시작하는 편이 더 낫다고 생각했다. 그러면 실망할 일은 없었다.

압둘은 간수에게 목욕을 하지 않겠다고 말했다. 그랬더니 간수는 "목욕을 안 하면 아침밥이 없다."고 대답했다. 그게 동그리의 규칙이었다. 압둘은 굶는 쪽을 택했다. 돌이켜 보면 멍청하고 감정적인 처신이었다. 하지만 파티마가 몸에 불을 지른 이후 그는 알고 있던 모든 일상의 이정표로부터 멀어졌다. 더러움에라도 매달려서 예전의 존재를 느껴야 했다.

사흘째 날이 되자 간수는 목욕을 하지 않을 경우 아침을 먹지 못하는 건 **물론이고** 공기가 통하지 않는 독방에 가둬서 어린아이라도 잡아먹고 싶어지게 만들겠다고 으름장을 놓았다. 압둘은 동그리의 목욕 규칙을 받아들이기로 했다. 넷째 날 아침에 압둘의 무릎과 귀, 목은 전에 없이 깨끗해졌다. 그러나 결연한 투항의 대가로 받은 아침식사는 한심했다. 밥에는 돌이 섞여 있고, 빵은 또 얼마나 형편없는지 엄마가 차려준 상에 이런 빵이 있었다면 주머니에 몰래 넣었다가 돼지나 먹으라고 던져줬을 것이다. 같은 감방의 소년들은 대부분 무슬럼이었는데(인도 법은 무슬림에게 유독 가혹하게 적용되었으므로) 다들 바닥에 앉아 아침을 먹으면서 맛없는 음식에 헛웃음을 터뜨렸다. 그들은 미성년자 감호소를 잔돈이라는 뜻의 **칠라르** 하우스라고 불렀는데, 그만큼 아무 가치가 없다는 의미였다.

아침이면 감방의 자물쇠가 풀리고 잔돈들이 밖으로 쏟아졌다. 소년들은 마당에 원을 그리며 달리다가 국가를 부르라고 하면 목청껏 노래를 불렀다. 그런 다음에는 다시 감방에 들어갔고, 바닥에 앉아 아무것도 하지 않았다. 소장실에는 매일의 교육과 직업 훈련을 표시한 일정표가 눈에 잘 띄는 곳에 붙어 있었다. 하지만 압둘은 이런 괴리 때문에 속을 끓이지는 않았다. 동그리에서 무슨 일이 벌어진들, 아서로드 감옥보다는 안전했다.

자유 시간이 되면 소년들은 자신의 일화를 털어놓고 서로의 사건에 조언도 해주었다. 그럴 때마다 반복되는 말이 있었다. "저들이 했다고 주장하는 짓을 했다고 인정하면 풀려나는 거야." 가끔 찾아오는 변호사들도 담당한 소년범에게 똑같은 말을 했다. 인정해, 그러면 사건이 종결되고 집에 갈 수 있어.

압둘은 집에 가고 싶은 마음이 너무 간절해서 죽기 전의 파티마를 때렸다고 말해버릴까 고민했다. 지금도 그녀가 죽었다고 생각하면 이상했는데, 안나와디에 살 때에도 그녀를 완전히 살아 있는 사람으로 느낀 적이 없기 때문이었다. 다른 빈민촌 주민들처럼 압둘도 신체적 장애와 정서적 불안정을 이유로 그녀를 낮은 존재로 강등시켜 생각했다. 하지만 경찰서에서 뼈저리게 깨닫게 된 것처럼 장애가 있는 것과 죽은 것은 완전히 달랐다.

하루는 감방의 열여섯 살짜리 소년이 아버지를 찔러 죽였다고 털어놓았다. 소년은 그건 명예가 걸린 문제였다면서, 아버지가 어머니를 목 졸라 죽였다고 했다. 하지만 경찰에선 두 건의 살인 모두 소년이 저질렀다고 덮어씌웠다.

압둘은 마치 영화 얘기를 듣는 느낌이었다. 다른 아이들은 소년의 유무죄보다 그의 집이 부자라는 얘기에 더 솔깃한 눈치였다. 소년은 은행에 25라크, 그러니까 약 5만 6000달러가 있다고 주장했다. "그렇다면 부모님이 죽었으니까 너는 이제 부자네." 한 아이가 말했다. 소년이 두 건의 살인 사건에서 모두 유죄가 인정되면 유산 상속을 받지 못한다고 설명한 후에도 아이들은 그 돈으로 살 수 있는 자동차와 옷 얘기를 멈추지 못했다.

일하다가 붙들려온 아이들도 많았다. 아동 노동은 압둘이 어렸을 때에도 이미 불법이었지만, 지금도 법이 엄격하게 적용되는 경우는 드물었다. 일곱 살 정도로 보이는 아이 둘은 싸구려 호텔에서 빗자루로 바닥을 쓸다가 잡혀왔다. 그 애들을 보니 어린 동생들 생각에 압둘은 더 측은한 마음이 들었다. 정부가 왜 이 아이들을 부모 품에서 떼어냈는지, 그 이유도 이해할 수 없었다. 저 어린 나이에 일해야 할 만큼 가난하다는 사실만으로도 이미 충분히 벌을 받은 것 같았다.

압둘은 스스로 말재간이 없다는 걸 알기 때문에 동그리에서 처음 며칠 동안은 어울리지 않은 채 혼자 가만히 지냈다. 그러다가 일곱 살짜리들까지 감옥에 가뒀다는 사실에 화가 났다. "저 애들을 여기 가둬놓는 게 무슨 소용이라고?" 어느 날 그가 불쑥 내뱉었다. "저 애들의 얼굴 좀 봐. 삶에 대한 열의가 넘쳐서 지금 당장 벽이라도 깨부술 태세잖아. 정부에서는 저 애들이 일하게 놔둬야 해. 애들을 풀어줘야 한다고."

감옥에 갇혀서야 그는 안나와디처럼 남루하고 초라한 변두리에서 단조로운 노동을 하며 사는 것조차 자유로 간주될 수 있다는 생각이 들었다. 그리고 다른 빈민촌 아이들이 자기 말에 맞장구를 치자 기뻤다.

어느 날 아침, 압둘이 국가를 부르고 있는데 웬 젊은 타밀 여자가 두 살배기 아들을 소장실 앞에 버리고 갔다. 아이를 키울 형편이 못 됐기 때문이었다. 압둘은 비통에 겨운 여자의 얼굴을 차마 쳐다볼 수 없었다. 동정심을 갖다니, 평소의 압둘답지 않았다. 의무와 근심에 짓눌려 살던 안나와디에서는 더 열악한 상황을 보면서도 연민을 느낀 적이 없었다.

어렸을 때 집이 무너지면서 압둘을 제외한 온 가족이 다친 적이 있었다. 그 후로 어머니는 잊을 만하면 압둘이 이기적인 놈이라 무사했다고 말하곤 했다. 그날 어머니가 저녁거리로 잎사귀를 튀겼고 아버지가 그걸 한 입 베어 무는데 압둘은 뭔가 이상한 조짐을 느꼈다. 압둘은 잎사귀를 든 채로 벽이 무너지기 직전에 밖으로 뛰쳐나갔다.

감옥에 갇힌 상태에서는 지킬 것도, 간직할 것도 없었다. 사고 팔고, 분류할 게 없었다. 나중에야 그는 그 시간이 살면서 처음 누려본 긴 휴식이라는 걸 깨달았고, 그 동안 그의 가슴에서도 뭔가 변화가 일어났다.

하루는 압둘과 몇몇 수감자들이 작은 경찰 병원에 갔다. 아무래도 의심이 드는 청소년 범죄자들의 실제 연령을 확인하려는 것이었다. 법의학적 조사로 열여덟 살 이상이라고 판정 나면 아서로드 교도소로 이송될 예정이었다.

검사실에서 압둘은 체중을 달고 키를 쟀다. 49킬로그램에 153센티미터였다. 발가벗은 채로 검사대에 누웠다. 음모는 정상, 얼굴의 털은 '미성년'으로 분류되었으며, 오른쪽 눈썹 위로 오래전에 생긴 다발 모양의 흉터도 공식 서류에 기록됐다. 기본적인 측정이 끝난 후 의사 한 명이 법의학 조사 결과를 들고 들어와서 말했다. 2000루피를 내면 압둘은 열일곱이고, 내지 않으면 스무 살이라고 했다.

압둘은 화를 내며 일어나 앉았다. 2000루피도 없거니와 부자인 의사가 감옥에 갇힌 소년한테 돈을 요구하다니, 이게 될 말이냐고 따졌다. 그러자 의사는 처량한 표정으로 양손을 들어 보였다. "그래, 쓰레기 같은 짓이지. 너처럼 가난한 소년한테 돈을 요구하다니. 그런데 정부에서 주는 돈은 자식들을 키우기에 충분하지 않아. 뇌물을 챙기고 **카미나**가 되지 않을 도리가 없지." 악당이라고 자조한 의사가 압둘을 보며 힘없이 웃었다. "요즘 우리는 돈이 된다면 뭐든 한단다."

압둘은 사근사근한 의사가 안쓰러웠다. 의사가 마음이 약해져서 압둘에게 그냥 열일곱이라는 판정을 내려줬을 땐 안타까움이 더해졌다. 며칠 뒤에 압둘은 심지어 뭄바이의 경찰을 걱정하고 있었다.

비만으로 보이는 웬 경찰이 청소년 범죄자들을 이송한 후 간수 한 명을 붙들고 심장 문제를 늘어놓기 시작했다. "경찰이 되고 싶다는 마음은 버리는 게 좋아. 이게 사람 잡는 직업이거든." 경찰은 이마를 훔치며 말했다. 그러고는 폐에 문제가 있는 경찰, 암에 걸린 경찰, 스트레스성 질환에 시달리는 동료들 얘기를 하면서 아무도 실력 있는 의사한테 치료 받을 돈이 없다고 털어놓았다. 압둘은 그때까지 경찰을 심장이나 허파가 있는 사람, 돈이나 건강을 걱정하는 사람으로 생각해본 적이 없었다. 이 세상이 자기처럼 궁지에 몰린 사람들로 가득 찬 모양이라고 생각하니, 조금은 덜 외로운 기분이 들었다.

어느 날은 동그리 소년들에게 뭔가 할 일이 생겨서 다들 의아해했다. 아무래도 필기도구를 든 인권 운동가들이 계속 찾아오기 때문인 것 같았다. 새로 수감된 소년범 육십 명은 칠판과, 흡연의 해악을 경고하는 포스터가 걸린 콘크리트 방에 들어가 앉아 선생님이 오실 때까지 기다리라는 지시를 받았다. 그는 '마스터'라는 묘한 이름으로 불렸다.

마스터가 나타났을 때 압둘은 조금 실망스러웠다. 마스터라는 호칭만큼 위풍당당한 면모가 느껴지지 않았다. 땅딸막한 중년의 힌두교 남자는 머리를 높이 세웠는데 촉촉한 분홍색 눈망울이 어머니를 보는 듯했다. 깡총한 바지 밑으로는 양말이 드러났다. 그때 마스터가 이야기를 시작했다.

그는 부모님의 말을 안 듣다 결국 아서로드 교도소에 갇힌 어느 소년의 얘기부터 시작했다. 소년이 교도소에서 당한 끔찍한 일들을 열거하는 마스터의 얼굴에 눈물이 흘렀다. 차마 구체적인 내용까지 말해주기엔 너무 비참하다고 했다. 그러고는 또 다른 소년들의 이야기를 이어갔다. 법을 어기고 타인에게 고통을 가한 소년들. 지금 이 방에 있는 이들과 다를 바 없는 소년들. "만약 내 아들이었다면, 이건 거짓말이 아닌데, 나는 너희들을 일찌감치 내쫓았을 거야." 마스터는 이렇게 말하고는 뻔히 보이는 그들의 미래가 안타까워 눈물을 흘렸다.

그래도 이 중에 몇 명, 선택받은 소수는 마음을 고쳐먹고 존경받는 삶을 살게 될 거라고 했다. 그들에겐 그에 따른 보상이 주어질 거야. 하지만 그 외의 아이들, 지금껏 살던 대로 범죄자의 삶을 이어가는 소년들의 삶은 비참하겠지. 가족들도 지긋지긋해져서 더 이상 면회 오지 않을 테고, 늙고 병들어 출소한 다음에는 사랑하는 사람 한 명 없이 길거리에서 죽음을 맞게 될 거야.

마스터는 시간을 내서 알아듣게 설득할 생각을 하지 않고 무작정 때리기부터 하는 부모들이 있다며 또 눈물을 흘렸다. 흥미로운 건 그가 자신의 이혼 얘기를 하면서도 눈물을 흘렸다는 점이었다. 그는 부인이 시어머니에게 못되게 굴었으며 위자료를 지불하느라 큰 자동차를 팔아야 했다고 말했다. 그러더니 새로 사귄 예쁜 여자 친구 얘기를 할 때는 다시 명랑해졌다.

　남자가 울 때마다, 차를 팔았다고 울건 소년범들이 안쓰럽다고 울건, 소년들도 함께 울기 시작했다. 압둘은 지금껏 이렇게 울어본 적이 없었다. 이 눈물은 사하르 경찰서에서 매를 맞고 흘렸던 눈물과 달랐다. 이건 깨달음의 눈물이었다. 압둘은 마스터처럼 기품 있고 정직한 사람을 만난 적이 없었다. 압둘은 남자의 이야기를 들으면서 느껴지는 감정에 이름을 붙이기가 망설여졌다. 착각일지 모른다고 생각했기 때문이다. 하지만 마스터를 향한 감정은 강렬했다. 마스터 덕분에 압둘은 학생이 될 수 있었다.

　압둘은 뛰어난 학생은 아니었다. 힌두교 전설에서 몸을 독수리에게 내줬다는 시비 왕 이야기도 제대로 이해할 수 없었다. 그건 나쁜 행동을 했을 때 아버지가 들려주었던 또 다른 어떤 왕과 망나니 아들들, 그리고 원숭이 이야기와 다르지 않은 것 같았지만, 아버지의 꾸중을 들을 때 죄책감이 들었다면 마스터의 이야기는 고결한 길을 보여주었다. 너그럽고 강직한 삶을 살라고, 세상의 독수리에게 몸을 내줄 각오를 한다면 언젠가 정당한 보상을 받게 될 거라고. 고통스러운 방법이었지만, 압둘은 행복한 결말에 매료되었다.

　압둘은 자신도 어떤 면에서는 고결하다고 생각했다. 에라즈엑스나 밀주에 손을 대지 않았고, 색싯집을 출입하지 않았으며, 재빠르고 능숙한 일처리에 방해가 될 만한 것들을 멀리했다. 오락실을 운영하고 철망 절단기를 빌려주면서 돈을 버는 타밀 남자한테 밀릴지언정 아이들에게 도둑질을 부추기지 않았다. 절대로 싸움을 하지 않았고, 거짓말을 하는 경우도 극히 드물었으며, 아버지에 대한 원망을 입 밖에 내지 않았다. 하지만 이보다 더 낫고 훌륭한 삶을 살 수 있어. 지금도 여전히 그럴 수 있어. 훔쳤다고 생각되는 물건은 절대로 값을 쳐주지 않을 거야. 폐품이라도 훔친 건 훔친 거니까. 파티마한테 하지 않은 일을 했다고 인정하지도 않을 거야. 그게 동그리에서 벗어날 수 있는 방법이라고 해도. 여기 갇히는 바람에 가족의 생계가 타격을 받는다고 해도.

가족들에게는 압둘의 존재가 절실했다. 그들에게 압둘은 부지런한 가축과 같았고, 도덕성 같은 건 아무래도 상관없었다. 압둘도 자신에게 도덕적인 판단 능력이 **있는지** 확신할 수 없었다. 하지만 압둘은 **타우피즈와 이자트**, 그러니까 존경과 명예에 대해 얘기하는 마스터의 시선이 줄지어 앉은 머리통 위를 돌아다니다가 마침내 자신의 머리에 머물러 움직이지 않는다고 느꼈다. 열입곱 살인지 아닌지는 중요하지 않았다. 세상의 타락한 힘과 천성을 거부하기에 너무 늦은 나이는 아니었다. 배운 것 없이 어리숙한 소년이라도 올바른 삶을 살 능력은 있을 것이다. 압둘은 이걸 잊지 않겠다고, 마스터가 들려준 진리를 잊지 않겠다고 다짐했다.

3부

이름 없는 죽음들

"죽음을 들먹이면 아무것도 팔지 못해요."

— 만주 와게카르

9
전시 효과

7월에 아샤는 가족과 함께 인도 북부 마하라슈트라 주의 비다르바를 찾았다. 13시간 만에 기차에서 내리자 시골 친척들은 뭄바이 빈민촌 생활이 얼마나 좋은지 확인하려고 그들의 얼굴을 요리조리 뜯어봤다. 한 사촌은 만주와 라훌, 가네시 남매에게 말했다. "다들 어렸을 때보다 얼굴이 희어졌구나. **치크나**, 부드러워졌어. 전엔 까무잡잡하고 수줍음을 타더니."

수십 년 동안 농사를 짓느라 몸이 굽어버린 나이 든 여자들은 아샤를 살펴보느라고 목을 이쪽저쪽으로 학처럼 늘였다. 아샤의 증조할머니는 거의 네 발로 기다시피 다녔다. 할머니 옆에서 돛대처럼 꼿꼿하게 선 아샤는 금의환향한 거인 같았다.

안나와디에 있을 때 아샤는 마라티어(산스크리트 어로 주로 뭄바이 근교에서 마라타 족이 쏜다.—옮긴이) 채널에서 방영되는 시골 영화를 볼 때마다 눈물을 쏟곤 했다. 홍수나 굶주림처럼 진부하고 통속적인 드라마를 볼 때도 비다르바의 척박한 땅에서 힘들게 일했던 어린 시절이 떠올라 눈물을 참을 수 없었다. 그녀가 한 번씩 하는 어린 시절 이야기는 거의 황당무계한 수준이었다. 소가 죽어 넘어졌는데도 쟁기를 끌던 영화 「마더 인디아」속 십 대 주인공이었다면 꼭 그랬을 법한 기운찬 모습이었다. 그래도 마을 여자들은 젊은 시절의 아샤를 기특하게 회상했다. 며칠을 굶고도 당나귀처럼 일하던 당찬 여자였다고 했다.

"오렌지 밭에서 일을 하는데, 쇠꼬챙이처럼 말라서 거의 굶어 죽기 직전이었어." 친척 한 명이 나지막한 목소리로 옆 사람들에게 얘기했다. "지금 모습을 봐서는 모를 거야. 저렇게 뼈가 굵다니. 말하는 모습 좀 보라지. 흙이라곤 밟아본 적이 없는 사람 같잖아."

아샤는 사람들이 자신을 놓고 감탄하며 수군거린다는 사실이 기뻤다. 안나와디의 골치 아픈 문제들을 걱정할 필요가 없다는 사실도 기뻤다. 아샤가 고향을 찾은 이유는 혼기가 찬 예쁜 딸의 존재를 알리고, 농부 카스트인 쿤비 친척들에게 자신의 상대적 부유함을 자랑하기 위해서였다. 남편 마하데오도 멀쩡한 정신으로 맡은 배역에 충실했고, 자신도 조신한 부인처럼 굴 작정이었다. 만주는 평소처럼만 하면 됐다. 그러면 명목상의 방문 이유야 뭐가 됐건 혼담이 쏟아질 게 틀림없었다.

명목상의 이유란 집안 친척의 결혼식이었다. 식은 조촐했다. 음악도 없고, 춤도 없고, 잘레비도 없었다. 결혼하는 사람은 마하데오의 조카였는데, 신랑의 형이 부인에게 에이즈를 옮기고 죽는 바람에 상중에 결혼식이 치러졌다. 비다르바에서는 에이즈가 무서운 기세로 확산되고 있었지만, 그만큼 강하게 부인되었다. 친척이 그 병 때문에 죽었다는 말이 돌면 만주의 신부 가치도 떨어질 위험이 있었다. 하지만 마을 사람들은 앞날이 창창한 남자가 죽은 것에도, 결혼식에 얼굴도 내밀지 못하게 꽁꽁 가둬둔 미망인에게도 관심이 없었고 심지어 아샤의 도시 생활 얘기에도 시큰둥했다. 농부들은 하늘만 쳐다봤다.

안나와디에서는 비가 소강 상태에 들어갔다고 했지만, 시골에는 똑같은 상태를 부르는 다른 표현이 있었다. 가뭄이었다. 6월에 비가 거의 내리지 않아서 한 달 전에 심은 면화 묘종 수백만 개가 말라죽었다. 씨를 사느라 큰돈을 치른 터였다. 유전자를 조작한 '하이브리드' 종자라고 했고, 비다르바의 변덕스런 기후에 맞춘 것이라고 했다. 그런데 이제 다시 파종을 해야 하는 처지가 됐고, 새 씨앗을 사려면 대출을 받아야 했다.

쿤비 카스트는 신들이 7월에 잠을 잔다고 믿었다. 아샤의 친척들은 올해만큼은 신들이 일정을 바꿔서 밤에도 근심하며 깨어 있으면 좋겠다고 했다.

30여 킬로미터 간격에 있는 두 마을 출신인 아샤 부부가 고향을 떠난 건 20년 전이었다. 그 사이 많은 것이 좋아졌다. 도시로 떠난 가족이 부쳐준 돈으로 번듯하게 고친 집들도 많았다. 풍경을 바꾸는 데는 나랏돈도 일조했다. 앙상한 농가들 사이로 학교와 대학이 들어섰고, 공항로의 하얏트 호텔만큼이나 잔디밭을 멋지게 가꾼 근사한 관공서도 곳곳에 보였다. 관개시설도 정비했지만 자연의 물줄기가 망가지는 건 어쩌지 못했다. 강수량도 부족한데 불법으로 파이프를 설치해서 물을 뽑아가는 통에 지하수가 말라붙었다. 개울이 바닥을 드러내고 강물이 역류했다. 물고기가 죽고 농작물이 마르면서 고리대금업자들이 마을의 비공식 촌장 노릇을 했다.

빚에 쪼들려 수치심을 이기지 못한 농부 몇몇이 자살을 택했다. 마라티어 영화에서 자주 되풀이되는 진부한 소재였다. 그래도 영화는 계속 나왔다. 새로운 세기에 접어든 후에도 비다르바에서 한 해 평균 1000명이 자살한다는 정부 통계가 발표되었다. 시민 단체에서는 그 수를 훨씬 높게 추산했다. 정확한 숫자는 알 수 없지만, 높은 자살율 때문에 이 지역은 전 세계에 인도의 처참한 농촌 빈곤을 알리는 일종의 상징적인 존재가 되었다.

비다르바 관공서의 기록실에는 현대적인 방법, 즉 농약 음독이 분신을 대체했다는 보고서가 먼지를 뒤집어쓰고 있었다. 유족들의 비통한 심정이 담긴 수북한 서류에는 곰팡이가 피었다.

이태 연속으로 농사를 망쳤어요. 빌린 돈을 갚을 길이 없었죠. 그러던 차에 집에 불까지 나서 종자가 다 타버린 거예요. 해바라기, 밀을 전부 잃어버렸어요. 돈은 없는데, 속 모르는 사람들은 계속해서 둘째 아들 장가는 언제 보낼 거냐고 물었죠.

대가족의 생계를 짊어지고 있는데, 은행 서류를 보고는 살길이 막막해서 살충제를 마신 겁니다. 어마어마한 빚을 갚을 방도가 전혀 없으니까요.

지능이 좀 떨어지는 어수룩한 사람이었는데, 농사를 지으면서 딸을 시집보내려고 빚을 냈다가 덫에 걸리고 말았어요.

"휴대 전화 안 사 주면 죽어버릴 거야." 아버지한테 이렇게 말하고는 밖으로 나가서 음독을 했습니다.

만모한 싱 총리는 델리를 찾아 농촌의 참담한 현실에 우려를 표하면서 어려움을 덜 수 있도록 정부 차원에서 최선을 다하겠다고 약속했다. 자살한 채무자의 유가족들은 보조금을 받았고, 고리대금업자 대신 은행에서 돈을 빌린 농부들을 위해 부채 조정과 이자 탕감 프로그램이 가동됐다. 실업 상태의 주민들이 한 해에 100일간 공공사업에 참여할 수 있도록 보장해주는 농촌 소득 증대책도 전국적으로 시행됐다. 하지만 뭄바이 같은 도시로 밀려드는 이농 현상을 줄여보자는 이런 구호 프로그램에 대해 정작 아샤의 친척들은 전혀 아는 바가 없었다.

인도 권력 집단에게 기회는 대체로 내부 거래로 분배됐다. 그해 여름에도 수백억 달러 규모의 공공 통신 사업이 가장 높은 뇌물 가격을 부른 업체에 낙찰되었고, 2010년에는 영연방 대회용 체육 시설 건축 기금이 개인의 이익을 위해 전용되었으며, 인도와 미국간 핵 협약을 반대하던 의회의 목소리는 현금 공세 속에 잦아들고 있었다. 그리고 부자 순위 상위 100명의 자산 총액은 인도 국내 총생산의 25퍼센트에 육박했다.

아샤 부부가 나고 자란 비다르바 동쪽 삼림지대 사람들은 생활 형편을 개선해준다는 정부의 약속을 더 이상 믿지 않았다. 민관이 벌이는 대대적인 현대화 프로젝트에 땅을 빼앗기고 대대로 이어온 생계 수단마저 잃어버린 이들의 절망은 40년 전에 태동한 마오주의 혁명의 부활에 일조했다. 지뢰 매설, 로켓탄과 수제 폭탄, 총으로 무장한 채 자본주의에 저항하는 이들 게릴라 군은 총 627개 인도 행정구역 가운데 약 1/3에 해당되는 지역에서 활동하며, 중동부에 긴 띠를 이루고 있다. 흔히 '레드 벨트'라고 불리는 저개발 지역도 이들의 주된 활동 무대이다. 이번 여름에는 특히 오리사 지방에서 마오주의자들의 활동이 맹렬했다. 군 사령관들이 탄 보트가 침몰해서 서른여덟 명이 죽었고, 경찰 차량 폭발로 다시 스물한 명이 사망했다.

그러나 대부분의 농촌 사람들은 아직 혁명을 말하지 않았다. 아직은 사회간접자본과 농업 기술의 발전이 미래에 변화를 가져올 수 있을지 관망하는 중이었다. 열일곱의 나이에 목화밭과 콩밭에서 일하는 만주의 사촌 동생 아닐의 등에서도 발전적인 변화가 확인되었다. 아이는 철로 만든 묵직한 다우 살충제 통을 등에 짊어지고 있었다.

아닐이 일하는 밭은 부자 정치인의 소유였으며, 거기서 일하는 노동자들은 한 달에 1000루피, 약 21달러 정도의 돈을 받았다. 새로운 화학 제품을 사용하면서 수확이 늘고 정치인의 이익은 증가했지만, 무거운 통과 유독한 성분은 그러잖아도 힘겨웠던 노동을 참을 수 없는 수준으로 몰아붙였다. 얼마 전에는 일과를 마친 일꾼 한 명이 통을 내려놓고 농장 끄트머리의 나무에 목을 맸다. 유족은 정부의 사망 보조금을 받지 못했다.

밤마다 아닐은 밭 주인과 대화를 나누면서 일이 더 고되졌으니 그만큼 일당도 올라야 한다고 차분하게 주장하는 자신의 모습을 상상했다. 하지만 불평하는 일꾼은 금세 대체되었다. 아닐은 자살 충동을 포함해 자신의 생각을 일절 입 밖에 내지 않았다.

아샤는 1년 전부터 아닐에게 안나와디에 와서 새로운 삶에 도전해보라고 제안했다. 아닐은 결국 해마다 농촌을 떠나 뭄바이로 밀려드는 약 50만 명의 이주민 행렬에 합류했다. 새벽마다 공항 인근 마롤 나카 교차로에 나가 서 있으면 건설 현장 감독이 트럭을 몰고 와서 날품팔이 인부를 골라갔다. 남녀를 합해 1000명 정도가 매일 그 사거리에 나왔지만, 그중 선택받는 건 몇 백 명뿐이었다. 뭄바이의 평균 수명이 인도 전체에 비해 7년 짧다는 사실을 아닐은 알지 못했다. 다만 교차로에서 이주민들과 부질없는 경쟁을 하는 동안 가슴이 지푸라기로 꽉 채워진 것 같은 느낌을 받았을 뿐이다. 한 달 동안 허탕만 치다가 그는 다시 고향으로 내려갔다.

아닐은 만주에게 말했다. "내가 돌아왔더니 사람들이 비웃더라. 돈도 벌고 도시 구경도 하겠다며 큰소리치고 떠났는데, 아무것도 못하고 돌아왔으니까. 내가 봤다고 말할 수 있는 건 고작 비행기였어."

결혼식 전날 밤에 만주는 또래 여자들 중에 가장 나이가 많다는 이유로 곡식 단지를 들고 마을을 가로질러 신혼부부를 위해 기도를 올릴 사원에 갔다. 이모가 물려준, 복숭아빛 스팽글 장식이 달린 시폰 튜닉 차림으로 친지와 이웃의 행렬을 이끌고 당나귀들이 음식 찌꺼기를 찾아 어슬렁거리는 흙길을 걸어갔다. 소똥과 진흙을 이겨서 지은 탓에, 누런 밭 사이에서 홀로 녹색인 집들을 지나 가파른 길을 걸어 원숭이 신 하누만을 모시는 사원에 도착했다.

만주는 신랑의 얼굴에 분을 바르고 칫솔에 반짝이 가루를 칠해서 눈 주위를 장식해주었다. 하지만 불을 켜지 않아 어두운 사원 안에서도 만주는 사람들의 시선이 신랑이 아니라 자신에게 향하고 있음을 느낄 수 있었다. 도시에서 대학을 다니는 소녀라니, 시골 마을에서 불꽃처럼 강렬한 존재감을 발휘할 만했다. 아샤는 쿤비 카스트 중 과연 누구를 사윗감으로 점찍을까? 만주가 공부를 너무 많이 해서 고분고분하지 않을 거라고 말하는 사람이 있는가 하면, 가난한 신랑감은 만주 엄마의 성에 차지 않을 거라고 수군거리는 사람도 있었다.

이튿날 만주는 침울한 결혼식에서 아샤가 누구를 만나고 다니는지 지켜보려다 실패했는데 얼마 후 젊은 군인 한 명이 만주네 가족이 머무는 집으로 찾아왔다. 아샤는 밖으로 나가서 따로 얘기를 나눴다. 한 번씩 터져나오는 거침없는 엄마의 웃음소리가 만주의 귀에 들어왔다.

얼마 전 안나와디에서 수줍음을 많이 타던 소녀와 다른 빈민촌 남자와의 혼담이 진행됐을 때 만주는 언젠가 자신의 미래를 결정하게 될 협상 과정을 지켜볼 기회라고 생각하고 관심을 기울였다. 혼담은 순조롭게 진행되는가 싶더니, 소녀가 고개를 들면서 틀어지고 말았다. "예쁘지 않잖아!" 남자 쪽에서는 이렇게 항의하고는 괜히 시간만 낭비했다며 아샤를 탓했다.

그날 오후의 생생한 현장 교육은 만주가 빈틈없이 마음의 준비를 하는 데 도움이 됐다. 차를 내오라는 아샤의 말에 만주는 머리를 매만지고 시선을 낮춘 채 얼음처럼 냉정한 마음을 유지하려고 노력했다. 군인은 찻잔을 들고 한참 동안 만주를 쳐다보다가 이렇게 말했다. "햇볕에 서 있지 말아요. 까맣게 타겠네."

남자는 콧수염을 기르긴 했지만 못생긴 편은 아니었다. 만주도 위아래를 훑는 남자의 시선을 느끼지 못할 만큼 고개를 숙이고 있지는 않았다. 그의 시선은 몸을 어루만지는 듯했다. 만주는 이따금 갈망의 대상이 되고 싶은 마음에 시달렸다. 이제 결혼을 하고 섹스를 할 준비가 다 된 것 같았다. 하지만 만약 아샤가 비다르바에서 평생 살아야 하는 혼사를 강행하면 도망치기로 마음먹었다.

3부. 이름 없는 죽음들

만주네 가족이 안나와디로 돌아가기 전날 밤 아닐은 사촌들에게 얼마 전에 꾼 꿈 얘기를 들려주었다. 농장에서 전속력으로 달아나고 있었는데, 옆에 만주와 라훌과 가네시도 있었다고 했다. "우리가 전부 도망치니까 엄마들이 화내면서 소리쳤어. 지금 가면 두 번 다시 돌아오지 못할 줄 알라고. 그래서 우리는 이렇게 대꾸했지. 다시 부르지나 말아요. 우리는 절대로 돌아오고 싶지 않으니까. 우리는 여기보다 더 좋은 곳으로 갈 거예요! 우리는 큰소리로 웃으면서 달려갔어."

안나와디로 돌아온 아샤는 질척거리는 파티마의 드라마를 잊기로 했다. 정신이 반쯤 나가버린 것 같은 제루니사에게도 관심을 끊었다. 이제 남은 우기 동안 자기 계발에 힘을 쏟을 작정이었다. 일단 대학에서 두 강좌를 수강하는 게 급선무였다. 안 그러면 마롤 시립 학교 유치원의 임시 교사 자리를 잃을 판이었다. 학교 수준을 높이려고 노력하는 마하라슈트라 주에서는 교사들에게 자기 계발을 하고 있다는 증거를 요구했다. 다행히 아샤가 다니는 마하라슈트라 개방 대학 교수는 선생님이 된 학생들에게 학기말 리포트와 시험의 답을 미리 주겠다고 약속했다.

하지만 아샤가 원하는 건 박봉에 시달리는 유치원 교사가 아니라 정치인이었다. 이 목표를 이루려면 시골 생활을 버리고 떠났던 것처럼 빈민촌의 생활 방식에서도 탈피해야 한다고 생각했다. 이를테면 두 번째 이주, 즉 계급 이동이었다. 아샤는 만주에게 "상류층 사람들을 연구"하는 게 관건이라고 말했다. "그들이 어떻게 살고, 어떻게 걷고, 뭘 하는지 잘 봐. 그런 다음 똑같이 따라 하는 거야."

아샤는 만주를 키우면서 만주는 안나와디의 다른 아이들과 다르며 남동생들보다도 우월하다고 가르쳤다. 열네 살인 가네시는 온순하고 우유부단한 반면, 라훌은 자신만만하지만 야심이 없었다. 호텔 일을 그만둔 라훌은 새로 시작한 임시 일자리에 아주 만족했는데, 그 일이라는 게 공항의 직원 식당에서 테이블을 닦는 것이었다. 아샤는 아이들이 점점 남편을 닮아간다고 생각했다. 두 아들에게 가르칠 만한 것들을 가르친 후에는 그냥 방치했다.(그래도 아이들은 안나와디 남자들 중 양파를 가장 빨리 다지는 편에 속했다.) 확장 일로에 있는 인도 중산층에 진입할 계획을 세울 지적 능력을 갖춘 건 오직 두 모녀뿐인 것 같았다.

아샤는 7학년만 마친 자신이 유치원 교사로 들어간 걸 놓고 이웃들이 수군거릴 때의 심정을 생생히 기억했다. 사람들은 비아냥거리듯이 부러 그녀에게 "선생님"이라는 호칭을 붙였다. 하지만 시간이 흐르면서 호칭은 굳어지고 조롱은 녹아 사라졌다. 그와 마찬가지로 상류층이 된 것처럼 굴면서 비아냥거림을 참아내면 결국엔 상류층이 될 수 있었다. 만주도 지금 학교에서 그 점을 염두에 두고 생활했다.

아샤는 딸에게 충고했다. "상류사회 사람들한테 말을 거는 걸 두려워하지 마. 개중엔 친절하게 받아주는 사람도 있을 거야. 어떻게 하면 더 멋지게 꾸밀 수 있는지 물어보고, 그 말대로 해봐."

아샤는 얼마 전에 시브 세나 소속의 어떤 남자에게 자신의 외모를 냉정하게 비판해달라고 부탁했다. 그리고 그가 해준 조언을 만주에게 전했다. "그랬더니 키가 큰 사람은 굽이 높은 구두를 신지 않는 게 좋대. 가벼워 보인다면서. 그리고 집에서 입는 옷차림으로 외출해서는 안 돼. 그것보다는 사리를 입어. 망갈라수트라(사랑과 결혼을 축원하는 행운의 펜던트)는 줄이 긴 목걸이에 걸어. 마음에 근심이 있더라도 표정으로 나타내지 말고. 주름진 얼굴을 보고 싶어 하는 사람은 없으니까. 그리고 너보다 행색이 초라한 사람과는 같이 다니지 마."

시브 세나 남자는 이 마지막 조언을 조금 퉁명스럽게 내뱉었다. 운영 위원의 집을 향해 함께 걸어가던 중에 그가 말했다. "나는 근사하고 당신은 초라해 보이니, 당신의 행색이 내 이미지까지 갉아먹잖소."

만주도 대학에서 몇 가지 도움말을 얻었다. 딸랑거리는 귀걸이는 질이 낮고 조그만 링 귀걸이가 고급스럽다는 것이었다. 만주가 상류층 여자들도 청바지를 입는다고 했더니 아샤는 나팔바지를 입어도 된다고 허락했다. 이모가 준 복숭아색 스팽글 장식의 튜닉에 청바지가 어울리는지 입어보던 만주가 거울을 보면서 혼잣말을 했다. "전시 효과." 컴퓨터 강의 시간에 포토샵을 배우면서 알게 된 말이었다.

하지만 이모가 만주 모녀의 머리를 뱅 스타일로 잘라주면서 전시 효과가 흐려졌다. 높은 습도 때문에 머리가 큼지막한 구름처럼 부스스하게 일어났다. 하지만 현대적인 모습으로 꾸미면서 우기를 보내는 건 재미있었다. 어머니가 전에 없이 자신을 동등하게 대우한다는 걸 알아차린 만주가 새로운 화제를 꺼냈다. 상류층 사람들이 갈수록 카스트에 구애받지 않고 집에서 정해준 사람이 아니라 자신이 선택한 사람과 결혼한다는 얘기였다.

"부자들은 생각하는 것도 다르더라고요."

아샤는 그 정도로 상류층이 되고 싶지는 않았다.

아샤는 비다르바에서 만났던 군인이 마음에 들었다. 집도 비교적 풍족했다. 그런데 남편은 군인 중에 자기 같은 술꾼이 많다는 희한한 이유로 어깃장을 놓았다. 안나와디에 돌아왔더니 폴레트 수녀가 두 번이나 찾아와서 모리셔스 섬에 산다는 중년 남자라며 혼담을 넣었다. "내 동생이에요." 수녀가 눈을 깜빡거리며 말했다. 아샤는 폴레트 수녀가 뒷돈을 챙기려는 거라고 의심했다. 어떤 면에서 그건 아샤도 마찬가지였다.

어마어마한 지참금 부담 때문에 대부분의 안나와디 사람들은 딸을 아예 빚 더미로 생각한다. 하지만 아샤는 만주처럼 예쁘고 능력 있고 조신한 딸이라면 유리한 혼인으로 집안을 일으킬 수도 있을 거라고 오래전부터 생각해왔다. 듣자 하니 모리셔스 남자는 돈이 많은 것 같았지만, 딸을 아프리카에 있는 섬으로 시집보내는 건 내키지 않았다. 거기서는 예쁜 여자를 노예로 팔아넘긴다는 얘기도 들었다. 그래서 당분간 더 두고 보자고 마음을 정했다. 만주를 상류층 사람들과 더 많이 만나도록 하면 더 나은 제안이 들어올 거라고 판단했다.

출세를 하려면 되도록 많은 것을 시도해봐야 한다는 게 아샤의 지론이었다. 어떤 방법이 효과적일지 예측하는 건 쉽지 않기 때문이었다. 만주의 첫 시도는 대학 동기처럼 보험 영업을 해보자는 것이었다. 인도 생명 보험은 릴라 호텔 맞은편에 있는 건물에서 보험 영업 지망생들에게 무료 교육을 했다.

약간의 여윳돈으로 인도 생활에 깃든 폭발적인 위험 수위를 낮출 수 있다는 보험회사의 텔레비전 광고를 보고 아샤도 흥미를 느꼈다. 젊은 남편이 아내를 사랑해서 의료보험에 가입했고, 그 덕분에 아내는 교통사고를 당하고도 기적적으로 휠체어에서 몸을 일으켰다! 생명보험은 장례식을 축제로 바꿨다! 그런 보험 상품을 팔다 보면 부자들도 만날 수 있고, 살림에도 도움이 될 것 같았다.

만주의 오두막 학교 아이들은 일찌감치 와서 영어로 된 보험 용어를 외우는 선생님을 응원했다. 미래 신뢰도 II, 자산 신뢰도, 투자 신뢰도, 인생 희망 설계. 아이들도 **중도 해약 환급금이니 추가 부담금, 부분 해지** 같은 말을 익히면서 일시적인 어휘력 증가를 경험했다.

그런데 보험회사에서 교육을 받다 보니 비극이나 죽음을 직접적으로 언급하지 않고서는 도저히 보험 계약을 할 수 없다는 걸 알게 됐다. 그런 비극과 죽음으로 이익을 볼 수 있다는 점도 강조해야 했다. 마흔 개의 보험에 들어놓고 죽는 바람에 남은 가족들이 돈에 파묻힐 지경이 되었다는 남자 얘기를 해야만 했다.

만주는 설명과 반론의 문구가 유창해지도록 연습했고, 우수한 성적으로 최종 시험을 통과했다. 하지만 그게 전부였다. 그녀가 아는 사람 중에 보험에 가입할 정도로 여유 있는 사람이 누가 있단 말인가.

"다들 이익을 원해." 만주는 아이들을 앉혀놓고 머리를 절레절레 흔들며 말했다. "나더러 계약을 하면 얼마가 나한테 떨어지느냐고 묻는 거야. 대학에 다닌다는 여자들이 그런 식이야. 자기들끼리 얘기할 때마저도 이렇게 말해. '저런 이상한 여자애랑 무슨 얘기를 해, 팔라비? 무슨 이익을 볼 거라고. 무슨 이익이 된다고.'"

색싯집 딸인 주부는 이익에 혈안이 된 사람들에 대한 만주의 심정을 다른 아이들보다 잘 이해했다. 주부도 자신을 팔아넘기려는 부모님 때문에 미칠 지경이었다. 만주는 주부의 부모님이 이 일에서만큼은 다른 사업에 비해 성공적이지 않기를 기도하는 수밖에 달리 방도가 없었다.

주부 같은 소녀들을 보면서 만주는 자신이 행운아라고 느꼈다. 이듬해 봄에 주에서 실시하는 시험을 통과하면 만주는 학사 학위를 받게 된다. 오두막의 방을 처분해서 마련한 돈으로 1년 더 공부하면 교육학 학위를 갖춘 정식 교사가 될 수 있었다. 그래도 공립학교의 정규직 일자리는 꿈도 꾸지 않았다. 그런 자리는 대개 교육 공무원들에게 막대한 뇌물을 찔러줘야 얻을 수 있었다. 교사가 되더라도 대부분은 워낙 박봉이라 학교 동기들이 멍청한 직업에 투자한 것 같다고 한탄할 정도지만, 조그만 사립학교 쪽은 가망이 있었다. 여학생 한 명은 졸업 후에 콜 센터에서 일할 작정이었다. 요리사가 되면 돈을 더 많이 벌 수 있다고 말하는 아이도 있었다. 동기들 중에서 여전히 교사를 지망하는 사람은 만주뿐이었다. 하지만 만주가 실력을 쌓아가는 오두막 학교 때문에 아샤는 날이 갈수록 신경이 날카로워졌다. 하류층 아이들하고 백날 앉아 있어봐야 장기적으로 도움이 될 게 없다고 생각했기 때문이었다.

중앙정부는 비영리 단체를 통해 만주의 학교와 비슷한 뭄바이의 '징검다리 학교' 수백 곳을 지원했다. 인도 경제가 성장하면서 교육 부문 예산도 늘어났지만, 그 돈은 주로 정치 엘리트들 사이에서 유통되었다. 정치인이나 시 공무원들은 친척과 친지를 앞세워 비영리 단체를 설립하고 정부 돈을 챙겼다. 그들은 학교의 실제 운영 여부에는 별 관심이 없었다.

만주의 학교를 후원하는 '행동하는 교육 확대 프로그램(REAP)'이라는 천주교 자선단체는 그래도 다른 곳에 비해 빈곤층 교육에 책임 있는 태도를 보였다. 주임 신부는 리베이트를 거부했지만, 그의 관리 대상인 학교들이 뭄바이 곳곳에서 하나둘씩 문을 닫는 추세였다. 안나와디의 학교는 남아 있는 몇 안 되는 학교 중 하나였고, 감독관이 대략 한 달에 한 번꼴로 찾아와 수업을 참관하고 기록을 점검했다. 원래는 아샤가 운영하기로 되어 있지만 실제로는 만주가 수업을 한다는 사실은 아이들이 실제로 뭔가를 배우고 있으므로 눈감아주었다.

하루는 전차와 무릎, 거울, 물고기, 손 같은 영어 단어를 배우는 중이었다. "자, 그럼 손으로는 뭘 하지?" 만주가 물었다.

"밥을 먹어요!"

"옷을 빨아요!"

"물을 길어요!"

"춤을 춰요!"

"주먹을 날리려고 확 쳐들지."

깜짝 놀란 아이들이 뒤를 돌아봤다. 아샤가 화가 치밀어오른 표정으로 문가에 서 있었다.

"이 수업이 그렇게 급하니?" 아샤는 만주에게 소리를 질렀다. "뭐가 더 중요하니? 이 아이들이야 아니면 집안 살림이야?"

꾀죄죄한 아이들이 바닥에 여기저기 퍼질러 앉아 있었다. 실질적인 빈민촌장이며, 앞으로 선출직 관리가 되고자 하는 사람의 집에 어울리지 않는 풍경이었다. 이제 곧 민원인들이 고충을 호소하러 들이닥칠 테고, 아침에 널어놓은 빨래는 아직도 축축했다. "꼴 좋다." 아샤가 수건을 만지면서 만주에게 말했다. "햇살이 이렇게 쨍쨍한데 왜 빨래를 안에다 널어? 내가 잔소리를 안 하면 뭐 하나 제대로 할 줄 아는 게 없니?" 만주는 아이들이 보지 못하도록 얼굴을 돌렸.

그 이후로 수업은 이삼일에 한 번꼴로 줄었다. 아이들은 그게 만주의 결정이 아니라는 걸 알았다. 많은 아이들이 오수 웅덩이 옆의 분홍색 사원에 새로 문을 연 학교로 갔지만, 이 학교는 수업을 받는 아이들의 사진을 충분히 찍어서 정부 지원금을 타내자마자 곧바로 문을 닫았다.

여유 시간이 늘어난 만주는 인맥을 확장하기 위한 두 번째 아이디어를 행동에 옮겼다. 인도 민방위대는 홍수나 테러 발생시 인명을 구조하는 훈련을 받는 중산층 시민들의 모임이었다.

뭄바이 시민들의 테러 걱정은 날로 더해갔고, 만주도 마찬가지였다. 7월에 방갈로르(인도 카르나타카 주의 주도)에서 폭탄 테러가 일어나더니 뒤이어 아마다바드에서도 폭발 사건이 발생했다. 도심에서 무려 열아홉 개의 폭탄이 터졌다. 폭탄 테러를 벌인 자들은 마오주의 추종자들이 아니었다. 그들은 시골의 골칫거리였고, 도시의 위험 분자는 종교적인 호전주의자들이었다. 그들 중 일부가 신문사에 보낸 이메일에서 드러났듯이 알라의 이름으로 활동하는 세력도 있었다.

인도의 금융 중심지는 누구나 예상할 수 있는 표적이었기 때문에, 5성급 호텔에는 폭탄 탐지견이 등장했다. 공항 곳곳에는 모래주머니를 쌓아 만든 벙커가 생겼고, 서부 고속도로의 전자 게시판에는 시민들의 경계심을 촉구하는 문구가 번쩍였다. **"동네에 낯선 사람이 나타났습니까? 경찰에 신고하십시오."** 만주 생각엔 낯선 사람을 경찰에 신고하는 것보다 민방위대에 가입하는 것이 뭄바이를 지키는 데 더 효과적일 것 같았다.

관공서 지하실의 휑뎅그렁한 방에 만주와 중년 여자들, 그리고 이상주의자 남자 대학생 두 명을 비롯한 마흔 명의 마하라슈트라 주민이 모여 위기 상황에서 목숨을 구하는 방법을 배웠다. **폭탄이 터졌을 때는 당황하지 말고 제일 먼저 자신의 안전부터 확인해야 합니다. 그다음에 사람들을 안심시킨 후 안전한 곳으로 인도하세요.** 갑작스러운 홍수 발생시에는 호박이나 빈 플라스틱 물통 등을 구명 도구로 활용할 수 있습니다. 혼자 수영할 수 없는 사람은 듀파타(인도의 망토의 일종―옮긴이)에 묶어서 끌고 가세요.

참가자 중에 제일 날씬한데다 중요한 '파머스 리프트' 동작을 직접 하기엔 너무 약했기 때문에 만주는 늘 짐짝 역할, 즉 구조를 기다리는 부상자 역할을 맡았다. 리놀륨이 깔린 바닥에 머리카락을 부채처럼 펼치고 너부러진 채 힌두 영화에서 봤던 대로 벌렁거리는 가슴과 겁에 질린 눈동자, 조금 진부하지만 한숨을 쉬며 몸을 덜덜 떠는 것까지 고스란히 흉내 냈다. 그러면 누군가 그녀를 어깨에 들쳐 메고 안전한 곳으로 옮겼다. 여기서는 신체 접촉이 허용되었다. 구조 대장을 맡은 사각턱의 진지한 대학생 비제이에게 안길 때가 제일 편하고 좋았다. 비제이는 만주가 부상자 역할에 진지한 자세로 최선을 다한다며 칭찬했다.

어느 날 밤에는 훈련이 끝나서 집으로 가려는데 비제이가 만주를 불렀다. 그날 만주는 마침 새로 산 청바지에 복숭아색 튜닉을 입고 왔다. 버스를 타러 함께 걸어갈 때 비제이가 만주의 손을 잡았다. 남자와 손을 잡는 건 처음이었다. 만주의 희망은 늘 잘 구축된 현실의 벽에 부딪히곤 했는데, 이번에 그녀를 막아선 현실적인 판단이란 비제이 같은 도시 남자에게는 상류층에 편입하지 못한 여자보다 더 나은 선택이 가능하다는 것이었다.

빈민촌에서는 비밀을 유지하기 힘들었다. 아샤가 생각하기에 잘

숨긴 비밀은 일종의 현금과 같았다. 사람들이 밤에 어디에 갔다더라, 누구랑 뭘 했다더라 내키는 대로 떠들더라도, 현장을 들키기 전까지는 얼마든지 부인할 수 있었다.

그날은 아샤의 마흔 번째 생일이었다. 가느다란 달이 낮은 하늘에 걸렸고 비는 내리지 않았다. 만주는 접시에 케이크를 한 조각씩 담고 그 옆에 감자칩을 수북하게 곁들였다. 아샤가 두 아들의 어깨를 감싸 안고 나왔다. 마하데오마저도 선물을 건네며 축하 분위기에 동참했다. 금박지로 싼 동전 모양 초콜릿을 가득 담은 플라스틱 보석함이었다. "진짜 동전을 줘야지. 내 마흔 번째 생일인데." 아샤는 웃으며 말하고는 케이크를 먹기 시작했다.

그때 그녀의 휴대전화가 또 울렸다. 이미 15분 전부터 줄기차게 울리고 있는 휴대전화를 그녀는 청색 사리의 주름 속으로 깊이 밀어 넣었다. 와그라는 경찰관이 그녀를 불러내려고 안달이었다.

"급한 일인가 봐요. 전화가 너무 많이 오네." 잠시 후에 만주가 물었다.

"리나라는 여잔데, **샤카** 훈련 프로그램 때문에 그러나 봐." 아샤는 시브 세나의 여성 위원회를 들먹이며 둘러댔다. 그러더니 얼마 지나지 않아 망설이며 입을 열었다. "아무래도 나가봐야 할 것 같다."

"네? 그 여자한테 전화해서 못 간다고 하세요. 엄마의 생일 파티잖아요." 만주가 일부러 명랑한 목소리로 말했다. 아샤는 그때 마침 걸려온 전화를 받았다.

"안 돼요." 아샤의 말 뒤에 긴 침묵이 이어졌다. "안 돼. 그럴 수 없어요. 내일 어때요? 저기……." 긴 침묵. "내 말 좀 들어봐요, 내가……."

그러더니 순식간에 거울 앞에서 분을 바르고는 사리를 매만지고 부스스한 머리를 빗어 넘겼다. 거울을 보던 아샤는 남편과 만주와 눈이 마주쳤다.

그녀는 긴장된 마음을 숨기려고 쓸데없는 소리를 재잘거렸다. "내 목걸이가 진짜처럼 보이나 봐. 오늘 기차역에서 웬 남자가 목걸이를 잘 간수하지 않으면 누가 훔쳐가겠다는 거야. 차트코파르 시장에 갔더니 고수가 5루피밖에 안 하더라, 글쎄. 오늘 그 근처에 사는 친구네 집에 차를 마시러 갔다가 버스를 놓쳐서 잠깐 둘러보는데, 여기보다 훨씬 좋고 신선한 고수가……."

"엄마, 가지 마세요." 만주가 나지막한 목소리로 말했다.

전화가 또 울렸다. 아샤가 전화를 받았다. "간다고 했잖아요. 네, 서두르고 있어요. 그런데, 어디죠?"

분가루가 전화에 잔뜩 묻었다. 목에도 땀이 흐르면서 줄무늬가 생겼다. 남편의 눈에 눈물이 고였다.

만주가 엄마의 손을 잡으며 다시 만류했다. "엄마. 제발, 엄마." 하지만 아샤는 딸의 손을 뿌리치고 몸을 돌렸다. 빠른 걸음으로 마이단을 가로질러 길거리 소년들이 모여 있는 오락실과 하얏트를 지나 위풍당당한 그랜드마라사 호텔 앞 버스 정류장에 도착할 때까지 한 번

3부. 이름 없는 죽음들

도 멈추지 않았다.

이 분홍색 호텔은 인근 숙소 중에서도 숙박비가 제일 비쌌다. 지금은 자이푸르 스톤으로 장식한 호텔 전면에 수백 개의 전구를 달아 분홍색에 금빛이 더해졌다. 흰 땀띠 분이 내리그은 듯 한쪽 뺨을 가로지른 아샤도 호텔 울타리 건너편에서 그 빛을 받아 반짝였다.

만주가 집에서 초콜릿 케이크 조각에 눈물을 쏟고 있을 거라는 아샤의 짐작은 옳았다. 몇 년 동안 아샤는 딸이 자신의 남자 관계를 모르길 바랐지만, 지금은 이런 걸 이해할 수 있을 만큼 영악하게 키울 걸 그랬다는 후회가 들었다. 상류층의 잠자리 윤리가 문란한 편이라는 건 알고 있었지만, 아샤의 행동은 욕정이나 현대적인 라이프스타일과는 아무 상관이 없었다. 사랑받는 느낌, 아름다운 여자라는 자의식을 원해서도 아니었다. 핵심은 돈, 그리고 권력이었다.

그녀는 다른 사람들에 비해 눈치가 빨랐다. 그래서 정치인이나 경찰의 눈에 띄었고, 그들은 결국 그녀에게 의존하게 되었다. 하지만 그것으론 성에 차지 않았다. 가뭄에 타들어가는 시골에서 뭄바이로 올라왔을 때 그녀는 가난하고 배운 것도 없는 스무 살의 이주민이었고, 남편은 일할 의욕이 없는 남자였다. 그리고 마흔 살 생일을 맞은 오늘, 그녀는 유치원 교사인 동시에 빈민촌에서 가장 영향력이 큰 여자였다. 딸에게 대학 교육을 시켰고, 이제 머잖아 근사한 혼담도 성사될 전망이었다. 만주의 화려한 삶만으로도 이런 뒷거래를 정당화하기에 충분했다. 에이즈에 걸려 죽을지 모른다는 악몽마저도.

피검사를 받아야 한다는 걸, 아샤는 알고 있었다. 공항로 쪽을 살피며 경찰이 오는지 확인해야 한다는 것도 알고 있었다. 하지만 결혼식에 참석했던 상류층 사람들이 그랜드마라사 호텔의 잔디밭으로 쏟아져 나오는 중이었다. 마침 힌두교의 길일이어서 결혼식을 올리기에 좋은 날이었다. 아샤는 그걸 잊고 있었다. 그녀가 모르는 음악이 흘러나왔다. 파파라치들이 사진을 찍으려고 법석을 떠는 바람에 아샤는 신부의 얼굴을 볼 수 없었다. 빨간색과 분홍색 색종이가 울타리를 넘어와 발치에 떨어졌다가 다시 바람을 타고 날아올랐다. 흰색 경찰 밴이 멈춰 섰다. 아샤를 태우러 온 차였다. 뒷문이 스르르 열리고, 아샤는 화려한 불빛과 밴드와 축하 인파를 뒤로한 채 천천히 몸을 돌렸다.

10
사라진 앵무새 한 마리

7월이 끝나가던 무렵의 어느 날 새벽이었다. 수닐은 안나와디의 흙길과 공항로가 교차하는 지점의 진창에 넝마주이 한 명이 쓰러져 있는 걸 발견했다. 수닐도 몇 번 봐서 아는 노인이었다. 일을 열심히 하고, 800미터 정도 떨어진 마롤 어시장 앞에서 자는 노인이었는데, 다리가 으스러져 피투성이가 된 채로 지나는 사람들에게 도와달라고 소리치고 있었다. 수닐은 자동차에 치인 모양이라고 짐작했다. 어떤 운전자들은 넝마주이가 길가에서 뒤척이는 걸 보고도 피해갈 생각을 하지 않았다.

경찰서에 가서 구급차를 요청할 생각을 하니 수닐은 덜컥 겁이 났다. 압둘이 거기서 어떤 일을 당했는지 들었던 터라 두려움은 더 컸다. 그래서 경찰을 대수롭지 않게 여길 만한 어른을 찾으러 싸움판 같은 카고로드의 하치장으로 달려갔다. 아침마다 수천 명이 오가는 길이었다.

두 시간쯤 뒤에 학교에 가려고 안나와디를 나서던 라훌에게 다친 노인이 물 좀 달라고 소리쳤다. "너희 아버지보다 더 취한 남자도 있다!" 친구가 라훌을 놀렸다. "너희 아버지보다 더 취했다는 소리겠지." 라훌은 가볍게 받아넘기고 공항로에 올라섰다. 라훌은 경찰이 무섭지 않았다. 이웃이 어린 자식에게 펄펄 끓는 렌틸 콩을 부었을 때 경찰서로 달려가 도움을 요청한 적도 있었다. 하지만 길에 누워 있는 사람은 넝마주이일 뿐이었다. 수업 시간에 늦지 않으려면 버스를 타러 가야 했다.

한 시간 후에 제루니사가 그 앞을 지나갈 땐 넝마주이가 고통에 겨워 비명을 질러댔다. 남자의 다리가 끔찍하다고 생각했지만 남편에게 음식과 약을 챙겨가야 했다. 아서로드 교도소에 갇혀 있는 남편의 처지도 끔찍하긴 마찬가지였다.

또 얼마 후에는 여전히 심장판막 수술비 지원을 호소하러 사업체와 자선단체를 돌아다니던 캄블 씨가 눈이 퀭한 채 욱신거리는 몸을 끌고 그 앞을 지나갔다. 한때는 그도 저 노인처럼 길거리에서 살던 시절이 있었다. 하지만 지금 캄블 씨에겐 자신의 끝 모를 불행밖엔 아무것도 눈에 들어오지 않았다. 새로운 인도에서는 기적이 일어날 수 있다는데, 자신은 그 기적을 누릴 수 없었다.

오후에 라훌이 동생과 함께 학교에서 돌아왔을 때 부상 당한 넝마주이는 가냘픈 신음소리만 내며 가만히 누워 있었다. 시브 세나의 당원이 시체가 있어서 어린아이들이 기겁한다며 사하르 경찰서의 친구에게 전화를 한 건 오후 2시 30분이었다. 4시에 경찰들이 나와서 다른 넝마주이들을 시켜 시신을 승합차에 싣게 했다. 폐품을 줍는 사람들은 병을 옮긴다는데, 경찰들은 그 병에 걸리고 싶지 않았다.

사하르 경찰서에서는 가족을 찾아보려는 시도도 하지 않은 채 신원 미상의 시신으로 결론을 내렸다. 사인은 폐결핵. 쿠퍼 병원 시체실의 병리학자도 부검을 하지 않은 채 결론을 내렸다. 사건을 담당한 토칼레는 신속한 처리를 원했다. 그는 비자푸르의 B. M. 파틸 의대와 계약을 맺은 게 있었고, 이걸로 해부용 무연고 시신 스물다섯 구를 모두 채울 수 있게 되었다.

며칠 후 비를 맞으며 일하러 나온 젊은 넝마주이가 공항에서 시신 한 구를 또 발견했다. 국제 터미널 진입로에 장애인 남자가 누워 있었고, 옆에는 수제 목발이 있었다. 신원 미상, 부검 생략. 세 번째 시신은 오수 웅덩이 반대편에 있는, 사람들이 똥을 누는 구멍에서 떠올랐다. 노상 변소를 이용하던 사람들은 평소보다 냄새가 더 고약하다는 걸 모두 알아차렸다. 부패한 시신은 삼륜 택시를 몰던 아우덴이라는 사람이었지만 이번에도 신원 불명으로 처리되었고 사인은 질병이었다. 하얏트 건너편에 있는 공항 소유의 잡목지에서 발견된 네 번째 시신은 머리가 납작하게 으스러진 상태였다. 공항에서 짐을 싣던 안나와디 사람이었다.

안나와디 주민들은 외다리의 저주라면서 이러다 마을 전체가 파멸하는 게 아니냐고 수군거렸다. **바르바드**, 썩어 문드러졌다는 얘기였다. 내년 총선이 끝나면 안나와디와 공항 인근의 빈민촌이 철거될 거라는 소문이 돌았다.

운영 위원 수바시 사완트가 불도저를 막아줄 거라고 믿는 사람들도 있었다. 하지만 가까운 교차로에는 이미 협상이 끝났다는 대자보가 나붙었다. "저쪽에서는 한 대 친 것처럼 굴고, 그러면 이쪽에서는 우는 시늉을 한다. 공항 부지에 사는 사람들은 이런 사기극에 익숙하다. 이제는 다른 당에서 자신들이야말로 철거를 막아줄 장본인이라고 주장한다. 그렇다면 왜 그들은 정부나 개발업자와 비밀리에 만나는 걸까?"

연이은 죽음과 소문에 겁이 났지만, 수닐에게 더 시급한 문제는 여동생이 2.5센티미터 더 자라는 바람에 둘의 키 차이가 더 벌어졌다는 사실이었다. 우기에는 키 크는 데 필요한 쓰레기가 공항 인근에서 충분히 나오지 않았다. 체구가 풀잎처럼 가냘픈 데도 자신은 비틀거리며 들지도 못하는 커다란 자루를 너끈히 짊어지는 다른 넝마주이 소년을 봤을 때는 이만저만 낙심한 게 아니었다.

그 소년은 "눈 깜빡이"로 통하는 소누 굽타였다. 수닐의 오두막에서 일곱 집 건너에 살았고, 나이는 두 살 더 많았다. 경쟁이 지금처럼 치열하지 않았던 몇 년 전에는 카고로드 하치장에서 함께 일하기도 했는데, 수닐이 실수로 소누의 코뼈를 부러뜨리는 바람에 협력 관계는 끝나버렸다. 그런데 얼마 전부터 소누가 화해의 신호를 보내는 것 같았다. 어쩌다 동트기 전에 빈민촌 골목에서 어슬렁거리는 모습을 보면 같이 일하고 싶어 하는 눈치가 역력했다.

소누의 얼굴은 보기에 당혹스러웠다. 위로 말려 올라간 한쪽 눈은 연신 깜빡였고, 피부도 시들어버린 것처럼 쪼글쪼글했다. 한쪽 귀도 멀었다. 게다가 날이 더우면 코피가 터졌다. 태어나면서 그렇게 타고난, 집안 내력이라고 했다. 이제 수닐도 그렇게 규칙에 어긋나는 동맹을 다시 맺을 경우 다른 아이들이 뭐라고 할지 짐작할 수 있는 나이였다. 하지만 눈 깜빡이가 어떻게 그렇게 많은 폐품을 손에 넣을 수 있는 건지는 궁금했다. 시력이 나쁜 건 넝마주이에겐 치명적인 단점이었고, 우기라면 더 말할 나위가 없었다.

어느 날에는 기어이 소누의 뒤를 따라나섰다. 안나와디에는 친구 한 명 없는 소누가 놀랍게도 바깥세상에서는 이익이 될 만한 인맥을 두루두루 형성하고 있었다. 가장 놀라운 건 넓은 인디아 항공 입구를 지키는 경비들과의 친분이었다. 소누는 아직 어둠이 걷히지 않았을 때부터 싸구려 빗자루를 손에 든 채 카고로드의 입구에서 기다렸다. 이윽고 인디아 항공의 경비가 문을 열어주자 우스꽝스러울 만큼 열심히 비질을 하기 시작했다. 보도를 쓸고 경비실까지 치운 다음에는 다시 보도를 쓸면서 자신의 조그만 발자국을 지웠다. 몸을 어찌나 숙이는지 비질을 할 때 일어나는 먼지를 다 들이마시는 것 같았다.

수닐이 너무 비굴하다는 생각에 다 관두려는데, 그때 경비가 소누의 발치에 커다란 쓰레기통 두 개를 쏟아부었다. 수닐은 그제야 소누의 속셈을 알 수 있었다. 거칠고 사나운 카고로드 한복판에서 이 가냘픈 소년은 경비가 삼엄한 출입구 안으로 잠입하여 인디아 항공 직원 식당에서 나오는 플라스틱 컵과 콜라 캔과 케첩 통과 알루미늄 포일을 독차지했다.

안쓰러운 외모가 도움이 된 건지, 아무튼 눈 깜빡이 소누는 수닐이 고아원을 방문한 부잣집 여자들에게서 얻으려 했지만 실패한 그것, 오합지졸 속의 변별력을 공항 경비들에게 인정받았다. 그로부터 얼마 후, 수닐은 민망함을 애써 누른 채 소누와 나란히 안나와디를 걸어 나갔다.

소누와 얘기하려면 소리를 질러야 했지만, 처음에는 크게 신경쓰지 않았다. 어쩌다 주고받는 상투적인 몇 마디만으로도 하루를 보내기에 충분했다. 인디아 항공에서 청소를 하고 맥줏집과 매점의 지배인들에게서 병과 폐품을 얻은 다음에는 따로 흩어져서 영역을 넓혔다. 터미널에 너무 가까이 갔다가 경비의 눈에 띄면 수닐은 능숙하게 벽을 넘어 도망쳤다. 소누는 경비들에게 붙들려 맞는 것쯤은 전혀 개의치 않았다. 그의 장점은 꾸준함, 그리고 체계적인 계획이었다. 처음에는 인디아 항공 경비들에게 돈을 쥐어주고 쓰레기를 얻었지만, 언제부터인가 그들은 더 이상 돈을 요구하지 않았다.

소누 때문에 인디아 항공에서 밀려난 넝마주이는 그를 죽기 직

전까지 때렸고 지금도 마주칠 때마다 욕을 퍼부었다. 하지만 자석에 쇠가 붙듯 평생 조롱을 달고 살아온 소누는 사람들이 뭐라든 신경 쓰지 않았다. 정해진 길을 다 돌고 하루 일을 마무리한 후 꼬리를 물고 달리는 공항로의 차들을 향해 선 채 넘치는 포대 자루의 끈을 조여 묶을 때면 온몸에서 자부심이 흘러넘쳤다.

"덕분에 일하는 법을 제대로 배웠네." 수닐은 소누에게 말했다. 마음씨 좋은 소누는 심지어 함께 번 돈을 절반씩 나눠 가졌다. 보통은 하루에 40루피, 그러니까 1달러씩이었다.

그러다 보니 일하면서 점점 더 많은 얘기를 나누기 시작했다. 처음엔 소소한 내용들이었다. 재활용품이 될 만한지 판단하는 데에는 발가락도 손가락만큼 유용하다거나, 소누의 집에 있는 라디오는 볼륨을 높이면 손이 찌릿찌릿하다거나 하는 이야기였다. 그러다가 더 진지한 얘기로 이어졌다. 소누는 폐품을 줍는 동안 짧은 훈계를 즐겼다. 오수 웅덩이 물을 마셨다간 황달에 걸릴 거라는 소누의 말에 수닐은 황달로 사람을 놀리다가 오히려 황달에 걸릴 거라고 맞받아쳤다. 소누는 또 남동생이 겪은 일을 들먹이며 호화 호텔의 남자 투숙객과는 행여 얽히지 않도록 조심하라고 주의를 줬다. 그리고 천 년에 한 번이나 닦을까 말까 한 이를 좀 더 자주 닦으라는 타박도 했다. 실제로 수닐의 입 냄새는 썩은 음식을 먹는 빈민촌 돼지들보다 더 고약했다.

하루는 미티 강에서 수닐이 담배꽁초를 주머니에 슬쩍 집어넣으려다 소누에게 들켰다. 소누는 그 앞에 쪼그리고 앉아 돌멩이로 그

귀한 꽁초를 내리쳤다. 담배 가루가 흩어지고 필터가 갈가리 찢어졌을 때 소누는 뭉개진 꽁초를 고갯짓으로 가리키며 말했다. "담배를 피우다가 걸리기만 해봐. 수닐 너를 이렇게 만들어버릴 테니까."

수닐이 칼루를 좋아하는 것도 소누는 못마땅해했다. 영화를 볼 여력이 없는 아이들을 위해 장면을 재연해가며 영화 얘기를 들려주는 폐품 도둑 칼루. "칼루의 얘기를 듣자고 밤잠을 포기하면 나는 아침에 너를 깨우느라 그만큼 시간을 허비하게 된단 말이야." 소누는 이렇게 불평했다. 소누는 늦도록 자는 걸 이해하지 못했다. "나는 아침이면 저절로 눈이 떠져." 수닐은 골머리를 썩이는 데 익숙하지 않았고, 고민 없이 사는 게 좋았다.

소누의 아버지는 수닐의 아버지보다도 더 고주망태였다. 가끔은 도로 공사장에서 일당으로 받아온 지폐를 찢어버리기도 했다. "망할 놈의 돈! 돈이 뭐가 중요해?" 그래도 소누에겐 좋은 엄마가 있었다. 엄마는 밤마다 네 아이와 함께 분홍색 빨래집게에 붙은 이물질을 떼어냈다. 근처 공장에서 받아오는 일감이었다. 그리고 낮에는 릴라 호텔 근처에서 유통기한이 지난 케첩이나 잼 같은 것들을 팔았다. 기내식 납품 업체에서는 케이크 조각들과 함께 유통기한이 지난 음식을 폴레트 수녀의 어린 원생들에게 기증했다. 그러면 수녀는 그것들을 가난한 여자와 아이들에게 팔았고, 그들은 또 되팔았다. 폴레트 수녀를 증오하는 마음은 소누가 수닐보다 더 강했다.

소누는 마롤 시립 학교 7학년에 등록했다. 일하느라 학교에 가지 못했는 데도 해마다 꼬박꼬박 등록을 했고, 밤에 공부를 해서 연말에 시험을 치르러 갔다. 소누는 수닐도 그렇게 해야 한다고 생각했다. 하루는 그렇게 하면 귀머거리 증세가 사라지기라도 하는 것처럼 귀를 한쪽으로 기울이고 단호하게 말했다. "부단히 공부해야 널린 쓰레기만큼 많은 돈을 벌 수 있는 거야."

"사장님은 그렇게 하세요. 저는 그냥 가난하게 살 테니까." 수닐은 웃으면서 말했다.

"하지만 너는 뭔가 **되고** 싶은 마음이 없니, 모투?" 모투는 뚱뚱하다는 뜻이었는데, 오로지 소누만이 수닐에게 상대적으로 사용할 수 있는 별명이었다.

수닐도 뭔가 되고 싶은 마음이 없지는 않았지만, 시립 학교에 다닌다고 해서 기회가 더 많아지지는 않을 것 같았다. 7학년이나 8학년을 마치고도 다시 넝마주이를 하거나 도로 공사장에서 일하고 페어앤드러블리 화장품 공장에서 물건 포장을 하는 아이들도 있었다. 사립학교를 다닌 아이들에게만 대학에 갈 기회가 주어졌다.

폐품 수집을 마치고 안나와디로 돌아오면 두 사람은 더 이상 이야기를 나누지 않았고, 나란히 걸으며 엉덩이를 부딪치는 일도 없었다. 그들은 적으나마 돈을 만지는 앙상한 소년들, 다시 말해 손쉬운 먹잇감이었다. 나이 많은 아이들이 불쑥 나타나 길을 막고는 말뚝 박는 기계를 흔들며 수닐과 소누를 위협했고, 길에 흥건한 물소 똥에 코를 박아버리기도 했다. 얼룩말 로버트의 아들이 마을 불량배들에게서 소누와 수닐을 보호해줬지만, 그 대가로 일주일에 30~40루피를 바쳐야 했고, 돈을 주지 않으면 그가 직접 주먹찜질을 선사했다.

수닐은 안전한 보호망이 있는 것 같은 아이들이 부러웠다. 아샤네 애들을 건드렸다간 시브 세나 패거리에게 혼쭐이 난다는 건 일종의 묵계여서 그 아이들한테는 아무도 시비를 걸지 않았다. 후사인네는 크리켓 팀에 버금가는 많은 가족이 든든한 뒷배였다. 힌두교도들은 무슬림이 숫자로 자기네를 누르기 위해 쉬지 않고 자식을 낳는다고 비아냥거렸다. 수닐은 종교에 상관없이 가족이 많은 건 좋은 거라고 생각했다. 그에게 가족이라곤 사실상 키가 더 커서 짜증나는 수니타뿐이었다.

폐품 도둑 칼루가 가까이 있을 때는 수닐을 챙겨줬지만, 그도 큰 편은 아니었다. 칼루와 수닐은 이따금 오후 늦게 오수 웅덩이 반대편에서 만나곤 했다. 그럴 때면 저물기 직전의 빗긴 햇살 때문에 두 소년 뒤의 따뜻한 자갈 더미 위에 거인의 그림자가 늘어졌다. 눈 깜빡이 소누의 감시망을 벗어난 이곳에서 수닐은 평화롭게 하루의 담배를 즐겼다. 칼루는 몇 년 전에 결핵에 걸렸지만, 개의치 않고 담배를 피웠다.

둘은 누구의 눈에도 띄지 않는 이곳에 와서 안나와디의 전망을 감상하곤 했다. 바위 위에 앉아서 보면 수직으로 솟은 하얏트나 메리디엔 호텔과 비교했을 때 오두막들이 하나같이 얼마나 기울어졌는지 한눈에 들어왔다. 오두막들은 전부 하늘에서 뚝 떨어지다 땅에 닿으면서 뭉개진 것만 같았다.

웅덩이 반대편에는 놀라운 점이 또 한 가지 있었다. 도시 사람들이 모르는 비밀 농장 같은 그곳의 잠불나무에 앵무새들이 깃을 치고 살았다. 다른 길거리 소년들은 그 앵무새를 한 마리씩 잡아다 마롤 시장에 팔았지만, 수닐은 새들을 가만 놔둬야 한다고 생각하면서 소누에게 보여주었다. 수닐은 아침에 일어날 때마다 앵무새 소리가 들리는지 귀를 기울였고, 소리가 들리면 새들이 밤새 무사한 모양이라고 안심했다. 수닐은 칼루를 길거리 소년들 속의 앵무새 같은 존재라고 생각했는데, 최근 들어서는 칼루의 색채가 조금 흐릿해진 것 같았다. 그가 장면을 재현해가며 들려주는 영화 얘기마저도 예전에 비해 어두워졌다.

칼루의 전문 분야는 기내식 납품 회사 내부의 재활용 쓰레기통이었다. 민간 청소업체에서 정기적으로 수거해 가긴 했지만, 칼루는 청소 트럭의 시간표를 꿰고 있었고 트럭이 오기 전날 밤에 철망 울타리를 넘어가서 쓰레기통을 털어왔다. 셰프 에어, 타지 케이터링, 오베로이 플라이트 서비스, 그리고 스카이 고메 같은 기내식 회사에서 처리하는 알루미늄 일회용기를 가져왔는데, 오베로이 쓰레기통에 접근하기가 제일 어렵다고 했다.

그러다 현지 경찰이 칼루의 동선을 파악했다. 몇 번을 반복해서 붙들린 끝에 경찰 몇 명이 일종의 타협책을 제시했다. 마약 밀매업자들에 대해 길거리에서 들은 정보를 넘겨주면 계속해서 폐품을 챙길 수 있도록 해주겠다는 것이었다.

흰 양복을 빼입고 공항 일대를 돌면서 코카인을 거래하는 가네시 안나라는 밀매상이 일주일에 두 번씩 심부름꾼, 주로 20대 초반의 안나와디 남자를 교외로 보내 물건 보따리를 받아오게 했다. 물론 미리 경찰에 손을 써서 뒷돈을 주고 있었지만 경찰들은 자신에게 떨어지는 몫에 만족하지 못했다. 그래서 마약을 사고파는 시간과 장소에 대한 정확한 정보를 가져오면 폐품을 슬쩍하는 칼루의 좀도둑질을 눈감아주겠다고 제안한 것이었다. 칼루는 경찰의 휴대전화 번호가 적힌 쪽지를 작업복 바지 안주머니에 넣었다. 미르치가 입다 버린 적갈색 위장복이었다.

칼루에게는 경찰과 가네시 안나가 똑같이 무서운 존재였다. 그는 미끼가 된 심정이었다. 그때부터 칼루는 「프렘 프라티기아」라는 영화 얘기를 반복했는데, 빈민촌에 살던 건달이 어떻게 해도 돌파구를 찾을 수 없다는 생각에 술을 마시고 죽으려고 결심하는데, 그때 마두리 딕시트가 홀연히 나타나 그를 구원해준다는 줄거리였다. 칼루도 술집에서 일하는 여자들을 끊임없이 만나기는 했지만, 마두리 같은 여자가 나타나 자신을 곤경에서 구해줄 가능성이 희박하다는 생각은 수닐과 다르지 않았다. 그보다는 차라리 뭄바이를 떠나는 편이 더 안전했고, 왕래 없이 살던 아버지가 솔깃한 방법을 제안했다.

아버지와 형은 공사 현장을 따라다니며 파이프를 매설했는데, 인근 빈민촌의 산비탈에 위태롭게 서 있는 오두막이 있었다. 전에도 칼루는 그 집에서 구박을 받다 못해 결국 길거리에서 살게 됐다는 애기를 몇 번 했었다. "엄마가 돌아가셨을 때 나는 순식간에 어른이 되어버린 것 같았어. 아버지랑 형은 나를 이해하지 못했지." 하지만 마약 밀매업자와 경찰 사이에 끼인 것보다는 몰이해 쪽이 나았다. 아버지와 형이 두 시간 거리인 카르자트 인근의 현장에서 일하느라 집은 비어 있었다. 칼루도 어렸을 때 파이프 매설 일을 배웠으니 현장에 따라가도 할 일이 있을 것이다.

수닐은 칼루가 가지 않길 바랐다. 칼루가 사라지면 안나와디의 다채로움도 그만큼 줄어들 게 뻔했다. 엉덩이를 흔들면서 「옴 샨티 옴」의 극적인 장면을 재현해줄 사람도 없어지고, 좋아하는 영화 주인공을 따라 머리 스타일을 바꾸던 칼루의 소소한 재미도 함께 사라질 것이다. 얼마 전부터 칼루는 「테레 남」이라는 영화에서 살만 칸이 맡았던 정신없는 대학생처럼 길고 찰랑찰랑한 머리를 하고 다녔다.

더구나 폐품을 줍는 넝마주이에겐 없는 어떤 위상 같은 게 칼루 같은 도둑한테는 있었다. 칼루가 떠나면 수닐은 눈 깜빡이 소누와 똑같은 넝마주이의 정체성이 더 확고해질 터였다. 길에서 죽어가도 누구 하나 도와줄 생각을 하지 않는 그런 존재.

칼루는 떠나기 며칠 전에 수닐에게 말했다. "내 본명은 디팍 라이야. 너만 알고 있어. 그리고 내가 섬기는 신은 간파티 신이야." 그러면서 수닐에게도 장해물을 제거해주는 코끼리 신 간파티를 섬기라고 조언했다. 그를 설득하기 위해 15킬로미터에 달하는 참회의 순례길을 걸어 뭄바이 시내에 있는 시디비나야크 사원에도 데려갔다.

길거리 소년들 중에는 어떤 성자와 신을 섬기는가를 중요하게 생각하는 아이들이 많았다. 사이 바바가 뚱뚱한 간파티보다 더 빠르다고 주장하는가 하면, 시바가 세 번째 눈으로 둘을 격파할 수 있다고 말하기도 했다. 수닐의 어머니는 아들에게 신에 대해 알려주기 전에 세상을 떠났고, 수닐은 장점이나 특징을 모르는 상태에서 가장 좋아하는 신을 정하기가 망설여졌다. 하지만 안나와디에서 보고 들은 걸 종합해볼 때 어떤 신에 대해 잘 안다고 해서 신이 그 소년을 잘 돌봐주는 건 아니었다.

어느 날 오후 제루니사는 비에 흠뻑 젖은 채 동그리에 도착했다. 눈 밑이 망고스틴처럼 거무스름했다. 압둘은 툴툴거리며 막사에서 나와서는 고개를 숙인 채 퍽퍽한 진흙 덩어리를 걷어찼다. 제루니사가 온 건 아들을 데려가기 위해서였다. 판사는 재판 전까지 도주의 우려가 없다는 판단하에, 매주 월요일과 수요일, 금요일에 동그리에 와서 확인받는다는 엄격한 조건을 달아 그를 풀어주었다.

압둘은 어머니를 따라 소년들에게서 나는 지독한 냄새가 진동하는 긴 복도를 지나 마당을 가로질렀다. 거리로 나오자 어느새 빗줄기가 가늘어지고 희미한 햇살이 보이기 시작했다. 압둘이 어머니에게 물었다. "그래서 재판 날짜는 언제로 잡혔어요? 그리고 아버지 재판은 언제예요?"

제루니사가 말했다. "그걸 누가 알겠니? 하지만 걱정 마라. 모든 걸 신께 돌리고 그저 계속 기도하거라. 이번에는 변론을 제대로 해줄 변호사도 있고, 판사가 진실을 접한다면 모든 게 끝나겠지."

"진실을 접한다면······." 이 말을 반복하는 압둘의 목소리에 미심쩍은 투가 역력했다. 진실은 길거리에 떨어진 동전이 아니기 때문이었다. 압둘은 화제를 돌렸다.

"아버지는 좀 어떠세요?"

"아서로드에서는 약을 안 준대. 잠 잘 공간도 부족하단다. 거기서 지내는 네 아버지의 몰골은 정말이지 끔찍하더라. 얼굴이 얼마나 홀쭉해졌는지 몰라. 그래도 케카샨은 지내기가 그렇게 나쁘지 않대. 케카샨은 우리 모두를 위해 기도를 많이 한다더라. 모든 게 알라신의 뜻이라면서. 이렇게 한꺼번에 나쁜 일들이 몰아치는 것도 말이야."

"아버지를 먼저 나오게 하셨어야죠. 아버지보다 제가 먼저 나오는 건 옳지 않아요."

그러자 제루니사는 한숨부터 쉰 다음에 보석금을 빌리러 사방을 돌아다녔지만 친척과 친지들이 죄다 거절했다는 이야기부터, 압둘과 혼인하기로 했던 아가씨네 집에서 당한 수모에 대해서까지 모두 털어놓았다.

"그 사람들한테야 우리의 처지가 한낱 흥밋거리일 뿐이죠. 지루함을 덜어주는 화제 말이에요." 압둘은 굳은 표정으로 말했다. "이제 우리를 걱정하는 사람들이 아무도 없다는 걸 확실히 알게 됐네요."

긴 침묵이 이어졌다. 한참 후에 압둘이 고물 매상에 대해 물었다. 미르치에게 맡기고 나서 완전히 엉망이 됐고, 넝마주이들이 전부 오락실 타밀 남자한테 물건을 넘긴다는 대답이 돌아왔다.

압둘은 과장된 딸꾹질 같은 소리를 냈다. 짐작했던 바였다. 부모님에게 미르치는 고물 거래보다 나은 일을 하기로 되어 있었던 아들이었다. 그런 마음은 압둘도 다르지 않았다.

"그렇군요." 압둘은 파르르 떨리는 아랫입술을 손가락으로 누르면서 말했다. 너무나 참담했다. 그래도 다시 시작할 것이다. 전보다 더 열심히 일하고, 동그리에 다녀오느라 사흘을 손해봐야 하는 상황에도 분개하지 않을 것이다. 마스터의 가르침에 따라 다시는 경찰의 심문을 받는 일이 없도록 고결한 길을 걸어가려면 수입이 줄어들 테지만 그래도 그 결심을 지킬 것이다. 앞으로는 결코 훔친 물건을 사들이지 않을 것이다.

어머니는 아들의 결심에 불만이 없는 모양이었다. 압둘은 어머니가 자신의 말을 제대로 들었는지 의문이었다. 기운이 하나도 없는 어머니는 혼이 반쯤 빠져나간 것처럼 보였다. 아이팟을 산다면 지금껏 당한 고통이 보상되지 않겠느냐고 말했을 때에야 어머니가 자신의 말을 듣고 있지 않다는 걸 확실히 깨달았다.

넝마주이들은 압둘이 동그리에서 살다 오더니 예전보다 말이 많아졌다고 생각했다. 저울을 달면서도 정직하게 손에 넣은 물건인지를 계속 확인했다. 그리고 심문 형식으로 바뀐 고물 매입 과정 중간에 선언 비슷한 희한한 말들을 늘어놓았다. "내가 뭐 하나 말해도 될까?", "내가 해줄 말이 있는데." 그러고는 동그리의 마스터인지 뭐 하는 사람이 자신의 **타우피즈**, 그러니까 고귀한 천성을 알아봤다는 얘기를 끝없이 해댔다.

압둘은 요즘도 마스터와 늘 얘기를 주고받는다고 주장했다. 마스터가 압둘을 너무 좋아한 나머지 휴대전화 번호를 알려줬다는 것이었다. 이 얘기가 거짓말이라는 건 모르는 사람이 없었다. 하지만 길거리 소년들은 개의치 않았다. 허황된 이야기라도 듣고 있으면 시간이 잘 흘러갔다. 다만 압둘이 선생과의 우정에 대해 없는 이야기를 꾸며냈다는 사실이 놀라울 뿐이었다. 그런 어리석은 거짓말을 하는 또 한 사람이 바로 수닐이었는데, 그는 새로 온 아이들에게 자신이 5학년이며 학급에서 가장 우수한 학생인 양 굴었다.

압둘은 그나마 친구라고 할 수 있는 칼루가 카르자트 공사판에서 9월 중순에 돌아왔을 때 마스터 이야기를 들어줄 새 청중을 얻었다. 그 사이 칼루는 체중이 불었는데, 뭄바이 외곽에서는 에라즈엑스를 구하기 힘들었던 탓이었다.

칼루가 금세 돌아온 걸 보고 놀란 제루니사가 칼루를 집 안으로 데리고 들어가서 남은 음식을 접시에 담아 왔다. 후사인 가족이 단식을 하던 라마단 기간이었기 때문에 이건 아주 이례적인 일이었다. 제루니사는 그만큼 칼루를 아꼈다. 제루니사는 칼루에게 엄마의 손길이 필요하다고 생각했고, 칼루는 그런 생각에 토를 달지 않았다. 1년쯤 전부터는 아예 제루니사를 **암마**, 어머니라고 불렀다. 둘의 돈독한 관계를 보고 압둘은 조금 긴장하기도 했다.

"아버지는 아직 산에 계시니?" 제루니사가 물었다.

"네. 하지만 저는 거기에서 나와야 했어요, 암마. 저는 이제 시골에서 살고 싶지 않아요." 뭄바이에서는 칼루가 섬기는 신인 간파티 축제가 한창이었다. 이틀 후에는 뭄바이 전역의 시민 수백만 명이 북소리에 맞춰 환호성을 울리며 저마다 애정을 담아 꾸민 코끼리 신상을 바다에 띄워 보낼 것이다. 환경주의자들은 못마땅하게 여겼지만 칼루에게는 1년 중 최고의 순간이었다.

제루니사가 타일렀다. "넌 시골에서 지내야 해. 그래도 거의 알아보지 못할 정도가 됐구나. 아주 건강해 보여. 하지만 왜 아버지 곁을 떠나려는 거니? 여기서는 예전의 나쁜 습관에 다시 빠질 텐데."

"다시는 도둑질을 하지 않을 거예요." 칼루는 제루니사에게 약속했다. "이젠 손을 씻고 새사람이 됐거든요. 보면 모르시겠어요?"

제루니사가 맞장구를 쳐줬다. "그래, 건강하고 착한 아이가 된 것 같구나. 하지만 도둑이 정말 달라질 수 있을까? 그러지 말라는 법은 없지만, 나는 지금껏 보지 못했거든."

다음 날 칼루는 수닐과 함께 공항에서 쓰레기를 주우러 다녔다. 그렇게 주워온 것을 압둘에게 넘긴 다음, 오락실 앞에서 함께 노닥거렸다. 셋이서 으레 떠들어대는 화제들, 음식과 영화와 여자, 고물 가격 같은 것들에 대해 얘기하고 있는데, 마무드라는 불구자가 술에 취해 퀭한 눈으로 까닭도 없이 압둘의 가슴을 냅다 때렸다. 미쳐 날뛰는 외다리가 또 한 명 있었다. 압둘은 그를 상대할 생각이 없어서, 조용히 집으로 돌아가 잠을 잤다. 수닐도 그렇게 했다.

칼루는 돌아갈 집이 없었다. 공항에 가야겠다고 생각한 그는 대로를 건너 국제 터미널 앞에 환하게 불을 밝힌 푸른색 전광판을 향해 걸음을 옮겼다. **도착은 아래층, 출발은 위층. 즐거운 여행이 되시기 바랍니다.**

이튿날 아침, 칼루는 빨간색과 흰색이 어우러진 인디아 항공 출입구 앞에 누워 있었다. 긴 살만 칸 머리 스타일의 시체 한 구가 셔츠가 벗겨진 채 꽃이 만발한 산울타리 뒤에 처박혀 있었다.

11
어떤 잠

커다란 덩치에 콧수염을 기른 나가레라는 경찰이 오토바이를 타고 안나와디로 들어섰다. 뒷자리에는 전날 밤에 이유 없이 압둘을 때렸던 아편쟁이 장애인이 앉아 있었다. 오토바이는 넝마주이와 가격을 흥정하고 있던 제루니사 앞에서 끼익 소리를 내며 멈췄다. 제루니사는 경찰을 보자마자 몸이 덜덜 떨렸지만, 나가레는 돈을 뜯으러 오는 경찰들의 전형적인 표정을 짓고 있지 않았다. 오히려 긴장으로 굳은 얼굴이어서 제루니사는 이 상황을 어떻게 이해해야 하는지 갈피가 잡히지 않았다. 그러잖아도 진창에 빠진 집안 꼴을 더 복잡하게 만들 새로운 골칫거리를 가지고 오는 게 아닐까 걱정됐다.

  제루니사는 그 사이에 압둘처럼 노이로제에 걸렸던 모양이었다. 나가레는 다만 칼루의 연고자 소재를 알고 싶을 뿐이었고, 제루니사가 알지 모른다는 아편쟁이 마무드의 말을 듣고 찾아온 길이었다. 안도의 한숨을 쉬며 가슴을 쓸어내리는 제루니사에게 나가레가 그 이유를 말했다.

"그 아이가 죽었거든요." 그러고 나서 경찰은 곧 떠났다. 그다음에도 제루니사는 슬퍼할 여유가 없었는데 그 말을 듣자마자 압둘이 통곡을 시작했기 때문이었다.

압둘은 몇 주 동안 경찰서 유치장에서 일어났던 일을 잊으려고 노력했는데, 별안간 꽁꽁 봉해놨던 뭔가가 마음속에서 툭 터져버린 느낌이었다. 그는 숨 쉬는 법마저 잊어버린 사람처럼 뚝뚝 끊어지는 말들을 두서없이 내뱉었다. 그나마 유일하게 친구라고 말할 수 있었던 칼루가 죽었고, 이제 자신이 살인범으로 내몰릴 게 틀림없었다. 파티마 때처럼 경찰이 자신을 옭아맬 게 틀림없었다. "틀림없어, 틀림없어." 압둘은 이 말을 하고 또 했다. 아편쟁이 마무드는 간밤에 압둘이 칼루랑 같이 있었다는 말을 벌써 했을 것이다. 이 증언을 근거로 또 죄인 취급을 당할 거야. 또 경찰에게 두드려 맞고, 이번에는 아서로드 교도소에 갇혀 수십 년을 살게 될 거야. 쪼그려 앉아 침만 삼키던 압둘은 벌떡 일어나 집 안으로 달려 들어갔다. 보석으로 나와 있던 케카샨도 동생을 위로해줄 수 없었다. 압둘은 어딘가에 숨어야 한다고 생각했지만, 이번에도 고물 더미 사이에 숨을 수는 없었다.

"칼루가 살해됐대! 눈알이 뽑혔대! 엉덩이를 낫으로 베어냈대!"

지금껏 살면서 압둘처럼 심각한 정신적 충격을 받은 적이 없는 소년들은 시체를 보러 달려갔고, 그들이 돌아와 떠들어대는 소리가 빈민가 골목에 울려 퍼졌다. 수닐은 아이들이 떠들어대는 소리를 믿을 수 없었다. 직접 가서 자기 눈으로 봐야 했다. 수닐은 자동차들을 피해 공항로를 걸어가기 시작했다.

칼루의 시체가 꽃밭에 있다고 했는데, 어느 꽃밭을 말하는 걸까? 대기업인 GVK가 지난 2년간 공항을 새롭게 단장하면서 도처에 꽃이 넘쳐났다. 릴라 호텔 옆에도 꽃밭이 있지 않던가. 침통한 수닐의 머릿속에서 공항 인근의 지도가 뒤죽박죽 뒤엉켰다.

마침내 정확한 지점에 도착했을 땐 인디아 항공과 GVK 고위 관계자들이 나와 있었고, 경찰이 구경꾼의 접근을 금지했다. 수닐은 또 다른 소년에게서 까마귀들이 칼루의 눈알을 파서 코코넛 나무에 떨어뜨렸다는 얘기를 들었다.

수닐은 멀찌감치 선 채 반쯤 벌거벗은 칼루의 시체를 싣고 멀리 사라지는 경찰 승합차를 지켜봤다. 현장에 남은 건 경찰이 쳐놓은 노란 접근 금지선뿐이었다. 꽃이 핀 모양이 꼭 입을 벌린 아기 새들 같은 오렌지색 헬리코니아 덤불에 마음을 울적하게 만드는 비닐 리본이 휘감겨 있었다.

수닐은 집으로 돌아가려고 몸을 돌렸다. 공항로 중앙에 공사가 한창인 거대한 고가도로를 지나, 줄지어 서 있는 GVK의 **"고객이 왕이다 고객이 왕이다 고객이 왕이다"** 간판을 지나, 영원한 아름다움을 약속하는 타일 광고판을 지나갔다. 어쩐지 자꾸만 오그라드는 것 같고 슬퍼서, 천하에 쓸모없는 존재가 된 기분이었다. 누가 친구에게 그런 짓을 했을까? 하지만 충격과 슬픔의 안개도 세상의 질서에 대한 인식까지 흐려놓지는 못했다. 안나와디 소년들에게는 스타였을지 몰라도, 상류 도시의 힘 있는 사람들에게 칼루는 처리해야 할 골칫거리였다.

사하르 경찰의 관할구역은 그레이터 뭄바이에서 가장 안전했다. 아무튼 서류상으로는 그랬다. 지난 2년간 공항과 호텔, 사무용 건물들이 밀집된 곳은 물론이고 수십 군데에 달하는 공사판과 빈민촌이 있는 지구대 전체에서 일어난 살인 사건은 단 두 건뿐이었고, 그것마저도 즉시 해결되었다. 파틸 경찰서장은 "우리는 살인 사건을 100퍼센트 찾아내서 100퍼센트 해결한다."고 자랑하곤 했다. 하지만 이런 어마어마한 성공률에는 뭔가 석연찮은 구석이 있는지도 몰랐다. 하잘것없는 죽음은 살인 사건으로 접수하지 않는 건지도 몰랐.

칼루의 사건을 담당하게 된 마루티 자다프 형사는 사인이 "불치병"이었다고 신속한 결론을 내렸다. 쿠퍼 병원의 시체 보관소에서 그 불치병의 구체적인 병명이 정해졌다. 칼루라는 별명으로 알려졌던 열다섯 살의 디팍 라이는 폐결핵으로 죽었다. 길에 누운 채 오랫동안 피를 흘리며 고통스럽게 죽어갔던 넝마주이 노인과 같은 사인이었다.

울타리를 힘차게 기어오르던 소년이 어느 날 갑자기 폐결핵으로 쓰러져 죽는 경우는 없었다. 안나와디 사람들이 병리학자 못지않게 잘 알고 있는 것 한 가지는 폐결핵 환자가 대단히 고통스럽게 서서히 죽어간다는 사실이었다. 하지만 칼루의 시신은 공항로에 있는 파르시와다 화장장에 서둘러 던져졌다. 유일한 증거가 사라진 상황에서, 담배를 내려놓는 바람에 가운데 구멍이 뚫린 정식 서류에는 가짜 사인이 버젓이 기입되었다. 그리고 경찰 규칙에 따라 시신의 사진들도 사하르 경찰서 서류함에서 자취를 감췄다.

압둘의 가족들이 이미 파악했듯이, 경찰서는 피해자가 정당한 보상을 받는 곳, 공공의 안전이 도모되는 곳이 아니었다. 그곳은 뭄바이의 수많은 관공서처럼 손쓸 수 없이 과열된 시장이었고, 칼루의 죽음을 조사하는 것으로는 이익을 챙길 수 없었다. 하지만 그 사건은 공항 부지에서 길거리 소년들을 쓸어낼 빌미로서는 가치가 있었다.

칼루가 죽고 난 후, 소년 다섯 명이 사하르 경찰에 찍혀서 '비공식' 유치장으로 끌려갔다. 그곳에서 소년들은 조사라는 미명하에 구타를 당했고, 갈수록 고상해지는 공항에 또 얼씬거렸다간 칼루의 살인범으로 기소될지 모른다는 두려움을 뇌리에 심은 채 풀려났다. 아이들은 경찰이 이미 그의 죽음을 자연사로 처리해서 종결했다는 사실을 알지 못했다.

그렇게 붙잡혀 갔던 소년 중 카란은 안나와디뿐만 아니라 아예 뭄바이를 떠나서 다시 돌아오지 않았다. 산자이 셰티는 미친 듯이 폐품을 주워다 압둘에게 가져왔다. 그 아이도 도망 자금을 모으는 중이었다.

제루니사는 어느 날 산자이를 보고는 깜짝 놀라 숨을 들이켰다. "얼굴이 왜 그렇게 됐니? 왜 울고 있는 거야?"

열여섯 살인 산자이는 유난히 크고 아름다운 외모, 거기에 남인도의 독특한 억양까지 더해져서 늘 도드라진 존재감을 과시했다. 제루니사도 언젠가 짓궂게 놀린 적이 있었다. "네 말은 어쩌면 그렇게 달콤하게 들리니? 말투만 가지고도 사람들을 녹여버리겠구나." 그런 산자이가 지금 말도 제대로 못하고 있었다.

"마음을 좀 가라앉히고, 무슨 일이 있었는지 말해봐." 제루니사가 아이를 달랬다.

산자이는 흐느끼는 틈틈이 밤에 인디아 항공 출입구 옆에서 한 무리의 불량배가 칼루를 공격하는 걸 봤다고 털어놓았다. 경찰서에 끌려가서 맞은 얘기도 했다. 하지만 칼루를 죽인 사람들이 자신이 목격자라는 사실을 알고 찾아오는 것과 또다시 경찰서에 끌려가 무자비한 조사를 당하는 것, 이 둘 중에 어느 쪽이 더 두려운지는 산자이 본인도 따질 수 없었다.

산자이는 더 이상 안나와디 길거리에서 살 수 없어서 어머니가 있는 곳으로 갈 작정이었다. 거기 말고는 달리 갈 곳이 생각나지 않았다. 가족들이 함께 살던 공항 옆의 판잣집이 불에 타서 없어졌을 때 어머니는 남쪽으로 8킬로미터 떨어진 다라비로 이사 갔다. 뭄바이에서 가장 큰 빈민촌이었다.

제루니사도 소년이 숨어 지내기엔 안나와디보다 다라비가 더 나을 거라는 데 동의했다. 그리고 산자이에게 돈을 조금 쥐어준 다음, 서둘러 멀어지는 아이의 뒷모습을 지켜보았다.

산자이가 다라비 집에 도착했더니 열네 살짜리 여동생 아난디가 저녁에 먹을 토마토 처트니(과일과 식초 등을 넣어 만든 인도 조미료—옮긴이)를 만들고 있었다. 아난디는 두려움에 질린 오빠의 얼굴을 보고는 그릇을 떨어뜨릴 뻔했다. 남매는 사이가 각별했다. 산자이는 얼마 전 가욋돈이 생겼을 때 팔뚝에 동생과 자신의 이니셜을 나란히 새겼을 정도였다. 아난디는 아난디대로 입버릇처럼 동생을 아낀다면서 왜 집에는 그렇게 안 오느냐고 오빠를 타박하곤 했다. 하지만 세 사람이 함께 지내기에 5.5제곱미터의 오두막은 너무 좁았고, 산자이는 왠지 어딘가로 떠날 수 있을 것 같은 느낌 때문에 공항 근처가 좋았다.

산자이는 여동생의 손을 잡고는 바닥에 무릎을 마주대고 앉아 칼루를 에워쌌던 남자들 얘기를 털어놓았다. "그 사람들이 내 친구를 죽였어." 산자이는 이 말을 몇 번이나 반복했다. 순식간에 해치워버렸어. 쓰레기라도 되는 것처럼.

그러다 정신을 차린 산자이는 훈계를 하기 시작했다. 엄마가 가슴 아플 일은 해선 안 된다고 타일렀다. 어머니는 어느 중산층 노부인을 수발 드는 일을 하고 있었다. 공부를 더 열심히 하라는 말도 했다.

아난디는 어리둥절한 표정으로 오빠를 쳐다봤다. "지금 무슨 소리를 하는 거야? 나도 오빠처럼 일해서 돈을 벌어야 해. 엄마를 가슴 아프게 만드는 건 내가 아니라 오빠라고."

산자이는 동생 말에는 아랑곳없이 얘기를 계속했다. "그리고 잠도 제대로 자야 해. 너는 잠을 제대로 자는 것 같지 않구나."

아난디는 갑자기 집에 와서 아버지처럼 구는 오빠를 어떻게 받아들여야 할지 갈피가 잡히지 않았다. 에라즈엑스 때문일까? 아난디는 답답한 심정으로 자리에서 일어났다. 칼루가 죽었다는 소식은 가슴 아팠다. 아난디도 칼루를 한 번 본 적이 있었다. 음식 솜씨가 좋다고 칭찬도 받았다. 재미있는 사람인 것 같았다. 하지만 채소를 다듬고 저녁을 준비해야 할 시간에 오빠의 손을 잡은 채 마냥 앉아 있을 수는 없었다. 아난디가 화덕으로 향하자 산자이는 바닥에 몸을 쭉 뻗고 누워서 눈을 감았다. 제대로 잠을 자는 게 어떤 건지 보여주려는 것 같았다.

한 시간 후 어머니가 돌아왔을 때 산자이는 일어나 앉아 초조한 기색으로 「피르 베와파이—사랑에 속고」라는 듀엣 곡을 듣고 있었다. 산자이가 워낙 자주 들으니까 어머니는 그 노래를 아예 "산자이의 실연 노래"라고 부르며 고개를 절레절레 흔들곤 했다.

"단 한 번의 오해"로 잘못을 저지른 남자가 하소연을 하고, 배신당한 여자는 복수를 다짐했다. 노랫소리 위로 어머니의 목소리가 들렸다. "속이 울렁거리네! 점심 때 상한 걸 먹었나 봐!" 어머니는 변소로 달려가며 외쳤다. "산자이, 어디 가지 말고 기다려라."

"아무 데도 안 가요." 산자이가 약속했다. 어머니가 다시 돌아와

안나와디의 아이들

보니 아난디는 정신이 나가서 어쩔 줄 모르고, 산자이는 바닥에 누워 몸부림치고 있었다. 발작을 일으킨 모양이라는 생각에 아들을 일으켜 세우려던 어머니는 아들의 입에서 화학 물질 냄새를 맡았다. 아난디가 한쪽 구석에서 흰 플라스틱 통을 발견했다. 조금 전에 오빠가 그걸 만지작거리는 걸 봤지만, 오빠가 좋아하는 비눗방울 통일 거라고만 생각했다. 그런데 거기 들어 있었던 건 쥐약이었다.

어머니는 쥐약을 토해내도록 소금물을 먹이려 했지만, 산자이는 벽을 향해 돌아누워 거절 의사를 분명히 했다. 병원에 도착하고도 두 시간 동안 그는 살아 있었다. 자정이 지나 비통한 심정과 피로한 몸으로 돌아온 어머니는 의사가 써준 처방전을 하수구에 던져버렸다. 약을 처방해올 시간은 허락되지 않았다.

경찰은 칼루의 죽음만큼이나 산자이의 죽음에 대해서도 신속하게 조사를 마무리했다. 공식적으로 산자이 세티는 살인을 목격한 후 두려움에 떨던 증인도 아니었고, 경찰의 위협과 구타에 시달린 피해자도 아니었다. 그저 돈이 없어 약을 못 구하게 되자 스스로 목숨을 끊은 헤로인 중독자였다.

델리의 정치인과 지식인 들은 사석에서 무지한 인도 대중의 "비합리성"을 개탄하지만, 정부에서 당면한 문제에 가당찮은 방법을 해결책이라고 제시하면 국민들 사이에서는 소문과 음모론이 활개를 쳤다. 상실감이 큰 사람들에게는 가끔 음모론이 위로가 되기도 했다.

칼루와 산자이의 죽음을 받아들이려고 애쓰는 과정에서 수닐과 압둘은 가까워졌다. 친구라고 하기에는 애매했다. 죽은 두 소년이 묶어준 것만 같은, 완전히 자발적이라고는 할 수 없는 그 관계에는 뭐라고 이름을 붙일 수가 없었다. 전에 비해 함께 앉아 있는 시간이 많아졌지만, 얘기를 하더라도 입 밖에 내는 것들은 대체로 중요하지 않았다. 정작 중요한 건 대부분 말할 수 없는 것이라는 공감대가 형성된 사람들의 분위기를 자아냈다.

수닐은 인디아 항공 경비원들이 재활용품을 훔치는 칼루를 발견한 후 죽였다고 확신했다. 압둘은 칼루가 마약 밀매업자들의 정보를 넘겼다가 그들에게 살해됐을 거라고 짐작했다. "어느 쪽이든 개죽음이지." 압둘이 이렇게 말했을 때 수닐은 칼루와 함께 펑키 토키 타운에 가서 봤던 윌 스미스 영화의 목이 졸린 개를 떠올렸다.

미르치는 둘 다 입 닥치라는 쪽이었다. "그래, 개가 훔친 게 폐품이었다지만 그건 그 사람들 폐품이었잖아. 그러니까 걔는 그렇게 죽을 처지였다고."

길거리 소년들도 나름대로 범인을 추리했다. "**마무드**. 나는 정말 그가 의심스러워." "아무래도 카란이 일을 저지르고 도망친 것 같아." 근거도 없이 의혹을 퍼뜨리는 말들이 빈민촌 골목을 떠돌아다녔다. 파티마의 유령은 관련이 있기도 했고 없기도 했다.

칼루의 아버지는 칼루가 치킨칠리라이스를 먹으러 가곤 했던 공항로 식당의 여자를 비난했다. 아버지는 그녀도 사건 얘기를 들었을 테니 사건의 진상에 대해 말해줄 거라는 기대를 품고 찾아갔었다. "칼루 뭐라고요? 누구요?" 여자는 솥을 들여다보며 말했다. 경찰과 병원에서 아들의 죽음에 대해 진실을 말해주지 않았을 때, 아버지가 가장 맹렬하게 비난한 건 이 식당 여자였다.

산자이의 엄마는 누구를 탓해야 할지 알 수 없었다. 아들이 자살하고 몇 주가 지나도록 그녀는 안나와디를 비척비척 걸어 다니면서 아무나 붙들고 자기 아들이 왜 스스로 목숨을 끊었는지 말해줄 수 있느냐고 물었다. "그걸 모르고서 내가 어떻게 잠을 자겠니?" 엄마는 딸에게 말했다. "온 세상이 머리통 속으로 들어와서 버글거리는 것 같아. 도대체 뭐가 뭔지 알 수가 없구나."

수닐을 비롯한 길거리 소년들은 걸어오는 산자이의 엄마를 보자 가슴이 아팠다. 다라비로 이사 가기 전에는 알고 지내던 사이였다. 그 아주머니가 삼백 살쯤 되어 보이게 늙은 모습에서 아들에 대한 사랑이 느껴졌다. 하지만 칼루를 이야기하지 않고, 사하르 경찰서 얘기를 꺼내지 않고, 어떻게 산자이의 죽음을 설명하겠는가. 경찰과 밀접한 관계인 오락실 타밀 남자마저도 칼루의 이름을 입에 올리는 걸 두려워했다. 그래서 산자이의 엄마는 결국 길거리 생활을 하는 어떤 엄마가 모든 걸 각오하고 속삭여준 말밖에 듣지 못했다. "댁의 아들은 가슴에 두려움이 너무 많아서 죽은 거예요."

빨간색과 흰색이 어우러진 인디아 항공 입구 앞의 꽃밭은 흙이 비옥했다. 관리 직원들의 노력으로 꽃밭을 어지럽혔던 한 소년의 흔적은 차츰 지워졌다. 어느 날 오후에 수닐은 꽃밭에 쪼그리고 앉아 유심히 살펴봤다. 땅에서는 상처의 흔적을 전혀 찾아볼 수 없었다.

4부

탈출구는 위쪽뿐

"인생에 대한 그런 끔찍한 생각으로
네 마음을 어지럽히지 마."

— 제루니사 후사인

12
아흐레의 춤추는 밤

2008년 9월이 끝나갈 무렵, 아샤는 기어이 안나와디를 손에 넣었다. 대단원에 어울릴 만한 사건이나 빈민촌장을 맞이하기 위한 대관식 같은 건 없었다. 그저 조금씩 꾸준히 전진한 결과, 오두막 앞에 진을 친 민원인의 줄이 늘어나고, 경찰은 그녀의 전화에 즉시 응답하고, 수바시 사완트가 대민 연설을 할 때 옆의 플라스틱 의자를 내주는 단계에 도달한 것이다. 카스트 서류 위조에 따른 법정 공방이 매듭지어질 것 같으니까 그녀의 후견인도 자신감을 되찾았다. 오수 웅덩이 옆에 마련된 무대에 그와 나란히 앉은데다 금목걸이까지 비슷한 걸 차서 그런지 아샤는 그와 거의 동등해 보였다. 자활 단체에서 빈곤층 여자들에게 빌려주는 고리대금을 통해 챙긴 돈으로 마련한 목걸이였다.

권력을 만끽하게 된 아샤는 야심한 밤에 남자를 만나러 나가는 것에 대해 더 이상 가족들에게 구구한 변명을 하지 않았다. 죽어버리겠다고 협박하는 남편을 달래기는 했어도, 달라진다는 약속은 하지 않았다. 5킬로그램 정도 살을 찌웠더니 밭에서 고생하던 시절의 마지막 흔적인 눈가 주름이 흐려졌다.

다만 이제 막 날개를 펼치려는 승리감을 함께 만끽할 절친이 없다는 게 가장 후회스러웠다. 비밀을 지켜야 했던 아샤는 다른 여자들과 일부러 거리를 뒀다. 문을 닫아 걸고 자신을 지켜야 했다. "나한테 진짜 친구가 어디 있니?" 아샤는 딸에게 이렇게 말하곤 했다. 그런데 이제 딸마저 멀어진 것 같았다. 어쩌다 눈이 마주치면 만주는 아샤가 제일 싫어하는 얘기나 들먹였다. 외다리.

칼루와 산자이의 죽음이 길거리 소년들을 흔들어놓았다면, 파티마의 죽음은 안나와디 여자들의 마음을 내시경처럼 들쑤셨다. 모두가 빤히 보는 앞에서 벌어진 그 사건은 두 달이 지났을 때 개인적인 일화가 되어 각자의 마음속에 새겨졌다. 파티마가 자신의 어리석은 행동을 후회했다는 사실은 잊었고 그 사건은 불길처럼 이글거리는 저항의 몸짓으로 재구성되었다.

파티마가 구체적으로 무엇에 항거했는지에 대해서는 저마다 해석이 달랐다. 빈민촌에서도 가장 가난한 사람들에게 파티마의 분신은 삶을 무력하게 만드는 가난이 이유였다. 육체적으로 결함이 있다고 장애인을 무시하는 세태가 이유였다. 반면 불행한 결혼 생활을 하는 적잖은 사람들은 결혼의 억압에 맞선 용기를 느꼈다. 질투와 부엌 시렁, 위태롭게 쌓아올린 벽, 쌀에 떨어진 돌가루 같은 것을 이야기하는 사람은 거의 없었다.

어느 날 밤에는 색싯집 여자가 마이단에서 몸에 석유를 뿌리고는 파티마의 이름을 부르며 성냥을 긋겠다고 위협했다. 또 다른 밤에는 남편에게 맞은 부인이 기어이 성냥을 **댕겼다**. 하지만 여자가 그 지경이 되어서도 목숨을 건지자, 만주는 공동 변소에서 친구인 미나를 만나 더 확실한 자살 방법을 따져보기 시작했다.

미나는 열다섯 살이었지만, 마흔 번째 생일 파티를 하다 말고 나가더니 계속해서 밤 외출을 하는 엄마 때문에 만주가 죽고 싶어 한다는 걸 알고 있었다. 만주가 바람 피우는 엄마로 인해 수치심을 느끼고 힘들어할 때 미나는 더 괴롭게 사는 사람도 있다는 것밖에 해줄 얘기가 없었다. 미나는 툭하면 부모와 오빠들한테 맞고 살았는데, 그것도 대충 때리는 시늉을 하는 수준이 아니었다. 미나에겐 하루 종일 집안일을 하다가 물을 받으러 가거나 공동 변소에 다녀오는 게 대단한 바깥나들이였다. 미나가 생각할 땐 대학도 보내주고 손찌검도 거의 안 하는데다 열다섯 살에 시집보낼 궁리를 하지 않는 엄마라면 다른 잘못 정도는 얼마든지 용서해줄 수 있을 것 같았다.

미나는 만주에게 끔찍한 생각을 끌어안고 있지만 말고 표현하라고 격려했다. 그게 힘든 상황을 이겨내는 현대적이고 건강한 방법 아니냐고 했다. 어느 날 밤에 변소에서 만난 만주에게 미나가 말했다.

"나더러 머리에 꽂은 꽃이 짓무르거나 변색되지 않는 게 희한하다고 했었잖아. 내 꽃들이 오래도록 싱싱한 이유는 내가 마음에 검은 어둠을 간직하고 있지 않기 때문이야. 난 나쁜 기운들을 밖으로 내뱉어 버리거든."

만주는 주춤했다. 그러잖아도 공공연한 엄마의 행실을 입 밖으로 내뱉을 수는 없었다. 만주는 괜히 삐딱해져서 대꾸했다. "그러면 내 마음은 아주 까만 모양이네. 내가 머리에 꽃을 꽂으면 두 시간만에 시들어버리니까."

만주는 심리학 시간에 배운 "현실 부정"을 실행하는 게 더 현명하다고 생각했다. 엄마에 대한 생각을 아예 중단해버리기로 했다. "그 생각의 흐름을 차단하지 않고서는 도저히 공부를 할 수 없을 거야." 안나와디 최초의 대졸 여성이 되느냐의 여부가 결정될 시험이 몇 달 앞으로 다가왔다.

프로이트는 무의식 이론을 바탕으로, 사람들은 충족되지 않은 소망을 환상으로 만들고 그걸 상상 속에서 충족한다고 주장했다. 프로이트는 환상을 크게 두 가지로 분류했다.

a) 야망

b) 성애

젊은 남자들은 주로 야망을 품고, 젊은 여자들은 주로 성애를 갖는다. 사람들은 일반적으로 환상을 부끄럽게 여겨 드러내지 않는다.

심리학 시간에 받은 인쇄물을 외우던 만주는 자신에게 또 한 가지 차단해야 할 고통스러운 주제가 있다는 걸 깨달았다. 민방위대에서 만난 중산층 남자, 딱 한 번 자신의 손을 잡았던 비제이. "다음 생에서는 결혼할 수도 있겠지." 그가 얼마 전 만주에게 이런 말을 했다. "하지만 이번 생에서는 안 돼."

9월 말은 안나와디의 많은 여자들이 낭만과 감상에 젖는 시기였다. 젊은 남녀가 야릇한 감정을 주고받는 나브라트리 축제가 곧 열릴 예정이었다.

젊은 남자들이 가장 기다리는 축제는 홀리와 한디였다. 홀리 축제 때는 물에 물감을 풀어서 풍선에 채운 다음 던져댔고, 한디 때는 인간 사다리를 만들어서 진흙탕 위로 개구리처럼 다이빙을 했다. 빈민촌 여자들은 진흙탕에서 구를 수 없지만 "춤추는 아흐레 밤"인 나브라트리는 남자들과 동등해질, 심지어 월등해질 수 있는 기회였다. 우기가 끝날 즈음에 열리는 이 축제 기간에 두르가 여신은 우주의 악과 맞서 승리를 거둔다고 했다. 그래서 미나마저도 나가서 여신을 섬기며 춤을 추고 맘껏 놀아도 된다는 허락을 받았다.

작년에 미나와 만주는 나브라트리 첫날을 맞아 몇 시간에 걸쳐 준비했다. 어머니만큼이나 가슴과 엉덩이가 나온 만주는 짙은 파란색 사리를 입었고, 미나는 빨간 샬와르 카미즈(인도, 파키스탄 지방의 민족 의상으로 긴 셔츠에 헐렁한 바지를 받쳐 입는 것)를 입었다. 미나는 굿데이 비스킷을 그렇게 먹는데도 여전히 몸이 가냘팠다.

만주를 본 미나는 감탄이 절로 나왔다. 몸매도 몸매거니와 하얀 피부에 등을 곧게 펴고 엉덩이를 바짝 당겨서 완벽하게 유지한 바른 자세까지. 미나는 좀처럼 가만히 있지 못하고 몸을 이리저리 비틀었다. 하지만 머리를 젖히고 흰 이를 드러내고 웃을 때의 도발적인 아름다움은 오히려 미나가 한 수 위였다. 그럴 때면 미나는 뭔가 흥미진진한 일이 벌어지게 만드는 그런 여자들처럼 보였다. 하지만 흥미진진한 일은 좀처럼 일어나지 않았다. 2007년 나브라트리 때도 그런 일은 없었다. 첫째 날에는 마이단을 유유히 걸어 다니려 했건만, 우기의 마지막 소나기에 흠뻑 젖고 말았다. 진창이 되지 않은 곳은 오수 웅덩이 옆에 마련된 무대뿐이었지만 그 일대는 지나치게 긴 우기 때문에 똥돼지 악취가 진동했다.

2008년 나브라트리가 작년보다 나을 거라고 기대하는 건 아샤가 총괄 책임을 맡았기 때문이었다. 그녀는 아흐레 밤 동안 열리는 이 축제가 젊은 여자들에게 어떤 의미인지 잘 알았다. 아샤는 밴드와 커다란 스피커와 디제이, 두르가 여신상을 모시는 신전 등을 계획했고, 마이단에는 춤이 절로 나오도록 위쪽에 요정 모양 전구 장식을 달기로 했다. 시브 세나뿐만 아니라 경쟁 관계인 국민회의당 지도자들도 이 화려한 축제에 지원을 아끼지 않았다. 선거가 다가오고 있어서 수백만 빈민촌 유권자들의 환심을 사야 하는 뭄바이 정치인들은 너그러웠다.

서구발 불황의 여파가 바야흐로 인도에도 상륙한 터라, 안나와디 사람들은 잠시 시름을 잊고 흥청거릴 계기가 필요했다. 세계 시장에서 흘러나오는 풍요를 약속했던 물줄기들이 끊어지면서 위로 올라가려던 빈민촌 사람들이 뒤로 밀려났다. 고물 값도 떨어졌다. 우기 때문에 중단됐던 공사가 외국의 돈줄까지 막히면서 또 다시 멈춰 서자 날품팔이 일감도 말라붙었다. 반면에 식비는 치솟았다. 비다르바를 비롯한 대표적인 농경 지대가 가뭄으로 수확이 신통치 않았기 때문이었다.

이런 곤경을 정치적으로, 이를테면 디제이를 부르고 색등을 다는 식으로 타개하려는 노력은 뭄바이의 오랜 관행이었다. 선거 전의 축제 기간에는 도시의 빈민촌도 멋진 건물이 즐비한 부자 동네만큼 환했고, 열 배쯤 더 시끄러워지곤 했다. 미나는 밴드와 앰프와 번쩍이는 전구 불빛이 너무 좋았다. 더구나 올해는 두려운 미래, 타밀나두에서 어린 신부로 사는 삶이 시작되기 전에 마지막이 될지도 모르는 나브라트리였다.

미나는 한때 안나와디에서 태어난 첫 번째 여자아이라는 사실에 자부심을 가졌었다. 하지만 뭄바이를 떠나야 할 순간이 다가오자 이 도시에서 고작 집안일밖에 배우지 못했다는 사실이 안타까웠다. 안나와디에선 아무리 닦고 치워봐야 깨끗함이 오래 유지되는 경우가 드물었다. 그런데도 어째서 사람들은 여자가 집안일을 제대로 못하는 탓이라고 여길까? 물이 졸졸 흐르는 공동 수도 앞에서 다들 두 시간씩 기다리는데 어째서 엄마는 뭐하느라 그렇게 오래 걸렸느냐고 호통치는 걸까?

텔레비전에서는 인도가 여자들이 살기 좋은 나라로 새롭게 변신했다고 떠들어댔다. 미나가 제일 좋아하는 타밀어 채널 드라마도 고등교육을 받고 사무직으로 일하는 싱글 여성의 이야기였다. 제일 좋아하는 광고에서는 남인도 출신의 아신이라는 영화배우가 오렌지맛 미린다 탄산음료를 흔들며 더 즐겁고 열정적으로 살라고 외쳤다.

하지만 어떻게 하면 여자들이 관습을 거부하며 열정적으로 산다는 그 새로운 인도에 갈 수 있는 건지, 미나는 알 길이 없었다. 대학을 나온 만주라면 갈 수 있을지도 몰랐다. 만주 말고는 대학 나온 여자를 알지 못했기 때문에 확실히 그렇다고 단언할 수는 없었다. 하지만 드라마를 보고 미린다 광고를 보면서 미나는 이따금 자신이 껍데기뿐인 삶을 살고 있다는 느낌을 받았다. 미나는 그저 당하고 살 뿐이었다. 툭하면 맞았고 계속해서 새로운 혼담이 오갔다. 하지만 한 번이라도 뭔가를 직접 결정한 적이 있었던가?

혼인 상대가 아닌 외간 남자가 미나를 사랑했다. 드라마에서처럼 폭발적인 사건은 아니었지만 옹색한 그녀의 삶에도 작으나마 반가운 기분 전환이 됐다. 남자는 오빠의 친구였다. 빈민촌에 살면서 공장에 다녔는데, 결혼해서 가족을 부양할 돈을 벌려면 그 길밖에 없다는 생각에 페르시아 만에 가서 청소부로 일할 계획이었다. 어느 날 친구를 만나러 왔던 남자가 미나에게 전화번호를 쥐여주었다. 며칠 후 미나는 밤에 공중전화로 가서 전화를 걸었다. 그렇게 은밀한 통화를 여섯 번인가 여덟 번쯤 했을 때, 남자는 자신이 꿈꾸는 미래의 부인이 미나라고 고백했다.

장난 삼아 시작했던 것이 너무 멀리 가버렸다. 미나는 그 상황에 적절하다고 판단되는 대답을 해주었다.

"나를 사랑하는 건 괜찮아요. 나를 사랑해줘서 기뻐요. 하지만 난 다른 사람과 결혼할 몸이니까, 그냥 친구로만 생각하세요."

만주는 그 얘기를 듣고 마음이 놓였다. 미나는 워낙 속내를 감추지 못하는 성격인데다 외모도 남의 눈에 띄지 않고 은밀히 돌아다니기에 적합하지 않았다. 전화를 걸다가 들켜서 오빠들한테 벌써 두 번이나 맞았다.

"아무튼 지난달에는 시골 남자가 마음에 든다고 했잖아." 만주가 지적했다. 미나는 실제로 어느 시골 남자를 좋아했고, 남자는 일요일마다 미나를 만나러 왔다. 얼마든지 동생을 시켜도 되는 상황에서 저녁을 먹은 그릇을 직접 씻는 남자의 모습이 미나와 만주에게는 놀라웠다. 문제는 그 남자가 아니었다. 열다섯 살에 부모님이 점찍은 상대와 결혼해야 한다는 사실이 문제였다.

미나의 아버지는 살다 보면 좋아진다는 걸 강조했다. "처음에 마음이 다 통해버리면 뭐가 남아."

만주 아버지의 시각은 조금 더 냉소적이었다. "어떤 결혼도, 하고 난 다음에는 행복하지 않아. 하기 전에 생각할 때나 행복한 거지."

하지만 미나는 좀처럼 기대에 부풀지 않았다. 사랑한다고 해서

쳇바퀴 같은 일상을 바꿀 수 있을 것 같지 않았다. 결혼 후에 어른으로 사는 삶이 지금보다 더 갑갑해지면 어떻게 살까?

미나와 만주는 시골로 시집가는 걸 시간을 거슬러 과거로 돌아가는 것으로 여겼다. 아샤의 고향 마을에서 쿤비 카스트는 미나의 달리트를 더러운 사람으로 취급했다. 마을 밖에서 따로 살아야 할 정도로 불결한 존재이며, 쓰레기를 줍거나 하수구를 치울 때에만 쿤비의 집에 출입할 수 있었다. 달리트가 만진 컵은 버려야 했다. 그런 사람들이 만주가 달리트를 친구로 삼는 것도 모자라 스스럼없이 몸을 맞대고 하늘색 사리를 돌려 입는 걸 봤다면 기겁했을 것이다.

만주가 지난해 봄에 마하라슈트라의 새해 아침을 맞아 입었던 사리를 미나는 타밀 족의 새해 아침에 주름을 더 많이 잡아서 입었다. "언니처럼 입으면 너무 부풀어 오르고 부해 보여." 미나는 뭄바이에서 보내는 마지막 나브라트리에서도 그걸 입었다.

"나도 엄마가 시골의 그 군인한테 나를 시집보내겠다고 할까 봐 겁나." 어느 날 변소에서 미나를 만났을 때 만주가 말했다. 이야기를 나눌 때면 두 사람은 언제나 빈민촌을 등지고 섰다. 아샤네 가족이 비다르바에서 돌아온 후, 라훌은 툭하면 이제 시골에서 살게 될 거라며 누나를 놀렸다. "얼굴을 가리고 시어머니 대신 청소랑 빨래를 하겠네. 누나 남편은 부대를 따라 멀리서 생활할 테니 얼마나 외로울까?"

"그럼, 언니네 엄마가 그 결혼을 강행하면 어떻게 할 거야?"

"도망쳐서 이모한테 가려고. 이모가 나를 지켜줄 거야. 그런 식으로 어떻게 살겠니?"

"어쩌면 그냥 파티마처럼 해버리는 게 나을지도 몰라. 비참한 생활을 할 게 틀림없다면 그 상황을 피해야지. 하지만 나는 죽을 거라면 몸에 불을 지르기보다 약을 먹을래. 분신을 하면 온통 까맣게 타버린 끔찍한 모습으로 기억될 테니까."

만주는 미나를 나무랐다. "왜 자꾸 그런 생각을 해. 파티마의 모습을 보고 나서 몇 주가 지나도록 속이 울렁거린다고 했으면서. 그런 생각은 털어버려, 나처럼. 안 그러면 또 속이 메슥거릴 거야."

이런 얘기를 나누다 보면 어쩔 수 없이 행여 외다리의 유령이 돌아다니지 않는지 한번씩 살펴보게 되었다. 안나와디를 떠돌며 셀 수 없이 많은 집에 저주를 내리는 그녀의 유령이 이 변소에 머문다고들 했다. 빈민촌 사람들은 립스틱을 곱게 바르고 변소로 향하던 그녀의 모습을 기억했다. **또각, 또각, 또각.** 그래서 아예 밖에다 똥을 누는 게 더 안전하다고 생각하는 사람들도 많았다.

라훌이 만주와 미나에게 말했다. "걱정하지 마. 외다리는 죽을 때 목발이 없었으니 아무리 유령이라도 달려와서 따라잡지는 못할 거야." 만주는 동생의 말이 그럴듯하다고 생각했고, 상류층 사람들은 유령 얘기를 하지 않는다는 것도 알고 있었다.

하지만 미나는 대단히 미신적이었다. 얼마 전에 미나가 무심코 내버린 월경대 위로 뱀이 기어가는 걸 어머니가 보고는 자궁이 오그라들 징조라며 역정을 냈다.

만주는 미나의 어머니가 실제로 뱀을 보지도 않았으면서 결혼을 앞둔 미나한테 몸조심을 시키기 위해 창의력을 발휘한 거라고 의심했다. 하지만 미나는 몸까지 부르르 떨면서 말했다. "나는 오그라들어서 말라 죽을 거야." 또 다른 날 밤에는 결혼해서 애를 낳지 못하는 여자는 뭄바이에서도 죄인 취급을 받는데 시골에서는 어떻겠느냐며 엉엉 울었다.

변소에서 미나는 안절부절못했다. 뱀의 저주와 파티마의 유령이 미나한테 위태롭게 달라붙어 있었다. 그래도 미나는 뛰쳐나가지 않고 버텼다. 그러지 않을 수 없었다. 악취 속에서 만주와 함께 있는 10분은 미나가 그나마 자유롭다고 느끼는 유일한 시간이었다.

아샤가 총괄 책임을 맡은 나브라트리가 시작되기 전날 밤에 마이단에서는 맹렬한 미화 작업이 진행됐다. 압둘의 폐품 더미는 자취를 감췄고, 여자들은 곳곳을 싹싹 쓸었다. 십 대 소년 한 명이 깃대를 타고 기어 올라가서 전등 줄을 고정했고, 다른 소년들이 적당한 오두막 지붕의 처마에 반대쪽 줄을 고정했다. 이제 밤에 만주와 아샤가 옆 동네에 가서 두르가 신상을 모셔오기만 하면 축제 준비는 모두 끝났다. 오후에 일찌감치 학교에서 돌아온 만주는 신상을 모셔오려면 최소한 한 시간은 걸릴 텐데 언제 아이들을 가르치고 영문학 공부를 하고 집안일까지 마칠지 고민하며 종종걸음으로 마이단을 가로질렀다.

"저녁 먹기 전에 돌아올 거야." 만주는 오두막 문간에서 손을 흔드는 미나를 보고 외쳤다. 행여 빨래를 안 한 걸로 꼬투리를 잡혀 춤추러 나가지 못하게 되는 상황이 발생하면 곤란했다.

네 시간이 지나 빨래를 널고 아이들과 함께 '머리 어깨 무릎 발'까지 모두 외운 후에 만주는 미나네 집으로 향했다. 친구는 문간에 앉아 깨끗해진 마이단을 내다보고 있었는데 어쩐지 그 모습이 심상치 않았다. 원래 미나네 부모님은 시집도 안 간 처녀가 문간에 앉아 있으면 헤프다는 말이 돈다며 절대 허락하지 않았다.

만주는 미나 옆에 앉았다. 늦은 오후의 이맘때는 안나와디의 여자들이 집안일을 얼추 마무리하고 저녁 준비를 하기 전까지 잠시 한숨을 돌리는 시간이었다. 어렸을 땐 이런 시간에 집 앞에서 사방치기를 하곤 했지만, 결혼할 나이가 다 된 소녀들은 그렇게 팔짝거리며 돌아다닐 수 없었다. 미나는 평소와 달리 차분한데다 창백해 보이기까지 했다. 매년 나브라트리 축제 때 그랬던 것처럼 두르가 여신을 위해 금식을 하는 중이었다.

미나는 한 번씩 몸을 숙이고 흙바닥에 침을 뱉었다. "속이 안 좋아서 그래?" 한참 지켜보던 만주가 물었다.

미나는 고개를 젓고는 다시 침을 뱉었다.

"그러면 왜 그러는데?" 만주는 갑자기 의심이 들어 목소리를 낮췄다. "혹시 담배를 씹는 거야?" 어머니가 오두막 안에 있는데 설마 그럴 리는 없었다.

"그냥 침을 뱉는 것뿐이야." 미나가 어깨를 들썩이며 말했다.

미나를 만나면 기분이 좋아질 줄 알았다가 오히려 울적해진 만주는 남은 일을 처리하려고 자리에서 일어섰다. "저기," 미나가 손을 내밀었다. 손바닥에는 껍데기뿐인 쥐약 튜브가 있었다.

미나와 눈을 마주친 만주는 집 안으로 냅다 뛰어 들어갔다. 미나의 어머니는 이들리(쌀가루 반죽을 하루 정도 발효시킨 다음 송편처럼 쪄서 먹는 음식)를 만들려고 쌀을 갈고 있었다. 만주의 입에서는 말들이 두서없이 튀어나왔다. **쥐약을, 미나가, 멍청하게, 죽으려고.**

미나의 어머니는 계속 쌀을 갈았다. "호들갑 떨 것 없다. 괜히 그러는 거야. 몇 주 전에도 쥐약을 먹었다고 했지만 아무 일도 없었어."

미나 어머니는 그런 딸에게 이골이 났다. "저 애는 춤출 생각에 정신을 잃은 게야. 새벽 2시에도 도시 남자랑 통화한 사실을 들켜서 매를 좀 맞았지. 점심에는 금식 중에 흔들리고 싶지 않다면서 남동생이 오믈렛 만들어달라는 걸 거절했다가 또 맞았어. 문간에 앉아 있는 걸 보고 오빠한테 오늘만 세 번째로 맞게 됐으니, 그걸 어떻게 피해볼까 싶어서 약을 먹었다고 꾸며내는 거란다."

만주는 잠시 안도의 한숨을 내쉬었다. 하지만 미나가 연극을 하는 거라면 왜 만주까지 끌어들였을까? 만주는 다시 밖으로 나가서 몸을 숙이고 친구의 얼굴을 살핀 뒤 냄새를 맡아봤다.

문득 불과 연기를 내뿜는 만화 속의 용이 떠올랐다. 나중에도 만주는 미나의 입과 코에서 연기가 나는 모습을 본 것만 같은 생각이 머릿속에서 떠나지 않았다. 미나의 몸 안에서 불이 활활 타고 있기라고 했던 것처럼. 하지만 그건 불가능했다. 미나는 단지 쥐약을 먹었을 뿐이었다. 만주는 머리가 빙빙 돌았다. 여기서 도와달라고 소리를 질렀다간 미나의 자살 기도 사실이 빈민촌에 쫙 퍼질 테고, 그러면 미나의 평판이 더럽혀질 것이다. 무슨 일이 있어도 조용히 처리해야 했다. 만주는 공중전화로 달려가서 아샤에게 전화를 걸었다.

만주가 조그만 목소리로 속삭였다. "엄마, 미나가 쥐약을 먹었는데 걔네 엄마는 아예 믿질 않아요. 뭘 어떻게 해야 할지 모르겠어요!"

"어쩌니! 당장 담배를 삼키게 해. 그러면 속을 다 토해낼 거다."

하지만 만주가 담배를 사는 걸 사람들이 보면 뭐라고 할까? 만주는 미나와 같은 골목에 사는 타밀 여자들한테 달려갔다. 그 여자들이라면 뭔가 묘안이 있을 것 같았다. "약을 먹었어요!" 만주는 최대한 목소리를 낮추었다. "도와주세요! 어떻게 해야 할지 모르겠어요."

여자들은 머리를 절레절레 흔들었다. "얼마 전부터 툭하면 싸우는 소리가 나더라니." 누군가 말했다.

"안 돼요!" 만주는 조용히 처리해야 한다는 사실을 잊고 버럭 소리를 질렀다. "그렇게 가만히 계시지 마세요. 얼른 손을 써야 해요!"

그러는 사이에 미나가 옆에 와서 섰다.

"정말 그걸 삼킨 거니?" 한 여자가 물었다.

"그랬어요." 미나의 목소리에는 힘이 하나도 없었다.

"그걸 **전부** 다 먹었어?" 만주가 따져 물었다. 얼마 전에 이 골목에 사는 여자가 똑같은 쥐약인 라톨 튜브를 반쯤 먹었다가 목숨을 건진 일이 있었다.

"전부 다." 미나는 이렇게 말하고는 몸을 숙이고 헛구역질을 했다. 얼굴 위로 머리가 치렁치렁 쏟아졌다. 구역질을 멈춘 다음에는 대단히 빠르게 말을 하기 시작했다. 라톨 튜브는 마롤 시장에서 40루피를 줬고, 오빠들이랑 아버지의 잔돈푼을 훔쳐서 샀다고 했다. 늘 맞고 사는 것에 대해서도 무슨 말인가를 했고, 남동생과 오믈렛에 대해서도 뭐라고 했지만, 그게 이유는 아니었다. 그녀가 그런 결단을 내린 이유는 파티마처럼 분노 때문이었다. 지난번에는 두 번 다 쥐약만 먹고 토했기 때문에 이번엔 우유에 섞어 마셨다고 했다. 우유 덕분에 쥐약이 위에 오래 남아서 목숨을 확실히 끊어줬으면 좋겠다는 말도 했다.

이건 미나가 살면서 스스로 내린 유일한 결정이었다. 가장 친한 친구에게도 쉽사리 털어놓을 수 없었던 선택이었다.

미나는 스르르 주저앉았다. 그녀를 짓누른 무게는 체중과는 아무 상관이 없었다. 여자 한 명이 소금물을 한 그릇 내왔다. "이걸 먹으면 속을 게울 거야." 여자가 미나의 머리를 뒤로 젖히며 말했다. 미나가 물을 삼켰다. 다들 숨죽여 기다렸다. 그러나 헛구역질뿐 나오는 건 아무것도 없었다.

또 다른 여자가 비눗물을 먹여 보자면서 집으로 달려가더니 냄새가 고약한 마두마티 비누를 한 조각 잘라 왔다. 미나는 코를 움켜쥔 채 그 물까지 모두 삼켰다. 마침내 옅은 녹색 물이 흥건하게 입 밖으로 나왔다.

미나가 한참 만에 말했다. "기분이 한결 나아졌어. 전부 다 게워낸 것 같아." 자리에서 일어선 미나의 얼굴은 땀으로 번들거리고 몸은 휘청거렸다. 미나의 엄마가 쥐약 기운을 털어내게 한숨 자라며 딸을 데리고 집으로 들어갔다. 오두막 문이 닫혔을 때에야 골목 여자들은 참았던 숨을 내쉬었다. 여자는 현명해야 헛소동에 휘말리지 않고, 결혼 생활도 지켜낼 수 있다. 그래도 미나의 예비 시댁에서 충동적인 신붓감을 골랐다는 얘기를 듣는 일은 없을 것이다.

두 집 건너 오두막에서는 무슨 일이 벌어졌는지 모른 채 우유와 설탕을 팔았다. 일을 마치고 돌아오는 인부들은 비눗물이 섞인 녹색 토사물 위로 터벅터벅 걸어갔다. 길 위에 자욱한 매연을 보고 만주는 이제 저녁이 되었다는 걸 알았다. 그리고 더 이상 문이 닫힌 친구네 집 앞에 황망하게 서 있을 필요가 없다는 걸 깨달았다. 이제 세수를 하고 두르가 신상을 모시러 가야 했다.

만주와 아샤가 신상을 가지러 갈 때쯤, 집에 돌아온 미나 오빠는 쥐약을 먹었다는 이유로 또 다시 동생을 때렸다. 미나는 울면서 잠이 들었다가 자정을 얼마 앞두고 또 울기 시작했다. 아버지는 한참 후에야 그게 슬퍼서 흘린 눈물이 아니라는 걸 알았다.

나브라트리 첫째 날, 환하게 불을 밝힌 공터에서 춤을 추는 사람들 중에 만주는 없었다. 미나는 쿠퍼 병원에 누운 채 누가 자살을 사주했느냐는 경찰의 질문을 받았다. 미나는 말했다. "누구 때문이 아니에요. 내가 결정한 일이에요."

나브라트리 셋째 날 밤에 미나는 입을 다물었고, 그러자 쿠퍼 병원 의사들은 "수입 주사액"이라면서 그녀의 부모에게서 5000루피를 뜯어냈다.

나브라트리 여섯째 날에 미나는 죽었다.

"세상이 허용한 삶에 질려버린 거지." 타밀 여자들은 말했다. 미나네 가족들은 이리저리 따져본 끝에 만주가 현대사회의 바람을 불어넣은 게 이유라고 결론을 내렸다.

나브라트리의 조명 장식을 걷어냈다. 라훌은 만주를 웃게 하려고 노력하다가 미나의 남동생도 아쉬운 게 있을 거라고 말했다. "그 녀석은 이제 두 번 다시 오믈렛을 먹고 싶지 않을 거야." 라훌은 그 말에 누나가 희미하게나마 미소를 지었다고 생각했다.

아침 햇살이 환할 때 만주는 변소 앞의 깨진 시멘트 바닥에서 미나라는 글자를 찾아냈다. "이런 햇살 속에서만 볼 수 있는데, 그나마도 보일락 말락하네." 만주는 혼자 중얼거렸다. 안나와디에는 미나라는 이름의 여자가 한 명 더 있었고, 언젠가 한 남자가 체구가 더 조그만 그 미나를 사랑해서 팔뚝 안쪽에 이름을 새긴 적이 있었다. 만주는 마르지 않은 시멘트에 이름을 쓴 것도 그 남자일 거라고 생각했다. 그렇게 짐작하는 게 타당했다. 그러면서도 만주는 미나가 제 손가락으로 직접 이름을 새겼다고, 안나와디에서 처음 태어난 여자아이가 그곳에 자신의 흔적 하나는 남기고 떠났다고 믿고 싶었다.

안나와디의 아이들

13
반짝이는 것

 11월에는 고물 값이 바닥으로 곤두박질쳤다. 오락실 타밀 남자는 넝마주이들에게 폐품 값을 왜 그렇게 형편없게 쳐줄 수밖에 없는지 열심히 설명했다. "미국에서 은행들이 손실을 입었고, 그것 때문에 금융계 거물들도 손해를 봤고, 그래서 빈민촌 고물 시장도 내리막길을 걷게 된 거야." 이게 그 남자가 세계적인 경제 위기를 이해하는 방식이었다. 한때 1킬로그램에 25루피였던 물통은 10루피로 떨어졌고, 신문은 5루피를 받던 것이 이제 2루피밖에 받을 수 없었다. 넝마주이들은 이런 방식으로 세계를 휩쓸고 있는 경제 위기를 받아들였다.

 수닐이 주워온 신문에는 자동차나 다리 밑에 친 텐트에 사는 미국인들이 많다는 소식이 실렸다. 인도 최고 갑부인 무케시 암바니도 수십 억 달러의 손실을 입었다고 추정됐지만, 뭄바이 남쪽에 짓고 있는 유명한 27층짜리 저택에 타격이 갈 정도는 아니었다. 저층에는 자동차를 보관하고, 다섯 식구 외에 집안일을 처리하는 하인 600명이 지낼 집이었다. 빈민촌 젊은이들에겐 암바니의 헬리콥터가 건물 지붕에서 이착륙을 할 거라는 사실이 더 신기했다.

"머잖아 상황이 나아질 거야." 압둘은 아버지한테서 들은 얘기를 수닐이나 다른 넝마주이들에게 그대로 옮겼다. 세계 시장은 변덕을 부려도 관광객들의 흐름은 예측이 가능했다. 겨울이 되면 뭄바이에 관광객들이 밀려들었다. 재외 인도인들도 디왈리 축제(11월 중순에 약 닷새 동안 펼쳐지는 힌두교 최대 축제)에 맞춰 11월에 고국을 찾았고, 유럽이나 미국 사람들은 주로 12월에 집중됐다. 중국과 일본 사람들이 그 뒤를 이으면서 호텔과 공항은 1월 말까지 북적였다. 밀려드는 관광객들을 보면서 안나와디 사람들은 우기에 공친 것과 불황의 여파를 이겨낼 수 있겠다고 생각했다.

11월 말의 어느 날 밤이었다. 허탕을 치고 돌아온 수닐은 오락실에서 아이 두 명이 빨간색 기계에 붙어 메탈슬러그3이라는 게임을 하는 걸 구경했다. 화면 속에는 폭탄이 터진 도시의 거리에서 게릴라와 경찰이 총격전을 벌였고 돌연변이 가재들도 등장했다. 오락실 밖이 소란스러워졌다. 한참 후에야 수닐은 에라즈엑스를 흡입한 후에 벌어지는 평소의 헛소동과 다르다는 걸 깨달았다. 사람들이 오락실 주인의 오두막 창문에 달라붙어 텔레비전 뉴스를 지켜보고 있었다. 파키스탄의 무슬림 테러리스트들이 고무 보트를 타고 해변으로 잠입한 후 뭄바이를 활보하고 있다는 내용이었다.

이른바 성전(聖戰)을 벌이고 있는 이들은 타지와 오베로이라는 호화 호텔을 공격해서 직원과 관광객을 살상했다. 레오폴드 카페라는 곳에서도 사상자가 발생했고, 뭄바이에서 가장 큰 기차역에서는 사상자가 100명에 달한다는 속보가 이어졌다. 곧이어 한 테러리스트의 사진이 화면을 가득 채웠는데, 자동 소총만 아니었으면 검은 티셔츠에 배낭을 메고 운동화를 신은 모습이 꼭 대학생 같았다.

사건 현장인 뭄바이 남부의 부촌은 안나와디에서 약 27킬로미터 거리였다. 수닐은 그곳이 멀다는 사실에 안도했다. 텔레비전에 나온 사람들이 테러리스트의 폭탄 소지 가능성을 언급했을 때 수닐은 묘한 흥미를 느꼈다. 수닐이 두 번째로 좋아하는 '바머맨'이라는 비디오 게임에서는 검고 둥근 모양에 기다란 도화선이 달려서 불꽃이 타들어가는 폭탄이 등장했고, 이게 터지면 서커스 음악이 흘러나왔다.

하지만 공항로 인근에서도 택시 한 대가 폭발했고, 나이 많은 소년들은 공항을 표적으로 삼은 게 분명하다고 말했다. 뭄바이 남부의 5성급 호텔을 공격했다면 공항 옆의 호텔들도 노릴지 모른다는 추측이 나왔다. 그 호텔로 가기 위해 안나와디를 지나갈 수도 있었다. 다행히 만주의 인도 민방위대는 이번에 구조에 나서지 않았다. 만주는 집으로 가서 문을 걸어 잠갔다.

하지만 압둘의 어머니와 아버지는 그러기가 망설여졌다. 안나와디의 힌두교 이웃들이 빈민촌의 무슬림도 이 사건에 연루되어 있다고 주장하면 어떻게 하나. 카람 후사인은 문을 열어놓은 채 텔레비전을 켰다. 압둘은 이불을 머리까지 끌어올렸고, 어린 남동생 한 명은 화면에 바짝 다가앉았다. 어린 꼬마의 눈에는 식민지 시절의 건물들이 아름다워 보였다. 타지 호텔 사건 현장에 파견된 기자들 뒤로 빨간 첨탑이 솟아 있었고, 기차역의 정면 장식은 정교했다. 안나와디에서는 모든 집이 그 안에 사는 사람들과 얼추 비슷해 보였다. 하지만 뭄바이 남부 지역에서는 이 어수선한 와중에도 어딘가 웅장한 통일성이 느껴졌다. "마치 한 사람이 전부 지은 것 같아."

수닐과 눈 깜빡이 소누는 다음 날 아침 일찍 일을 하러 나섰지만 쓰레기를 줍는 게 불가능하다는 사실만 확인했다. 공항 주변은 폐쇄됐고, 길고 까만 총을 든 특공대원들이 공항로에 모여 있었다. 둘은 다시 안나와디로 돌아와서 오락실 남자의 텔레비전 앞으로 달려갔다. 타지 호텔이 불에 타는 가운데 관광객을 인질로 잡은 테러리스트들이 아직 호텔 내부에 있었다. 앵커는 세계가 이 충격적인 사태를 예의 주시한다고 말했다. 호텔 앞에서는 멋진 옷차림을 한 사람이 눈물을 흘리면서 타지는 아주 소중한 건물이라고 말했다.

부자들은 안전을 보장해준다고 느꼈던 안락한 장소가 파괴된 것을 애통해하는 모양이라고, 수닐은 생각했다. 수닐에게 바로 그런 장소인 9제곱미터의 오락실에서는 뭄바이 남부의 테러 사태나 그 과정에서 발생한 수백 명의 사상자 때문에 우는 사람은 없었다. 빈민촌 사람들이 걱정하는 건 자기 자신들이었다. 60시간 만에 사태가 종료되었을 때 안나와디 사람들은 이번 일이 경제에 미칠 연쇄적인 파장을 정확하게 예측했다.

테러리스트들이 호텔에서 외국 관광객들을 살해하는 도시로 겨울 휴가를 떠날 사람이 어디 있어. 올해 안나와디엔 겨울 성수기가 없을 거야. 공항은 조용하고 호텔은 텅 비겠지. 섣달그믐이면 인터콘티넨탈에서 열리던 떠들썩한 새해맞이 파티도 올해는 없을 거야.

2009년은 가난의 그림자를 드리운 채 빈민촌에 도달했고, 세계적인 경제 불황 위로 테러의 공포가 덧씌워졌다. 많은 안나와디 사람들이 쥐 먹는 법을 다시 배웠다. 소누는 수닐에게 나우파다 빈민촌에서 개구리를 잡아오라고 시켰다. 오수 웅덩이보다는 나우파다에 사는 개구리가 더 맛이 좋았다. 호화 호텔을 향해 시비를 걸던 미치광이 넝마주이는 하얏트가 자기를 죽이려 한다는 비난을 중단했다. 그 대신 파란색 무광택 유리로 장식한 호텔에 이렇게 간청했다. "하얏트야, 나는 일은 너무 많은데 손에 쥐는 건 너무 적어. 어떻게 좀 해줘."

1월의 어느 오후에 수닐은 레미콘 공장의 인적이 드문 웅덩이로 가서 몸을 씻었다. 물풀을 밀어낸 후 수면에 비친 얼굴을 찬찬히 뜯어봤다. 그는 이제 도둑이 되었고, 소누는 그게 얼굴에 나타난다고 말했다. 수닐은 친구의 말이 무슨 뜻인지 잘 알았다. 자신도 도둑질을 시작한 소년들의 얼굴이 변하는 걸 봐왔고, 경비원들도 그 변화를 즉시 알아차렸다. 하지만 수닐은 자신의 모습이 예전과 똑같다고 생각했다. 아이 같은 커다란 입이며 큼지막한 코, 앙상한 몸통도 똑같았고, 무성한 머리도 전과 다르지 않았다. 동생 수니타를 생각하면 사방으로 뻗친 머리에 전혀 불만이 없었다. 남매는 자다가 쥐에 물렸고 물린 상처에 염증이 생겼는데, 동생은 염증이 곪아서 구더기가 들끓다가 대머리가 됐기 때문이었다.

소누는 수닐이 새로 시작한 일을 포기하게 만들려고 얼마 전에는 뺨을 네 대나 세차게 때렸다. 수닐은 맞받아치지도 않고, 마음을 바꾸지도 않았다. 소누가 안나와디 소년들 중에서 가장 도덕적일지는 몰라도, 그에겐 힘을 합쳐 돈을 벌 어머니와 어린 동생들이 있었다. 넝마주이만으론 먹고살 수 없는 수닐은 공항 지형을 새롭게 파악했고, 장물을 사들이는 사람들은 기꺼이 도움을 제공했다. 그의 첫 번째 단독 범행 때는 역시 구더기 때문에 머리를 밀어버린 여동생이 있는 십 대 도둑이자 방랑자가 잽싸게 도주하는 데 쓰라고 자전거를 주었다. 아침이 밝았을 때 공항 소방대의 황동 밸브 꼭지가 사라졌다. 오락실 남자에게서 절단 도구를 빌린 다음에는 수십 군데의 콘크리트 하수도 뚜껑 밑에서 철판 지지대가 사라졌다. 개장을 앞둔 공항 주차장에서 인부들이 작업에 한창일 때 수닐은 나사를 하나씩 돌리며 해체 작업에 돌입했다.

수닐은 새로운 경제에 미세한 균열을 가하는 좀도둑 역할에 적임자였다. 공항로의 코코넛 나무를 타며 연마한 능력으로 담을 기어올랐고, 작은 체구로 의심의 눈초리를 피했으며, 위험 앞에서도 물러

서지 않았다. 강물 위의 바위 턱으로 쓰레기를 주우러 뛰어내렸던 패기였다. 유일한 문제는 쇠붙이를 집을 때마다 손발이 떨린다는 사실이었는데, 다른 도둑들은 그의 이런 신경 발작을 재미있어했다.

타우피크라는 도둑은 한 달 내내 그를 다그쳤다. "오늘 밤에는 타지에 들어가야 하는 거 아냐?" 안나와디 소년들이 말하는 타지는 테러 공격을 받은 남부의 호텔이 아니라 공항 부지 안에 나지막한 건물이 있는 타지 케이터링 서비스를 의미했다. 가시철망을 두른 높은 돌담 뒤에서 기내식이 만들어졌다. 얼마 전에 수닐은 담 뒤로 오렌지색 그물망과 철제 비계가 높이 솟아 있는 걸 발견했다. 뭔가 건축 중이라는 뜻이었고, 그렇다면 쇠붙이도 있을 게 분명했다.

예전에 칼루는 쓰레기통을 털 때 가시철망을 기어올랐다. 수닐은 그것보다 수월하게 잠입할 방법을 찾다가 한쪽 담 아래로 관목에 가려진 작은 구멍을 발견했다. 구멍의 위치가 불빛이 닿지 않는 자갈길 끝이라는 사실도 모험을 감행하게 했다. 그런데도 수닐은 거사를 계속 뒤로 미뤘다.

타우피크는 그렇게 꾸물거리다간 다른 아이들이 구멍을 발견할 거라며 조바심을 냈다. 하지만 수닐은 타지 케이터링을 볼 때마다 칼루의 죽음이 생각났고, 최근에 참호를 파고 들어앉아 있던 파란 베레모의 특공대원들, 테러 이후 더 악랄해진 것 같은 사하르 경찰도 떠올랐다. 얼마 전에는 인도 정유의 경비원이 고철을 찾아 어슬렁거리는 수닐을 끌고 사완트라는 경찰한테 데려갔다. 술에 취해 있던 경찰은 수닐의 등을 짓밟았다. 어찌나 모질게 때렸는지 다른 경찰이 담요를 덮어주며 사과했을 정도였다.

이런저런 위험을 고려했을 때 수닐은 그 구멍으로 경비원을 며칠 쯤 더 관찰하면서 잡힐 확률을 따져보고 싶었다. 그리고 그때까지는 완공을 앞둔 국제 터미널 옆의 4층짜리 주차장에서 식비를 벌었다.

이제 최고의 진입로도 찾아냈다. 빨간색과 노란색의 바리케이드를 지난 후, 밤이면 천으로 덮어놓는 불도저와 발전기, 경비원이 손전등을 켜고 자동차 트렁크를 열어보는 검문소, 작은 언덕만 한 자갈 더미, 잎이 붉게 물들어 슬슬 단맛이 돌기 시작하는 아몬드 나무, 그리고 경비용 참호 두 군데를 차례로 지나가야 했다.

1월의 어느 깊은 밤에 어두컴컴한 주차장에 들어섰더니 발밑에서 뭔가 후다닥 도망쳤다. 정체는 알 수가 없었다. 그냥 쥐이거나 반디쿠트라는 큰 쥐일지도 모르지만, 지금껏 주차장에서 본 적은 없었다. 경비는 종종 마주쳤는데, 오늘 밤에는 어디 있는지 알 수 없었다. 수닐은 철판을 수평으로 쌓아올린 외벽 근처의 계단을 향해 조심스레 다가갔다. 벽 틈으로 푸르스름한 조명을 환하게 밝힌 국제 터미널이 한 조각 눈에 들어왔다. 가족을 끌어안고 작별 인사를 나누는 여행자들이 보였다. 불빛에 가까이 가면 발각 위험도 그만큼 커졌지만, 그래도 주변을 제대로 살펴볼 수 있었다.

수닐이 찾고 있는 건 안나와디에서 "저먼 실버"로 통하는 양은이었다. 알루미늄인지 전기 도금판인지 니켈인지 모를 이 물건은 저

먼 실버가 되면서 몸값도 올랐다. 비록 최근 들어 킬로그램당 가격이 100루피에서 60루피로 떨어지긴 했지만 다른 것들의 값은 더 많이 떨어졌다.

수닐은 신중하게 계단으로 향했고, 걸음을 옮길 때마다 바닥의 작은 구멍을 확인했다. 나중에 수도관을 연결할 구멍인 것 같았지만, 지금은 그걸 통해 경비가 뒤에서 따라오는지 살필 수 있었다. 수닐이 제일 무서워하는 건 네팔 경비들이었는데 어쨌든 중국인인 그들은 왠지 이소룡 같았다.

3층 계단에 올라서니 한쪽 구석에 길쭉한 양은 조각 두 개가 보였다. 수닐은 다른 도둑들이 그걸 그냥 지나쳤다는 사실에 의아해하며 달려가서 집어들었다. 창틀을 짜고 남은 부분인 것 같았는데, 주차 건물에는 창문이 없었다. 훔치는 물건의 용도는 중요하지 않았지만, 그래도 궁금한 건 어쩔 수 없었다.

양은을 챙긴 수닐은 옥상으로 올라갔다. 그 전까지 그가 유일하게 양은을 발견했던 곳은 옥상의 빨간 캐비닛이었는데, 소화기를 담아두는 얇은 캐비닛 자체는 별로 쓸모가 없었다. 옥상은 경비들이 담배를 피우러 올라오기 때문에 들킬 확률이 가장 높은 장소이기도 했다. 그래도 수닐은 이 건물에 올 때마다 옥상을 그냥 지나치지 않았다. 4층 높이의 옥상은 그가 올라본 가장 높은 곳이었으며, 이 도시에서 쉽게 접하기 힘든, 탁 트인 풍경도 상쾌했다.

옥상은 사실상 두 개의 공간으로 나뉘었다. 옥상 한복판에 서면

팔 길이가 서른 배로 늘어난다 해도 앞뒤 좌우로 걸리는 게 없었다. 하지만 한 달 후에 주차장이 문을 열고 자동차가 들어차면 이 공간은 사라질 것이다. 그러나 또 하나의 공간, 난간 너머로 몸을 내밀고 바라볼 수 있는 공간은 남는다.

수닐은 꼬리 부분이 빨간 인디아 항공의 비행기가 하늘로 날아오르는 모습을 보는 게 좋았다. 구근 모양의 급수탑도 좋았고, 드넓은 신축 터미널 공사 부지도 마음에 들었다. 하지만 칼루를 화장한 파르시와다 화장장 굴뚝은 별로였다. 하얏트의 환한 간판을 기준으로 어두운 아래쪽 어디쯤이 안나와디인지 짐작해보는 게 더 좋았다. 그래도 제일 눈을 뗄 수 없는 건 터미널을 드나드는 부자들의 행렬이었다.

다른 소년들은 이 옥상에 올라와서 사람들이 움직이는 걸 보면서 어쩌면 저렇게 작으냐며 신기해했다. 그런데 수닐은 위에서 보면 왠지 사람들이 더 가깝게 느껴졌다. 여기서는 사람들을 마음껏 쳐다볼 수 있는데, 지상에서는 그게 가능하지 않았다. 지상에서 그렇게 빤히 쳐다봤다간 시선을 들키지 않을 도리가 없었다.

한 달이 지나고 또 한 달이 지나갈 때마다 수닐은 저 아래를 오가는 인파 속에 끼어들 자리가 있는지, 점점 확신이 없어졌다. 한때는 영리하게 한가락 하는 사람이 될 수 있을 거라고 믿었던 적도 있었다. 공항을 제집처럼 드나들 정도의 거물은 아니더라도 어중간한 사람 정도는 될 수 있을 거라고 생각했다. 옥상에 올라오면, 비록 도둑질을 하러 왔을 망정, 안나와디에서 굳어진 정체성을 벗어버릴 수 있었다.

시간이 적잖이 흘렀다. 저면 실버를 챙겨 집에 돌아가야 했다. 수닐은 계단을 내려온 후 건물을 나서기 전에 바지 지퍼를 내리고 고철 조각을 속바지 가랑이 속으로 밀어넣었다. 양은이 맨살에 닿는 느낌에 소스라쳤지만, 속바지 안에 넣지 않으면 여기저기 미끄러져 돌아다녔다.

뻣뻣하고 절룩거리는 걸음걸이로 보안 검색대에 이어 사하르 경찰서 앞을 지났다. 그러고는 이내 안나와디로 돌아가 트럭 뒤쪽에 웅크리고 잠을 청했다. 다음 날 오후에는 오락실 남자의 도구를 빌려다 공항 주차장에서 삼륜 택시에 부착해놓은 타이어 잠금 장치를 훔쳐왔다.

어두워진 후에 오락실로 돌아왔더니 얼마 전에 목을 맸다가 실패한 여자 얘기가 한창이었다. 빚을 진 남편이 집을 팔아버렸는데 여자는 길거리에서 살고 싶지 않았다.

수닐이 보기에 안나와디 사람들은 전부 죽고 싶어 하는 것 같았다. 늘 다정했던 미나의 죽음은 특히 가슴이 아팠다. 사람들은 겨우 달걀 한 알 때문이라며 혀를 찼다.

압둘은 미나의 행동이 대담했다고 말했다. 사람들은 칼루에게도 대담하다고 했었다. 지금은 오락실 타밀 남자가 수닐더러 안나와디 최고의 대담한 소년이라고 말한다. "최고의 도둑이지!" 수닐은 남자의 속셈을 꿰뚫어봤다. 타밀 남자는 수닐에게 자신감을 불어넣어 도둑질을 하게 만들고, 그 훔친 물건을 사려는 것이었다. 하지만 오늘 밤에 수닐은 그런 자신감이 들지 않았다.

오락실 앞으로 구부정한 아버지가 걸어가고, 압둘은 듣지도 않는 한 아이를 붙들고 무슨 말인가를 열심히 하고 있었다. 말을 할 때 목을 앞뒤로 비트는 압둘의 모습이 그 뒤에 서 있는 물소와 비슷해 보였다. 수닐은 큰소리로 웃으며 그 옆을 지나갔다. 칼루가 봤다면 그럴싸하게 흉내 냈을 텐데. 압둘이나 물소나 고약한 모기를 쫓느라 목을 흔들어대는 것 같았다.

"누군가를 보거나 얘기를 들을 때 그 사람의 인생을 생각해본 적 있니?" 압둘은 듣지도 않는 아이에게 질문까지 던졌다. 동그리에 있다가 나온 뒤 압둘은 이따금 홀연히 일어나는 생각에 골몰하는 것 같았다.

"목을 맸다는 여자나, 어쩌면 아내를 구타해서 그 지경으로 내몰았을 남편에 대해서 말이야. 나는 그들이 어떤 삶을 사는지 궁금해." 압둘은 듣는 사람은 아랑곳없이 말을 계속했다. "그런 인생은 보기만 해도 바짝 긴장이 되지. 하지만 그게 삶이야. 개처럼 사는 사람에게도 나름대로의 인생은 있는 거잖아. 언젠가 엄마한테 매를 맞다가 그런 생각이 들더라. 그래서 내가 말했어. 지금 이 순간, 엄마한테 맞는 이 순간이 평생 계속된다면 고약한 삶이 되겠지만 그런 삶도 삶일 거라고. 내 말이 엄마한테 큰 충격이었나 봐. 엄마가 그러더라. 인생에 대한 그런 끔찍한 생각으로 마음을 어지럽히지 말라고."

수닐은 자신에게도 삶이 있다고 생각했다. 두말할 것도 없이 고약한 삶. 칼루처럼 끝나면 망각될 그런 삶. 상류 도시 사람들에겐 아무 의미도 갖지 못하는 삶. 그래도 옥상 난간에 몸을 내밀고 너무 기울일 경우 일어날 일을 생각하다가 수닐은 그런 삶도 여전히 중요할 수 있다는 걸 깨달았다.

　2월에 접어들자 조바심을 이기지 못한 타우피크는 수닐을 두드려 팬 후 타지 케이터링 서비스 작전의 지휘권까지 빼앗아갔다. 수닐은 총 네 명인 병사 중 하나로 강등되었다. 소년들은 삼 주에 걸쳐 일주일에 한 번씩 돌담의 구멍을 통해 자잘한 고철 스물두 개를 훔쳤다. 어느 날 밤에 보안 경비대가 달려들었지만 소년들은 돌멩이 세례를 퍼붓고 도망쳤다. 두둑하게 배를 채운 수닐은 주머니에 들어온 여윳돈 10루피로 안데리 기차역에 갔다가 봤던 해골 모양의 은 귀고리를 사고 싶었다. 그는 예전부터 반짝이는 걸 갖고 싶었다.
　주차장과 강 건너편의 공장 창고에는 더 많은 저먼 실버가 있었다. 임시 경비실에서 슬쩍한 사다리를 1000루피에 넘긴 후 수익을 다섯 등분으로 나눠 가졌다. 수닐은 몇 주 동안 배를 곯지 않았고, 은 귀고리 차원을 뛰어넘는 큰 소원까지 이뤘다.
　처음엔 도저히 믿을 수가 없었다. 비스듬히 비끼는 햇살과 그림자가 만들어낸 속임수인 줄만 알았다. 그런데 수니타와 등을 대고 서봐도 확실했다. 수닐이 더 컸다. 도둑 생활을 한 후 수닐 샤르마는 마침내 키가 자라기 시작했다.

14
재판

압둘의 아버지는 경찰에게 뒷돈을 줄 수 없는 사람들만 재판정에 선다고 생각했지만, 아이들에게는 그런 속내를 감춘 채 사법부를 존중해야 한다고 가르쳤다. 카람이 보기에 이 나라 공공 기관 중 그나마 무슬림과 소수 인종의 권리를 보호하려는 의지가 있는 건 사법부뿐이었다. 2월로 잡힌 재판 날짜가 다가오자 그는 사람들이 드라마를 챙겨보듯 우르드어 신문의 재판 관련 기사를 찾아 읽기 시작했다. 최종 판결에 반박할 때도 있었고 일부 판사들이 부패했다는 사실도 알고 있었지만 사법제도에 대한 상대적인 믿음은 흔들리지 않았다.

"경찰서에서는 오로지 조용히 하라는 말뿐이잖니." 압둘은 아버지의 말에 굳이 대꾸할 필요가 없을 정도로 기억이 생생했다. "하지만 법정에서는 우리가 하는 말에 정말로 귀를 기울일지도 몰라." 뭄바이 속결 재판소에 사건이 배당됐다는 소식을 들은 후 카람의 희망은 더 부풀었다.

일반 법정에서는 기소 후 재판이 시작되기까지 5년이나 8년쯤, 심지어 11년이 걸리기도 했다. 인도 인구의 절대 다수는 일정한 직업이 없어서 법원에 한 번 출두할 때마다 일당을 포기해야 했다. 재판이 길어질수록 경제적 손실도 컸다. 기약 없이 쌓여가는 사건을 처리할 필요를 느낀 중앙정부에서 속결 재판 제도를 마련한 후 1400곳에 달하는 인도 전역의 고속 처리 법원에서 재판이 이루어졌다. 뭄바이 고속 처리 법원에서 신속한 판결을 내리면서 총 남은 재판 건수가 3년 만에 1/3이 감소했다. 조직 범죄처럼 사람들이 관심을 가지고 지켜보는 파렴치한 범죄들도 속결 재판소로 넘겨졌다. 하지만 속결 재판소에서는 방송국 차량이 줄지어서 결과를 기다리는 유명한 사건들 외에, 후사인 가족들처럼 언론에 보도되지 않는 소소한 재판들도 수천 건씩 처리했다.

카람과 케카샨에게 이웃 여자의 분신에 대한 책임이 있는지를 심리할 사람은 P. M. 차우한이라는 판사였다. 압둘은 청소년 법원에서 별도로 재판 받을 예정이어서 차우한 판사의 법정 내부는 보지 못했다. 누나가 아무리 버스와 기차를 갈아타고 60분 거리인 뭄바이 남부의 세우리까지 다녀온 얘기를 해줘도, 압둘은 재판이 바다 건너의 일처럼 막연하게만 느껴졌다. 압둘은 인생에는 자신이 어쩔 수 없는 문제들이 많다고 생각했고, 재판도 그중 하나였다. 그저 아버지보다는 신빙성 있는 누나의 얘기를 들으면서 어디까지 걱정해야 하는지 가늠해볼 뿐이었다.

세우리의 법원은 원래 제약 회사 건물이었다. "전혀 법정처럼 보이지 않네요." 재판 첫날 케카샨은 걱정스러운 목소리로 아버지에게 말했다. 나무 난간 같은 것도 없고, 위엄이 느껴지는 것들을 하나도 찾아볼 수 없었다. 복도 곳곳에는 사람들이 진을 치고 있었다. 피고의 가족들이었다. 그들은 침을 뱉으면 벌금이 1200루피라는 경고문 아래로 기름때가 묻은 타일 벽에 기댄 채 밥을 먹고 기도를 하고 잠을 잤다. 건물에는 정해진 청소 인력이 없는 듯했다. 차우한 판사가 앉은 높은 단 아래로도 빈 물통과 깡통이 띠를 이뤘다.

"이 판사님은 여자인데 엄격하셔. 피고를 그냥 풀어주는 법이 없지." 케카샨은 어떤 경찰에게서 미리 귀띔을 받았는데, 차우한 판사가 마음이 급하다는 건 보자마자 알 수 있었다. 검붉은 입술을 쭉 내밀더니 재판 첫날 변호사를 대동하지 않고 나온 카람 후사인에게 버럭 소리를 질렀다. "이건 **바아리**, 중요한 사건이에요. 꾸물거리지 말고 빨리 시작합시다. 차질 없이 진행해야 해요!"

조급함은 구조적이었다. 속결 재판소의 판사들은 대부분 서른다섯 건 이상을 동시에 심리했고, 차우한도 다를 바 없었다. 케카샨이 텔레비전 드라마에서 본 것과 달리, 처음부터 끝까지 한 사건만 처리하는 게 아니었다. 수십 건의 사건을 조각내서 일이주 간격으로 심리했다. 하루 평균 아홉 건의 재판을 봐야 했기 때문에 케카샨이 경찰

감시하에 아버지와 함께 앉아 있는 피고석도 몹시 붐볐다. 살인 피의자, 무장 강도 피의자, 전선을 몰래 연결해서 쓰다 잡혀온 사람 등등. 수갑을 차고 있는 사람들도 많았다. 피고석에서는 카람이 가장 나이가 많았고, 케카샨은 홍일점이었다. 피고석은 법정 뒤쪽 벽에 붙어 있었고, 앞에 늘어놓은 흰 플라스틱 의자는 증인과 청중을 위한 자리였다. 두 단으로 쌓은 철제 책상에서 몇 명의 서기와 검사, 원고 들이 서류를 들척이고 있었다. 케카샨은 증인석과 립스틱을 바른 판사가 아주 멀리 있는 것처럼 느껴졌다.

이윽고 심리가 일사천리로 진행됐다. 그에 앞서 후사인 가족의 변호사가 나타났고, 쿠퍼 시체실 직원은 파티마가 실려 왔을 때 이미 화상 면적이 몸의 95퍼센트 이상이었다고 거짓 증언을 했다. 심리가 끝났다. "이제 뭐지? 다음은 뭔가요?" 판사는 다음 사건의 서류를 꺼내면서 물었다.

그다음 주에는 사하르 경찰이 증인석에 나와 후사인 가족들이 파티마를 구타해서 자살로 내몰았다는 수사 결과를 전했다. "이제 뭐지? 다음은 뭔가요?" 판사가 물었다. 그다음으로 후사인 가족들이 두려워하는 과정이 시작됐다. 3월부터 몇 주간에 걸쳐 경찰이 지정한 안나와디 주민 몇 명이 검찰 측 증인으로 출두했다.

명색이 '증인'이라지만 대부분은 분신 이전에 벌어진 싸움을 직접 보지 못했다. 증인 명단에는 파티마의 남편과 생전에 그녀와 절친했던 친구 두 명이 포함되어 있었다.

피고석에 앉은 케카샨은 줄줄 흐르는 땀을 감춰주는 부르카가 고마웠다. 감옥에 있을 때도 황달에 걸려 내내 열이 끓었지만, 불안한 마음 탓인지 열이 더 치솟았다. 케카샨은 운명의 그날 자기 가족들의 태도가 부끄럽고 비열했다고 생각했다. 파티마와 싸우면서 남은 다리를 비틀어버리겠다는 말을 하지 말걸. 아버지도 두드려 패주겠다고 협박하지 않았으면 좋았을걸. 하지만 홧김에 한 말 때문에 감옥에 갈 리는 없었다. 증인이라는 사람들이 목을 조르고 때렸다는 파티마의 병원 진술서를 뒷받침하는 말을 한다면, 그때는 감옥에 가게 될 것이다.

병원에서 파티마의 진술서를 받았던 마하라슈트라 주정부의 특수 행정관 푸르니마 파이크라오는 제루니사를 찾아와 돈을 주지 않으면 다른 증인들의 진술도 처참할 거라고 말했었는데, 법원에서는 돈을 받아내기 위해 두 번째 시도를 했다.

특수 행정관은 카람에게 안나와디 증인들이 운명의 그날 밤에 일어났던 파괴적인 내용들을 기억할지 모른다고 말했다. 자신이 파티마가 죽기 전에 한 말을 증언한다면 유죄 판결이 확실시될 수 있다고 겁도 줬다. 그러고는 그렇게까지 되는 걸 원치 않는다며, 돕고 싶다고 말했다. "하지만 내가 뭘 어쩌겠어요?" 특수 행정관은 습관처럼 손바닥을 위로 쳐들며 물었다. "어떤 상황이 벌어질지 곰곰이 생각해봐요. 당신과 당신의 아들, 딸이 감옥에 갈 거라고요. 그러니 어떻게 하시겠어요?"

"돈을 주지 않겠소." 카람은 퉁명스럽게 내뱉었다. "우리 아들하고 딸은 이미 감옥이 어떤 곳인지 경험했소. 당신이 협박하는 처참한 일들은 이미 벌어졌다고요. 그리고 이걸 바로잡기 위해 우리는 변호사에게 돈을 주고 있소, 당신이 아니라. 변호사는 판사가 진실을 볼 수 있게 해줄 거요. 그리고 이번 판사가 진실을 보지 못한다면." 그는 짐짓 허풍을 떨었다. "대법원까지 한번 가보는 거지!"

쓰레기가 수북한 법정에서 첫 번째 이웃이 증인석에 나오길 기다리는 아버지와 딸은 인도 사법제도에 대한 믿음이 제발 근거 없는 망상이 아니길 기원했다.

나무로 만든 증인석에 처음 올라선 사람은 파티마의 절친한 친구였던 프리야라는 여자였다. 이 가난한 여자는 안나와디에서 제일 가련한 여인이었다. 오래전부터 알고 지냈던 케카샨과 프리야는 그 날 아침에도 빈민촌부터 기차역까지 땀에 젖은 허벅지를 맞댄 채 함께 삼륜 택시를 타고 갔었다. 물론 각자 불행한 기운을 막처럼 두른 채 앉아 있었고, 특히 프리야는 팔짱을 낀 채 케카샨의 시선을 피하며 이 말만 반복했다. "안 갈래. 가지 않을 거야." 프리야는 분신 사건 이후 사람들과 눈을 마주치지 않았다. 그녀는 언젠가 이런 말을 한 적이 있었다. "파티마는 내 마음속의 고통을 이해한 유일한 사람이었어." 그녀가 더 강인한 여자였다면 도와달라고 외치던 친구의 목소리와 몸부림을 잊을 수 있었을지도 모른다. 하지만 증인석에 선 프리야의 표정에 담긴 고통은 채찍 자국만큼이나 역력했다.

하지만 그 상처가 한 여자를 거짓말쟁이로 만들지는 못했다. 프리야는 몸을 바들바들 떨면서 검사에게 자신은 싸움이 벌어졌을 때 마이단에 있지 않았으며 파티마가 불에 탄 다음에야 봤다고 대답했다. 그리고 피고 측 변호사의 질문에 파티마가 빈민촌에서 자주 싸움을 벌였다고 말한 후 증인석에서 내려왔다.

그 뒤를 이어 판사 앞으로 나선 디네시는 잘생긴 외모에 말을 또박또박 잘하는 남자였다. 공항에서 일하는 짐꾼인 그와 직접 얘기를 나눠본 적은 없었지만 케카샨은 그의 증언이 상당한 파괴력을 지닐 거라는 소문을 들었다. 입을 꾹 다문 채 창백한 얼굴로 증인석에 오르는 남자를 보자 케카샨은 속이 울렁거렸다. 하지만 남자가 마라티어로 증언을 했기 때문에 남자의 분노의 대상이 후사인 가족이 아니라 사하르 경찰이라는 사실을 파악하기까지는 다소 시간이 걸렸다.

분신 사건 직후 한 경찰이 디네시의 이름으로 진술서를 작성했지만, 디네시는 판사에게 그 진술이 거짓이라고 말했다. 자기 집은 다른 골목에 있어 싸움을 목격하지도 못했는데 어째서 검찰 측의 주요 증인으로 출두하게 됐는지 연유를 모르겠다는 것이었다. 자신은 후사인 가족에게 관심이 없고, 그들이 감옥에 가건 말건 신경 쓰지 않는다고 했다. 그의 관심사는 오로지 경찰의 엉터리 서류 때문에 하루 일당이 날아갔다는 사실뿐이었다.

놀란 검사는 재빨리 심문을 중단했고, 심리도 끝이 났다. 아버지와 함께 안나와디로 돌아온 후에도 케카샨은 머리가 핑핑 돌 지경이었다.

특수 행정관의 암시와 달리, 첫날 증인들은 후사인 가족의 삶을 망치려고 거짓말을 하지는 않았다. 나중에 케카샨은 좋은 정책으로 평가받는 속결 재판 제도의 허점이 드러나기 전에 기분 좋은 낙관을 갖게 했던 이 날을 생생하게 기억했다.

4월 들어 심리가 토막토막 끊어지면서 진행 속도가 지지부진하자 차우한 판사는 심기가 불편했다. 마라티어에만 능숙한 속기사는 안나와디 빈민촌 주민들의 힌두어를 공식 기록에 필요한 영어로 옮기지 못해 쩔쩔맸다. 번역으로 인한 지체에 조바심이 난 판사는 아예 뭐라고 적을지 속기사에게 불러주기 시작했다. 그러자 빈민촌 주민들의 복잡한 속내가 담긴 긴 대답이 단답형으로 둔갑했다. 그래도 재판이 막힘없이 흐르기에는 그 편이 나았다. 유난히 지루한 심리를 마친 후 자리에서 일어나 점심을 먹으러 가던 판사는 검사와 변호사를 보며 한숨을 쉬었다. "거참, 어리석고 사소하고 사사로운 일로 쌈질을 하는 여자들이라니. 허구한 날 싸우다 급기야는 법원까지 오잖아." 재판 결과를 중요하게 생각하는 건 안나와디 사람들뿐이라는 게 분명해지고 있었다.

더구나 케카샨과 그 아버지에게는 10년의 옥살이가 달린 문제였다. 하지만 몇 주가 흐르자 법정에서는 유리하건 불리하건, 어떤 발언도 이해할 수 없다는 걸 알게 됐다. 4월의 더위 때문에 창문을 열어놓아서 그들의 귀엔 자유가 달린 증언 대신, 자동차 경적 소리와 기차의 기적 소리, 부릉거리는 엔진 소리와 트럭들이 후진할 때 나는 경고음까지 길거리의 온갖 불협화음만 들어왔다. 천장에 달린 선풍기가 외부 소음을 빨아들여 휘저은 다음 밖으로 내던지는 것 같았다. 연이은 심리에 쉴 새 없이 돌아가던 선풍기는 무슨 문제가 생겼는지 갈수록 요란하게 덜거덕거렸다.

저 경찰은 판사한테 뭐라는 거지? 판사는 검사한테 무슨 말을 하는 걸까? 검사가 고개를 너무 격렬하게 끄덕이는 통에, 빗어 넘겨 스프레이로 빳빳하게 고정한 오렌지색 머리가 따로 떨어져 일어섰다가 고갯짓이 계속되자 아예 하늘을 찌르는 손가락질처럼 위로 곧추섰다. 심리가 끝났다. 다음 재판은 일주일 뒤였다. 케카샨은 앞으로 기울였던 상체를 일으키다가 앉은 자리에서 축 늘어졌다. 파티마의 남편이 증인으로 나왔던 날, 케카샨은 재판 내내 그렇게 몸을 앞으로 바짝 기울인 채 앉아 있었다.

몇 달 전에 파티마의 남편 압둘 샤이크는 무슬림 최대 명절인 이드 축제를 맞아 딸들을 데리고 후사인네 집에 왔었다. 어린 압둘이 마이단에서 염소의 목을 땄고, 나이 든 압둘과 나란히 어깨를 맞댄 채 만찬에 사용할 고기를 발랐다. 이드 축제 때면 두 사람이 늘 해온 일이었다. 올해는 염소 고기도 좋았고, 다들 즐거운 시간을 보냈다. 하지만 재판에는 명예가 걸려 있었다. 파티마의 남편에게도 후사인 가족에게도 마찬가지였다.

압둘은 법정 중간쯤에 앉았기 때문에 후사인 부녀보다 더 많은 걸 들을 수 있었다. 재판이 진행될수록 구타를 당하고 목이 졸렸다는 파티마의 마지막 진술에 담긴 진실이 훼손되었다. 그저 신랄한 말싸움 수준이었다는 증언이 이어졌다. 아내의 처음이자 마지막 공식 발언을 뒤집는 증언을 듣고 있으려니 압둘은 마음이 불편했다.

뜨거웠던 첫 해 이후 결혼 생활은 행복하지 않았다. 파티마는 늘 남자를 끌어들였다. 파티마가 아이들에게 손찌검을 하고 그 역시 술을 마시면 아내를 심하게 때리는 바람에 둘은 쉴 새 없이 싸웠다. 그런 생활을 예쁘게 포장할 능력은 그에게 없었다. 하지만 파티마가 죽은 후 하루 이틀 지나면서 제루니사가 딸들에게 노래를 불러주고 미르치의 농담에 한바탕 웃음이 터지는 소리들이 옆집에서 들려왔다. 아무리 사이가 멀었다고는 하나 이제 파티마가 죽었으니 부부가 화해해서 사랑하는 딸들과 함께 행복한 가정을 꾸리는 건 아예 불가능해졌다.

그는 그 탓을 아내가 아닌 다른 사람에게 돌리고 싶었다. 판사가 후사인 가족에게 유죄 판결을 내리길 바랐다. 문제는 후사인 집안 사람들이 파티마에게 무슨 짓을 했고 하지 않았는지 제대로 알지 못한다는 것이었고, 최초 경찰 진술에서도 그렇게 말했다. 일하러 갔다가 집에 돌아와서야 아내가 화상을 입어 흉측하게 변한 모습을 봤다. 싸움이 벌어지는 동안 거치적거리지 않게 한쪽에 조용히 있었던 딸들은 누가 누굴 때리지는 않았다고 말했다. 하지만 그러면 이 아이들은 어쩌란 말인가. 그는 딸들이 컸을 때 엄마가 몸에 불을 지르고 죽으면서 거짓말까지 했다는 사실을 알게 되길 원치 않았다.

그는 딸들을 다시 안나와디로 데려왔다. 팔다리의 멍 자국을 보고도 폴레트 수녀의 시설에 그대로 둘 수는 없었다. 그곳을 떠난다고 하자 아이들은 반색했다. "맨날 어떤 백인 그림을 보고 '예수님, 감사합니다'라고 말하랬어." 막내가 아빠한테 불평했다. "너무 지겨웠어!" 아이들은 집에 와서도 엄마에 대해 묻지 않았지만, 창문으로 엄마가 몸에 불을 지르는 모습을 봤던 누리는 예전과 달라졌다. 달려오는 자동차에 치이길 바라기라도 하는 양 길에 서 있지 않나, 초조하면 머릿수건을 질경질경 씹는 버릇도 생겼다.

하지만 딸들은 오늘 도시를 가로지르는 기차를 타고 법원에 간다는 사실에 신이 났고, 법원 앞에 늘어선 방송국 카메라를 보고는 흥분을 감추지 못했다. "오늘 중요한 재판이 열리는 모양이네." 압둘 샤이크는 카메라 앞으로 달려가서 웃으며 손을 흔드는 딸들에게 말했다. 안나와디 사람들은 막내 히나의 웃는 모습이 영락없이 제 엄마를 닮았다고 말했다. 압둘 샤이크도 그렇다고 맞장구쳤지만, 그래 놓고 생각해보니 아이와 닮은꼴이라는 파티마의 웃는 모습이 기억나지 않았다.

"그러면 우리 텔레비전에 나오는 거야?" 세 가족이 나지막한 보안 문을 지나갈 때 누리가 물었다. 압둘 샤이크는 대답을 하려고 몸을 돌리다가 문에 머리를 세게 부딪쳤다. 한 시간 뒤 증인석에 설 때까지도 머리가 얼얼했다.

그의 오른손에는 아내의 사망 증명서, 분홍색과 파란색 옷을 멋지게 차려입은 아내 사진 두 장, 그리고 철제 목발을 받을 때 제시했던 정부의 공식 장애 증명서 등이 담긴 꼬깃꼬깃한 비닐 봉투가 들려 있었다. 아내가 이 세상에 존재했었다는 증거품에서는 곰팡내가 풍겼고 그가 읽지 못하는 글자도 있었지만, 그는 그걸 손에 꼭 쥔 채 후사인 부녀를 감옥에 보낼 수 있길 바라며 증언대에 섰다.

그가 선서하는 모습을 바라보는 판사의 눈빛은 다정했지만, 검사가 헛기침을 하자 압둘 샤이크는 무릎이 후들거렸다. 행여 자세가 흐트러지지 않도록 증인석 난간을 움켜쥐었다. 살아생전 이런 곳에서 이런 위압적인 사람들을 상대로 얘기해보긴 처음이었다. 같은 편이라는 걸 알면서도 검사의 가장 기본적인 질문에조차 허둥댔다.

"누구랑 살고 있죠?" 검사가 물었다.

그는 아내라고 말했다. 마치 아내가 죽지 않은 것처럼. 이어진 질문에는 자기 나이가 서른다섯이라고 주장했고, 두 딸의 이름은 제대로 대답했지만 집 주소는 하얗게 지워져 제대로 말하지 못했다. 대답할 때 누구를 봐야 하는지, 증인석보다 높은 자리에서 평온한 시선으로 자신을 내려다보는 판사를 쳐다봐야 하는지, 같은 눈높이에 마주 선 검사를 쳐다봐야 하는지 분간이 되지 않았다. 피고 측 변호사를 보니 더 혼란스러웠다. 아무 까닭도 없이 판사를 보며 씩 웃고 있었기 때문이었다. 그래서 판사만 쳐다보기로 마음먹었다. 그리고 집에서 파티마를 발견한 후 병원에 데리고 간 이야기를 했다.

"그날 밤에 부인이 당신한테 말을 할 수 있는 상태였나요?"

첫 번째 중요한 질문이었다. 압둘 샤이크는 마음을 굳게 먹었다. "네, 할 수 있었습니다." 그는 힘찬 목소리로 말했고, 말이 입 밖으로 무사히 나왔다는 사실에 안도하는 눈치였다.

"쿠퍼 병원에 가는 동안 부인이 당신에게 무슨 말을 했나요?"

"그들이 자신을 창녀라고 욕했고, 남은 다리를 마저 뽑아버리겠다고 협박했다고 말했습니다." 여기까지는 아홉 달 전에 경찰 진술에서 했던 말이었고, 법정에서는 별로 대단하게 들리지도 않았다. 안나와디에서는 그저 일상적으로 오가는 말이었다. 잠시 입을 다물었던 그가 말을 이었다. "그리고 그들이 때렸다는 얘기도 했습니다." 다시 한참 입을 다문 채 생각에 골몰하다가 또 이렇게 말했다. "자기 목을 움켜쥐고 커다란 돌로 때렸다고 말했습니다."

됐어. 죽어가는 여자의 증언이 재판 결과를 돌려놓을지도 몰라. 압둘 샤이크는 이런 희망을 품고 대답했다.

검사는 흡족한 표정이었고, 법정에 나와 있던 사하르 경찰들도 행복해 보였다. 대걸레를 뒤집어쓴 것 같은 머리에 가는 줄무늬 양복을 입은 후사인 부녀의 변호인이 반대 심문을 시작할 때는 압둘 샤이크도 점점 침착해졌다. 아니요, 제 아내는 딸 메디나가 양동이 물에 빠져 죽은 후 우울증에 걸리지 않았습니다. 아니요, 제 아내는 그 전에 두 차례 몸에 석유를 부은 적이 없습니다. 증인석에서 비틀거리며 내려와 흰색 플라스틱 의자에 털썩 주저앉았을 때, 그는 아이들의 복수를 해줬다고 확신했다. 어미를 잃은 것에 대한 복수.

"이제 뭐지? 다음은 뭔가요?" 차우한 판사의 말을 신호 삼아 안나와디의 마지막 증인이 증언을 하러 나왔다.

신시아 알리였다. 파티마와 절친한 사이였던 그녀는 남편의 고물상이 망하게 된 이유를 후사인 집안 탓으로 여기고 그들을 원망해왔다. 분신 사건이 있던 날, 압둘이 창고에 숨은 후 야심한 시간에 마이단에 나와 경찰서까지 다 같이 행진해서 이 집 가족을 전부 잡아 가두게 하자고 선동했던 바로 그 사람이었다.

파티마와 옆집 사람들이 싸우는 걸 보지 못한 신시아는 다음 날 경찰에서 거짓 진술을 했다. 그러고는 색싯집 여자를 통해 증인석에 나가기 전까지 2만 루피를 가져오지 않으면 감옥에 갈 증언을 하겠다고 전해왔다. 하지만 후사인 가족들은 돈을 주지 않은 채, 몇 달 동안 가슴을 졸이며 이 순간을 염려해왔다.

"정말 미칠 것 같다." 그 전날 제루니사는 저울 앞에 앉아 넝마 주이들을 기다리다가 장남에게 말했다. 눈에서는 사하르 경찰의 비공식 유치장 창문에 서 있던 후로 보이지 않았던 광기가 번득였다. "법정에서 거짓말을 하면 그 사람한테 무슨 명예가 남을까? 명예를 잃은 사람이 안나와디에서 어떻게 얼굴을 들고 살겠니?"

압둘은 어머니의 질문이 엉뚱하다고 생각했다.

신시아는 법원에 나가기 위해 머리를 감고, 보라색 바탕에 청색과 금색으로 테를 두른 제일 좋은 사리를 입었다. 얼마 전부터 신시아는 힌두 법정 영화의 대단원을 떠올리며, 자신의 증언이 결정적인 역할을 할 거라고 상상하곤 했다.

자기 집안이 곤두박질치는 동안 후사인네가 승승장구하는 모습을 지켜보는 건 고통스러웠다. 재활용품 분류 전문가를 아들로 낳은 제루니사는 복도 많다고 생각했는데 제루니사는 자신이 잘나서 그런 것처럼 굴었다. 게다가 제루니사는 기독교 신자면서 한때 스트립 댄서가 나오는 술집에서 일했던 신시아의 오래전 과거에 대해 말을 퍼트리고 다녔다. 최근 신시아는 사회사업가를 자칭하며 아샤처럼 빈곤 퇴치 프로젝트에 발을 담그려고 노력하는 중이었다. 이 프로그램에는 나랏돈과 해외 자금이 많이 굴러다녔다.

차우한 판사가 호명하자 신시아는 장대처럼 꼿꼿한 자세로 이름을 말하고는 사회사업가라는 새 직업도 당당하게 밝혔다. 그런데 검사가 질문을 시작하자 머리가 한쪽으로 갸우뚱하게 기울어졌다.

이 검사는 영화에서 본 검사들과 전혀 달랐다. 이렇게 멋진 사리를 차려입고 나왔건만 자신에게 강렬한 눈빛을 던지지 않았다. 검사도 판사처럼 이 재판이 지루할 따름이었다.

신시아는 눈살을 찌푸렸다. 검사가 자신을 몰아세우는 것 같았다. 판사는 싸움을 직접 보는 것처럼 자세한 설명을 듣고 싶어 할 텐데. 불에 타는 친구를 구하려고 문을 부수고 들어간 이야기가 궁금하지 않단 말인가. 입이 채 풀리기도 전에 검사는 질문을 마쳤고, 후사인네 변호사가 반대 심문을 위해 일어났다.

차라리 이 남자가 영화 속 변호사와 비슷해 **보였다**. 남자는 신뢰할 수 없는 증인, 지루한 재판의 마지막 증인의 얼굴에 눈길 한 번 주지 않은 채 자리에서 벌떡 일어났다.

맞습니다. 신시아는 후사인네 사업이 번창하면서 남편의 사업이 망했다고 인정했다. 맞습니다. 신시아는 자신의 집이 후사인네와 상당히 떨어져 있다는 사실도 인정했다. 맞습니다. 싸움이 벌어졌을 때 그녀는 멀리 떨어진 자기 집에 있었다. 맞습니다. 그녀는 집에서 저녁에 먹을 채소를 다듬고 있었다.

그렇다면 어떻게 현장을 목격할 수 있었느냐고 변호사가 물었다.

"그래도 나는 봤어요." 그녀는 이마에 주름을 잡으며 주장을 굽히지 않았다. "파티마는 내 이웃이었다고요!"

변호사가 말했다. "저는 그렇게 생각하지 않습니다. 증인은 조금 전에 싸움을 직접 목격했다고 했지만 그건 사실이 아닙니다. 증인은 거짓말을 했어요."

판사는 서투른 속기사에게 이 질의응답의 부조리한 내용을 정리해주었다. "나는 거짓말을 했고, 나는 싸움을 봤어요." 신시아의 눈이 휘둥그레졌다.

천주교 학교에 다니는 아들이 영어를 배웠고, 아들의 공부를 도와주면서 신시아도 어느 정도 영어를 할 수 있게 됐다. 그런데 지금 판사는 신시아가 거짓말쟁이라고 인정한 것처럼 기록하게 했다. 그걸 바로잡아야 했다. 신시아는 잠시 생각을 추스를 시간이 필요했다. "잠깐만요." 신시아가 어찌나 크게 소리쳤던지, 케카샨과 카람도 거리의 소음 위로 그 목소리를 들을 수 있었을 정도였다. 하지만 여긴 속결 재판장이었고, 그중에서도 하찮은 사건이었다. 아무도 기다릴 생각이 없었다.

그녀는 더 이상 증인으로 수고할 필요가 없어졌다. 차우한 판사는 이미 다른 사건을 검토하고 있었다. 경찰은 나가는 문을 가리켰다. 하지만 발언의 의미가 엉뚱하게 기록된 마당에 어떻게 증인석에서 내려갈 수 있단 말인가. 자신의 말을 잘못 옮겨 적은 것을 어떻게 하면 속기록에서 지울 수 있을까. 신시아는 분노에 치를 떨었다. 하지만 그건 누구를 향한 분노였을까? 판사? 변호사? 사법제도? 신시아는 뒤쪽 피고석에 웅크리고 있는 후사인 가족들 탓을 하기로 마음먹었다.

"두고 봐!" 그녀는 법정을 나서면서 마치 영화에 나오는 사람처럼 주먹을 쳐들어보였다. 그러나 그녀의 연기는 끝났고, 그 장면을 촬영하는 사람은 없었다. 오해받은 증인들과 어리둥절할 뿐인 피고들은 전부 같은 기차를 타고 적의가 들끓는 안나와디의 일상으로 돌아갔다. 이제 그곳에서 저마다 일어났다고 생각하지만 확신할 수 없는 것들에 대해 곰곰이 생각에 잠길 것이다. 최종 변론은 두 주 후였다.

15
얼음

어느 날 오후에 압둘과 미르치, 그리고 엄마와 아버지까지 모두 뒷짐을 진 채 창고에 얼기설기 쌓인 고물을 물끄러미 쳐다보며 서 있었다. 값이 워낙 바닥이라 공장에 내가는 시점을 미뤄보려 했는데 이제 선택의 여지가 없었다. 변호사 수임료를 내기 위해 창고를 팔았다. 동그리에 가지 않는 날이면 압둘은 미친 듯이 일했지만 돈은 거의 벌지 못했다. 사하르 경찰은 사실상 후사인 집안을 파산시켰다.

 재판이 진행되는 동안 압둘은 동그리에서 만난 마스터의 가르침에 따라 고귀한 길을 걸어가려 했다. 훔쳤다고 의심되는 물건은 절대 사들이지 않았다. 이 결정으로 수입은 15퍼센트 가까이 줄었지만, 경찰의 관심은 줄지 않았다. 그들은 시도 때도 없이 들이닥쳐 돈을 뜯어갔다. "개처럼 핥는 것도 모자라 남은 피까지 전부 빨아먹는구나."

어느 날 오후에 제루니사는 이렇게 한탄했다. 경찰은 의심스러운 물건을 소유했다는 이유로는 더 이상 추궁할 수 없게 되자 이젠 마이단에서 고물을 분류했으니 압둘을 체포하겠다고 위협했다. 공공장소를 점유하다니! 안나와디 사람들의 삶의 질을 떨어뜨린 범죄 행위야!

경찰들은 이 새로운 죄목을 이용해서 판사에게 일상적으로 범죄를 저지르는 집안이라는 인상을 심어줄 수 있다고 암시했다. 그래서 제루니사가 뇌물을 주고 또 주는 사이에, 남편은 재판 사실에 대해 알지 못하는 경찰의 관할 지역으로 창고를 물색하러 다녔다.

카람은 고물을 처분해서 얻을 수 있는 돈에 대해 애써 낙관적으로 전망했다. "이 저면 실버는 5킬로그램은 되겠네. 황동도 2킬로그램은 될 거야."

"어림없는 소리 하지 마." 제루니사는 남편의 말을 일축했다. "턱도 없어. 그 아버지에 그 아들이라더니, 미르치가 당신을 닮았구먼. 일은 안 하고 오로지 먹을 생각만 하는 게. 어쩌면 둘 다 그렇게 공짜를 밝힐까?"

미르치는 찔끔했다. 게으르다는 건 누구보다 미르치 본인이 먼저 인정하는 사실이었다. 그는 친구들에게 어린 시절 형과 함께 찍은 빛바랜 사진을 보여주며 이렇게 말하곤 했다. "나는 앉아 있는데 압둘 형은 움직이는 거 보이지? 우리는 그때부터 이랬어!" 하지만 가족에게 닥친 비극이 그를 변하게 했다. 미르치는 손 빠르고 실력 있는 고물상이 되었고, 할 수 있는 일이라면 뭐든 가리지 않았다.

친구인 라훌과 공항로에 새로 들어서는 부티크 호텔 공사장에서 일하면서 수영장 두 개를 완성했다. 그다음에는 바라던 임시직을 얻었는데, 인터콘티넨탈 호텔의 파티 준비 보조원이었다. 미르치의 외모를 보고 마음에 든 용역업체 관리가 간이 보타이와 유니폼 재킷을 가져다주었다. 재킷은 까마귀 날개처럼 검고 번들거렸다. 제루니사는 그걸 만져보고 아무 말도 하지 않았다. 그런데 주급을 주는 날 관리는 재킷을 다시 챙기더니 약속했던 보수의 1/5만 지급했다. 남은 돈을 받으려고 도시 반대편에 있는 용역업체 사무실을 찾은 미르치를 경비원이 내쫓았다.

그다음으로 임시직을 얻어 들어간 곳은 기내식 납품업체 스카이 고메였다. 도시의 먼지를 털어내는 송풍기를 지나 안으로 들어간 후 동굴 같은 냉장고 안쪽에서 재료를 실어 날랐다. 팔다리가 뻣뻣해질 정도의 추위 속에서 무거운 짐을 옮겨야 하는 참담한 노동이었다. 콧물이 흐르다가 코 안쪽에 얼음이 얼었고 맨살이 쇠에 쩍쩍 달라붙었다. 그래도 경영진에서 임시직 감축 결정을 내리기 전까지 일당 200루피를 벌었다.

공항과 연결된 많은 업체들이 테러와 지속되는 불황의 여파로 규모를 줄이고 있었다. 아샤가 속한 시브 세나는 인원 감축에 항의했고, 이따금 격렬한 시위도 벌였다. 인터콘티넨탈에서 직원들을 해고하자 시브 세나의 한 단체가 호텔의 우아한 로비를 망가뜨리며 마하라슈트라 사람들에게 더 많은 일자리를 제공할 것을 요구했는데, 이들의 횡포로 라훌이 덕을 봤다. 그는 에어컨 환풍기 청소원으로 여섯 달 동안 일하게 됐다. 미르치는 자기 일처럼 기뻐했고, 인맥이라고는 죄다 넝마주이뿐인 부모에 대해서는 조금 투덜대다 말았다.

"주차장에서 자동차를 감시하는 사람이 그러는데, 나한테 재능이 보인대." 어느 날 집에 돌아온 미르치는 이 새로운 인맥 덕분에 정규직을 얻게 될지도 모른다는 희망에 부풀어 숨도 고르지 않은 채 말했다. 하지만 그렇게 영리하고 호감은 가지만 재주는 없는 젊은 남자가 뭄바이에만 수백만 명이 더 살았다.

후사인 가족이 최후 변론 일정을 기다리는 사이에 뭄바이 사람들은 또 다른 속결 재판에 주목하고 있었다. 테러 공격의 범인 가운데 유일하게 살아남은 스물한 살의 파키스탄인 아즈말 카사브는 경비가 삼엄한 아서로드 교도소 내 특별 법정에서 재판을 받았다.

압둘의 아버지는 카사브의 행동이 잘못이라고 말했다. 코란이 무슬림에게 무고한 시민들을 죽일 권리를 준 게 아니며, 사상자 중에는 무슬림도 있다고 했다. 그렇기는 해도 압둘에겐 카사브가 차라리 운이 좋은 것처럼 보였다. "교도소에 들어가면 많이 맞겠지. 하지만 그래도 저 남자는 최소한 자신의 죄목이라는 그 행동을 실제로 저질렀다는 걸 가슴 깊이 알고 있잖아." 그러면 아무 잘못도 없이 얻어맞는 것보다는 스트레스가 덜할 것 같았다.

압둘은 일주일에 세 번씩 기차를 타고 동그리에 가는 동안 카사

브에 대한 공분이 뭄바이의 다른 무슬림에게 옮겨가지는 않는 것 같아 마음이 놓였다. 땀으로 끈적이는 만원 열차 안에서 그를 어떤 세력의 대리인으로 보는 시선은 느낄 수 없었다. 힌두교도들은 그저 목적지로 갈 뿐이었고, 그건 압둘도 마찬가지였다. 어쩌다 헛기침을 하고, 그러다 요기를 하고, 차창 밖으로 발리우드 배우들이 등장한 시멘트나 코카콜라 광고판을 바라보는 것도 다르지 않았다. '휴식은 킷캣 초콜릿과 함께'라는 문구가 찍힌 비닐 봉투에 중요한 서류를 담고, 그걸 보호하려는 듯 움츠린 자세로 앉아 있는 건 압둘이나 다른 사람들이나 비슷했다. 예나 지금이나 다른 게 없다는 건 희망적이었다.

뭄바이 부자들도 테러 공격 후 몇 달 사이에 희망을 되찾았다. 많은 사람들이 정치에 첫발을 들여놓기 시작했고, 정부 개혁을 이끌어내기 위해 노력했다. 지금까지 인도 부유층은 대체로 제 기능을 다하지 못하는 정부를 건드리지 않고 자구책을 찾는 편이었다. 사설 경비원을 고용하고, 수돗물을 정수기에 걸러 마셨으며, 사립학교 등록금을 기꺼이 지불했다. 시간이 흐르면서 그런 선택은 하나의 원칙으로 발전했는데, 그들에게 최고의 정부란 방해하지 않는 정부였다.

그런데 타지와 오베로이 테러 사건으로 최고 경영자나 사회 저명인사들이 목숨을 잃자, 이 원칙은 급격하게 변경의 필요성에 직면했다. 부자들은 이제 안전을 사설업체에만 의존할 수 없다는 걸 깨달았다. 가난한 사람들을 방치하고 있는 바로 그 공공 치안에 그들도 똑같이 의존하고 있었다.

열 명의 청년이 사흘에 걸쳐 세계에서 가장 크다는 도시 한복판에서 테러를 자행했다. 거기에는 다면적이고 독창적인 계획도 작용했지만, 정부 기관이 공공의 보호자가 아니라 민영업체처럼 존재한다는 사실과도 무관하지 않았다. 뭄바이 경찰의 위기 대응 팀에는 무기가 없었다. 기차역을 관할하는 경찰들은 무기 사용법을 몰랐고, 테러리스트 두 명이 여행객 쉰여 명의 목숨을 앗아갈 때도 도망쳐 숨기에 급급했다. 네 블록 거리의 산부인과에 인질들이 잡혀 있다는 신고를 받고도 경찰들은 꼼짝하지 않았다. 구급차도 제때 출동하지 못했다. 특공대가 금융 수도라는 뭄바이 도심에 도착하는 데에는 신속한 탑승이 불가능한 곳에서 대기한 제트기, 연료 보급을 위한 중간 기착, 뭄바이 공항에서 버스로 갈아탄 후 걸린 시간까지 총 여덟 시간이 걸렸다. 특공대가 뭄바이 남부에 도착했을 땐 이미 테러가 종료된 후였다.

총선이 4월 말로 예정되어 있었고, 중산층과 상류층에서 유례없이 높은 비율의 유권자 등록이 이루어졌으며 특히 젊은 연령대의 참여가 두드러졌다. 부유하고 학력이 높은 후보들이 급진적인 변화를 약속했다. 믿을 수 있는 정부, 투명한 전자 정부를 공약으로 내걸었다.

독립 이후 인도는 상류층 고학력 남자들이 틀을 다졌지만, 21세기에는 그런 사람들이 선거에 많이 나오지 않거나 아니면 많은 표를 얻지 못했다. 부자들은 사회 경제적인 이익을 확보할, 민주주의를 뛰어넘는 수단을 지니고 있었기 때문이었다. 인도 전역에서 진지하게 선거에 참여하는 건 가난한 사람들뿐이었다. 그건 그들이 지닌 유일한 진짜 권력이었다. 안나와디에서는 후사인네 고물상의 빈자리를 또 다른 사람이 메웠다. 압둘은 사키나카 빈민촌 귀퉁이의 조그만 창고를 빌렸고, 이제 그곳에서 하루를 보냈다. 거기서 거래를 해보려는 노력은 이렇다 할 성과를 내지 못했다. 사키나카의 넝마주이들에겐 기존 거래처가 있었다. 그래도 새 창고 문간에 앉아 낯선 마이단을 하릴없이 내다보는 압둘의 마음은 한결 가벼웠다. 여기서는 안나와디에서 벌어졌던 비극의 냄새가 나지 않았다. 파티마, 재판, 칼루의 죽음, 산자이와 미나의 자살에 대해 아는 사람은 아무도 없었다. 오후가 되면 미니 관람차를 수동 크랭크로 돌리는 남자가 나타났고, 아이들은 일 루피를 내고 관람차를 탔다. 다른 업주들에게서 뇌물을 뜯어가는 경찰들도 압둘은 그냥 내버려뒀다. 압둘이 돈을 벌지 못한다는 사실은 바보라도 알 수 있었기 때문이었다. 동그리에서 지낼 때만큼이나 한가해진 압둘은, 아마도 이글거리는 4월의 태양 때문에, 문득 물과 얼음을 생각했다.

물과 얼음은 성분이 같았다. 압둘은 사람도 같은 성분으로 이루어졌다고 생각했다. 압둘 자신도 경찰과 특수 행정관, 칼루의 사인을 조작한 시체 안치소의 의사처럼 냉소적이거나 부패한 사람들과 근본적으로는 크게 다르지 않을지도 몰랐다. 재활용품을 분류하듯 실질적인 성분으로만 인류를 분류한다면 거대한 하나의 더미가 될지도 모른다고 생각했다. 하지만 바로 거기에 흥미로운 점이 있었다. 얼음은 원래의 성분인 물과 다르며, 압둘이 보기엔 물보다 나았다.

압둘도 자신이 이루어진 성분보다 더 나은 존재가 되고 싶었다. 뭄바이의 더러운 물속에서 얼음이 되고 싶었다. 이상을 갖고 싶었다. 이기적인 이유에서 발로한 것이겠지만 그가 바라는 가장 큰 이상은 정의 실현의 가능성에 대한 믿음이었다.

지금 같아서는 그걸 믿기가 쉽지 않았다. 케카샨과 카람의 변호사는 검찰이 신청했던 신시아의 오락가락하는 증언을 보고 나서 무죄를 확신했다. 그런데 최후 변론을 얼마 남겨놓지 않았을 때 차우한 판사가 마하라슈트라 주의 다른 법원으로 발령이 났다. 새로 온 판사는 엉성한 속기록을 보면서 재판을 이어가려고 노력했다.

압둘의 가족은 절망했고, 금테 안경을 쓴 특수 행정관은 이 기회를 놓치지 않았다. 돈을 뜯어내려고 압둘의 가족을 세 번째로 찾아왔고, 이번엔 파티마의 남편과 동행했다.

특수 행정관은 새로 온 판사가 엄격하다며 후사인 부녀에게 유죄 판결을 내릴 가능성이 높다고 말했다. 그런데 다행스럽게도 파티마의 남편은 소송을 취하할 의사가 있다고 했다. 그가 자기 증언을 무효로 하면 재판은 종료되는데, 재판을 끝내는 대가로 2라크였다. 달러로 4000달러가 넘는 돈이었다.

특수 행정관은 빈민촌 사람들의 무지를 이용해서 돈을 챙기는 듯했다. 그녀는 이 재판이 형사재판으로 마하라슈트라 주정부에서 기소한 거라 파티마의 남편한테 제아무리 큰돈을 건넨들 그에게 재판을 종료시킬 힘이 없다는 걸 후사인 부녀가 알 길이 없을 거라고 생각했다.

그러나 압둘의 아버지는 변호사에게 사실을 확인한 후 여자에게 눈앞에서 사라지라고 말했다. 우르두어 신문에서 주워 읽은 법 관련 지식이 정확한지 알고 싶기도 했다. 과연 짐작이 맞았다. 마침내 아는 것이 힘을 발휘해 부정부패에 작은 승리를 거두는 순간이었다.

어느 나라에나 신화가 있는데 성공한 인도인들은 불안정과 적응 능력이라는 낭만적인 신화에 자주 빠져들었다. 일상의 혼란과 예측 불가능성이 인도의 급성장에 일조했다는 믿음이었다. 일례로, 미국이나 유럽에서는 수도꼭지를 돌리고 전기 스위치를 올렸을 때 어떤 상황이 벌어질지 알고 있다. 그런데 안전을 담보하기 힘든 인도에서는 이런 일상의 불확실함이 교묘하고 창의적인 문제 해결의 강국이 되는 데 도움이 됐다는 논리였다.

일상의 불확실함이 가난한 사람들의 창의력을 향상시키는 건 틀림없지만, 시간이 흐를수록 노력과 결과 사이에 상관관계가 없다는 사실은 힘이 빠지게도 했다. "우리는 셀 수 없이 많은 걸 시도해요. 하지만 세상은 우리가 바라는 방향으로 움직이지 않죠." 안나와디의 어느 여자는 그런 상황을 이렇게 표현했다.

일주일에 세 번씩 청소년 체구에 맞춰진 동그리의 보안문을 통과할 때마다 압둘은 마스터를 볼 수 있을까 싶어 안뜰을 두리번거렸다. 부모님을 속이려 했던 정부 공무원에 대해, 판사가 옮겨가기 전까지 순조롭게 진행된 재판에 대해, 경찰 때문에 망해버린 고물 사업에 대해 얘기해주고 싶었다. 안나와디에서 마스터에 대해 허풍을 떨다 보니 압둘은 마스터가 실제로 자신을 걱정하며 관심을 갖고 있다고 믿기 시작했다.

하지만 마스터는 보이지 않았다. 서류에 이름을 적은 후 압둘은 가족의 생계가 해결되지 못하는 사키나카의 창고로 어떻게 하면 조금이라도 늦게 돌아갈 수 있을지 궁리하며 거리로 나섰다. 어떤 날은 기운을 내보려고 애쓰며 청소년 감호소에서 뭄바이 무슬림들이 모이는 하지 알리까지 한 시간 넘게 걸어간 적도 있었다.

"멀리 안 가요. 그냥 이 정도면 됐다 싶을 때까지만 갈 거예요."
압둘은 어머니에게 약속했다.

하지 알리의 무덤과 사원이 있는 곳은 바위 곶을 통해 육지와 맞닿아 있는 아라비아 해 연안의 섬이었다. 짠내 나는 바닷바람에 압둘 앞에서 걸어가는 여인들의 부르카가 순식간에 수백 개의 검은 풍선으로 변했고, 그 풍선들은 모스크의 반짝이는 둥근 지붕을 향해 둥실둥실 떠 갔다. 바위 곶을 따라 난 길 양쪽으로는 접이식 탁자를 펼쳐놓고 인조 보석과 플라스틱 물총을 파는 노점들이 줄을 이었다. 머리 위에서는 갈매기들의 날갯짓 소리가 요란했다. 마치 우르드 달력 속으로 걸어 들어간 것처럼 아름다운 풍경이었다. 하지만 압둘은 이내 어느 달력에도 실리지 않을 모습을 목격하고 가슴 깊이 충격 받았다. 하지 알리로 이어지는 좁은 길엔 외다리들이 즐비했다. 아예 양쪽 다리가 다 없는 사람도 있었다. 곧게 뻗은 수백 미터 길에 불구의 걸인들이 엎드려 옷을 쥐어뜯으며 통곡했다. 파티마를 한없이 복제해놓은 것 같았다.

압둘은 허겁지겁 하지 알리를 떠났다. 그의 혼란은 숭고한 풍경을 눈에 담는다고 해결될 문제가 아니었다. 법원의 무죄 판결을 통해 장애 여성을 구타하고 목을 졸라 결국 자살을 기도하게 만들었다는 혐의를 벗어야만 비로소 평온을 되찾을 수 있었다.

압둘은 많은 욕망을 다스리며 살았지만 이것 하나만은 억누를 수 없었다. 압둘은 몸을 담근 채 살고 있는 이 더러운 물보다 나은 존재라는 걸 인정받고 싶었다. 압둘은 그가 얼음이라는 판결을 받고 싶었다.

16
흑과 백

아샤는 안나와디에서 벗어날 탈출구를 100가지쯤 궁리했지만, 2009년에 접어들어 처음 몇 달 동안은 계속 막다른 길에 봉착한 듯했다. 어쩐지 자신만 내팽개쳐진 것처럼 우울했다. 낙관적이던 신경회로가 교란을 일으킨 것은 어쩌면 전기 충격 탓일 수도 있다. 아니면 심장판막 수술을 받지 못해 기어이 숨을 거둔 캄블 씨가 마지막 저주를 퍼부었을 수도 있다. 남편의 장례를 치르자마자 어여쁜 미망인이 고리대금업자에게 빚을 지곤 아샤의 가장 쓸모 있는 파트너를 낚아채갔기 때문이었다.

사전에 아무런 낌새도 없다가 느닷없이 차이는 게 이번이 처음은 아니었다. 그래도 예전엔 실망을 깔끔하게 상자에 집어넣고 새로운 것을 찾아 바쁘게 돌아다닐 수 있었다. 오히려 그런 상황에 따른 질문들이 흥미를 자극했다. 이제 뭘 하지? 이번엔 누굴 노려볼까? 하지만 지금은 그런 질문을 해봐야 앞선 대답들이 오답이었다는 사실만 더 분명해질 뿐이었다. 항아리의 금박이 벗겨져 나가자 진흙이 드러난 꼴이었다.

그중에서 가장 큰 진흙 항아리는 수바시 사완트 운영 위원에 대한 아샤의 맹종이었다. 아샤가 꾸며서 대성공을 거둔 나브라트리 축제가 끝나고 얼마 지나지 않아 법원에서는 카스트를 속였다는 이유로 아샤의 정치적 후원자에게서 관직을 박탈했다. 실망은 여기서 그치지 않았다. 남편에게 맡길 생각으로 정부 대출을 받아 오두막 한쪽에 냈던 구멍가게, 권태로운 데다 수지타산도 맞지 않는 빈민촌장 직분, 신부 값을 올려서 수익을 창출해야 하는 마당에 뭄바이 엘리트들을 상대로 보험 상품을 팔고 있는 만주, 불로소득의 창구가 될 줄 알고 사하르 경찰에게 알선해준 부업용 집, 몇 달 동안 정신만 빼놓고 무위로 끝난 여러 계획들.

총선이 코앞으로 다가왔고 아샤는 빈민촌에서 전단을 배포해야 했다. 시브 세나의 담당자들은 하루에도 다섯 번씩 전화를 걸어서 이 사실을 상기시켰다. 새로 운영 위원을 맡은 국민회의당 사람도 전화를 했다. 그는 빈민촌 주민의 환심을 사기 위해 마이단을 그럴싸하게 포장하고 검은색 대리석으로 국민회의당 기념비도 같이 세웠다. 그에게도 아샤 같은 사람이 필요했다. 그녀가 안나와디에서 행사하는 힘은 당적을 초월했다.

4부. 탈출구는 위쪽뿐

하지만 아샤는 전단을 돌리는 것도 싫고, 다른 당을 위해 일하는 것도 내키지 않았다. 그냥 집에 틀어박혀 울고 싶을 따름이었다. 유치원에서 퇴근하고 돌아온 아샤는 담요를 뒤집어쓰고 만쿠르드 역의 게시판에서 베껴 온 마라티어 시를 웅얼거렸다.

> 원하지 않는 건 좀처럼 떨어지지 않고
> 원하는 것은 좀처럼 붙어 있질 않네.
> 원치 않는 곳에는 가야만 하고
> 영원하리라 생각하는 순간, 세상과 하직하지.

담요를 뒤집어쓰고 혼자만의 동굴 속에 들어앉은 엄마 모습에 만주는 심란했지만, 이유를 따져 묻지 않을 만큼의 눈치는 있었다. 만주는 이렇게만 말하고 말았다. "그렇게 아무것도 안 하고 있는 건 엄마답지 않아요."

다음 날에는 뜨거운 차 한잔을 건네며 이렇게 말했다. "나도 시험 때문에 피곤해요."

또 그다음 날에는 이렇게 말했다. "그 시는 제가 다른 데다 잘 옮겨 적을게요." 시를 적은 종이가 아샤가 흘린 눈물방울로 잉크가 번져 얼룩이 졌다.

그날 저녁에 담요 밖으로 고개를 내민 아샤는 세상에 대한 기대를 버리라고 하는 시가 깔끔하게 인쇄되어 코팅까지 된 채 벽에 꽂혀 있는 걸 보았다.

만주는 엄마의 극심한 우울을 그저 원인 모를 두통 탓으로 돌렸지만, 마흔 살 아샤는 고집스러운 만큼 이유도 잘 알았다. 가장 큰 골칫거리는 자기 마음이었다. 실패의 원인을 따지지 않을 때면 그녀는 하찮고 사소한 것들에 골몰했다. 그 경찰은 왜 내 전화를 받지 않는 걸까. 시브 세나의 동지인 리나는 특별한 푸자(힌두교의 예배—옮긴이)를 열면서 왜 나를 초대하지 않았을까. 평소 같았으면 암소처럼 생긴 심술궂은 리나의 집에 가지 않게 되어 오히려 기뻐했을 테지만, 지금은 소소한 모욕감이 큰 실망과 어우러지면서 어떤 증거로 작용하는 것 같았다. 아샤의 반짝이던 장점들이 빛을 잃었다.

아샤는 늘 승부욕을 대단하게 여겼지만, 자식들 중에는 그 점을 물려받은 아이가 없었다. 어쩌면 그래서 자신의 승부욕을 더 중시했는지도 모른다. 하지만 시간이 흐르면서 이겨야만 한다는 압박감은 일종의 자기기만이 되었다. 자신이 전혀 앞으로 나아가고 있지 않다는 사실을 인정하는 대신, 성공을 새롭게 정의하려 들었다. 그리고 다른 사람의 실패에 빗대어 자신은 조금이나마 전진하고 있다고 느꼈다. 이를테면 그녀는 후사인 집안의 허를 찔렀고, 어떤 면에서는 캄블 씨도 그랬다. 그러나 일상은 달라진 게 없었다. 그녀는 여전히 오수 웅덩이 옆의 비좁은 오두막에서 술꾼 남편과 살았다. 그녀의 허영심, 세 자녀가 고르게 **물려받은** 이 기질은 상처를 입었다. 그녀는 더 넓은 도시로 진입하기 위한 암호 해독에 실패했고, 빈민촌의 많은 이웃들이 그녀에게 치를 떨기 시작했다.

아샤에 대한 마음이 조심스러운 공손함에서 진저리치는 반감으로 바뀐 순간에 대해 안나와디 사람들은 대체로 의견이 일치했다. 바로 주민들이 가장 두려워하는 것을 이용해서 사익을 챙기려 했던 시점이었다. 이들의 가장 큰 두려움은 2010년이나 2011년쯤에 공항 일대의 빈민촌이 철거될 거라는 소문이었다.

빈민촌의 투표 열기는 뜨겁기로 정평이 나 있기 때문에 선거철이면 일부 정치인들은 철거 반대 입장을 표명했다. 그러나 그 뒤에서 계획은 차질 없이 추진되고 있었다. 공터 일부는 공항 확장에 사용하고, 나머지는 공개 입찰을 통해 임대업체를 선정할 예정이었다. 서른 개 남짓한 빈민촌을 밀어낸 자리에 더 많은 호텔과 쇼핑몰, 사무용 복합 건물이 들어오고, 어쩌면 테마 공원도 들어올지 몰랐다.

공항 부지 철거 계획은 마하라슈트라 주의 빈민촌 재개발 사업과 대체로 보조를 맞췄다. 민간업체는 빈민촌에 1995년이나 2000년부터 거주해왔다는 사실을 입증하는 주민에게 아파트 건립을 약속할 경우에만 재개발 사업에 참여할 수 있었다. 그러나 여기에도 부패는 만연했다. 조직 범죄 집단이 주도적인 참여자가 되었다. 그리고 이 계획에는 또 다른 명백한 한계가 있었다. 이미 두 해에 걸쳐 12만 2000채의 판잣집이 철거됐지만 삶의 터전을 잃은 사람 중에 2/3는 빈민촌 거주 기간이 아파트 이주 자격에 미달했다. 그러다 보니 그들은 다른 빈민촌으로 비집고 들어가거나, 도시 외곽에 새 빈민촌을 형성해서 살았다.

뭄바이 빈민촌 철거 정책이 전반적으로 실패하면서 공항 빈민촌 대책은 더욱 중요해졌다. 대규모로 진행해서 엄청난 파급력을 기대할 수 있는 사업이 된데다 인도 지도자들이 "빈민촌 없는 뭄바이"라는 목표를 향해 전진하고 있다는 인상을 세계에 심어줄 수 있었다.

아샤는 관리들이 빈민촌을 철저하게 후진성의 상징으로 보는 게 못마땅했다. "아니, 공항 부지가 그렇게 절실하면 호텔을 밀어버리면 되잖아." 어느 날은 참다못해 이렇게 말했을 정도였다. 그러나 호화 호텔을 문제로 인식하는 사람은 없었다. 수영장과 잔디밭도 그대로 유지될 것이다. 그러니 국가 번영에 걸림돌이 되는 골칫거리들의 지도자로서 아샤는 어떻게 해야 하나? 이웃들을 조직해서 무의미한 대립을 시도해야 하나? 개인적인 야심을 추진하며 푼돈이나마 챙기는 것이 아샤에겐 더 현실적으로 보였다.

아샤는 최근 안나와디에서 바람이 이는 투자에서 기회를 포착했다. 빈민촌 주민의 이주를 약속한 아파트는 작기는 해도(약 25제곱미터) 수돗물이 나왔고, 적당한 가격대의 번듯한 주택이 많지 않은 도시에서 아파트는 투자 가치가 있는 자산으로 인식됐다. 그러다 보니 **상류 도시 사람들이** 빈민촌의 허름한 판잣집을 매입한 후 안나와디에서 오래 산 것처럼 증빙 서류를 날조했다.

이주용 아파트 투기는 대부분 임대나 투자 목적이었다. "이번에 아파트를 받게 되면 투자한 돈의 열 배 가치가 있을 거야." 압둘의 창고를 인수한 사업가는 말했다. 파파 판찰이라는 무명 정치인은 거물 개발업자를 대신해서 오수 웅덩이 옆으로 아예 판잣집 한 구역을 통째로 확보했는데, 주민들에게 집을 넘기라고 설득하는 과정에서 불량배들을 동원하기도 했다.

호텔에 물건을 납품하는 중년 남자가, 세 아이를 키우는 지타라는 못 배운 젊은 여자한테서 집을 살 수 있도록 다리를 놔준 아샤는 중개료를 챙길 수 있을 거라고 기대했다. 남자가 빈민촌에 오래 거주했다는 걸 입증해주는 가짜 서류도 그럴듯하게 완성됐다. 그런데 지타가 뒤늦게 후회하며 큰소리로 떠들고 다니기 시작했다.

아예 빈민촌을 돌아다니며 아샤가 자신을 속였다고 고함을 질러댔다. 아샤 때문에 자기 아이들이 길거리에 나앉게 됐다고 했다. 여자는 집을 비워주길 거부하고 경찰에 사건을 접수하려 했다. 물론 경찰 쪽은 아샤가 조용히 처리했다. 그런데 집을 산 남자가 집을 빨리 비우게 할 생각으로 술 취한 남자들을 보내면서 사단이 났다. 그것도 일요일 오후에. 안나와디 사람들이 모두 지켜보는 앞에서.

아샤는 라훌을 내보내 어떤 상황인지 알아보게 했고, 남자들이 작은 몸으로 발버둥치는 지타의 머리채를 잡아 골목으로 끌어낸 후 살림살이를 오수 웅덩이로 던지며 창녀라고 욕설을 퍼부었을 뿐만 아니라 한 자루 남은 쌀에 기름까지 부어버렸다는 얘기를 전해 들었다. 지타의 자녀들은 훌쩍훌쩍 울면서 먹을 수 없게 된 쌀알을 주웠다.

참담한 광경이었다. 빈민촌장의 위상에 흠집이 날 수밖에 없는 상황이었다. 더구나 폭력이 자행되는 내내 주먹만큼 단단히 굳은 표정으로 집에 앉아 있는 모습이 목격됐다면 더 말할 나위가 없었다. 그 일요일 이후 이웃들의 수군거리는 소리가 제트기류처럼 아샤를 따라다녔다. "욕심이 과해서 금수가 되었구먼." 한 네팔 여자가 손으로 입을 가린 채 속삭였다.

"예전부터 능구렁이였지만, 이젠 돈에 환장해서 누가 다치건 말건 신경도 안 쓰네." 한 타밀 여자는 또 이렇게 말했다.

"아마 그래서 만 루피쯤 챙겼을걸." 이건 제루니사의 말이었다. 이 말을 전해 들었을 때 아샤는 가장 속상했다. 만 루피였다면 대단했을 것이다. 곤두박질친 명성을 상쇄하고도 남았을 것이다. 그런데 사업가 남자는 중개료 한 푼 주지 않고 입을 닦았다. 이로 인한 상심이 너무 컸던 나머지, 이후에 부패한 권력자가 일정한 몫을 약속하면서 거래를 제안했을 때도 아샤는 의구심을 버리지 못했다.

그리고 영원하리라 생각하는 순간, 세상과 하직하지. 그녀는 이렇게 회의적인 태도를 유지하다가 어느 날 좀 더 살아도 되겠다고 마음을 고쳐 먹었는데, 그날은 그녀가 정부에서 발행한 수표를 은행에서 현금으로 바꾼 날이었다.

가족의 미래를 밝혀준 아이디어는 아샤가 고안한 게 아니었다. 마하라슈트라 교육청의 빔라오 가이콰드라는 행정관의 생각이었다. 그는 **사르바 식샤 아비얀**, 즉 '모두를 위한 교육' 운동의 추진을 맡고 있었는데, 해외 원조를 받아 보편적인 초등 무상교육을 실시하려는 중앙정부의 야심 찬 정책이었다. 정부는 이 프로그램을 통해 아동노동에 동원되는 수천만 명의 소년, 소녀, 장애 아동들이 처음으로 학교 교육을 받게 되리라고 예상했다.

가이쾨드는 한 신문 인터뷰에서 학교에 다니지 않는 아이들에게 교육 기회를 제공해 가난에서 벗어나는 길을 터주고 싶다는 소망을 피력했다. 그러나 정부의 돈을 착복하겠다는 야심은 그렇게 공개적으로 밝히지 않았다. 그는 뭄바이의 각 지역 개발을 담당하는 공무원들과 손을 잡고 명목상 정부 기금을 수령할 이른바 얼굴마담을 찾았다. 그러고는 그렇게 결탁한 사람들과 전리품을 나눠 가졌다.

나중에 아샤는 가이쾨드의 눈에 띈 이유가 자신의 지략이나 하다 못해 외모였으면 좋았을 거라고 생각했다. 그러나 가이쾨드의 관심사는 좀 더 세속적이었다. 바로 아샤가 이미 비영리단체를 운영하고 있다는 사실이었다. 2003년에 또 다른 꿍꿍이가 있는 또 다른 남자가 그녀를 앞세워 비영리단체를 만들고는 뭄바이의 하수구 설비 계약을 따내려 했지만, 결국 실현되지 않았다.

"정식으로 등록된 단체인가요?" 가이쾨드는 이걸 궁금해했다.

"그럼요." 중앙정부에서 어린이들의 삶을 개선하기 위해 중점적으로 추진하는 정책을 악용해 주머니를 채우려는 계획의 종범으로 아샤가 선택된 건 바로 이 때문이었다.

공무원은 아샤의 비영리단체에서 여러 해 동안 빈민 아동을 위해 스물네 개의 유치원을 운영해왔다는 증빙 서류를 만들어주었다. 이제 허울뿐인 이 노력의 대가로 정부는 그녀에게 4.7라크를 지급할 것이다. 1만 달러가 넘는 돈이었다. 노동에 동원되던 아이들을 위해 아홉 개의 징검다리 학교를 운영한다는 이유로 연말이면 돈이 더 들어오기로 되어 있었다. 이 불로소득을 챙긴 후 아샤는 가이콰드에게서 넘겨받은 긴 명단 앞으로 수표를 써야 했다. 서류상의 교사와 보조 교사들이었다. 이들이 누군지는 상관할 바 아니었다. 가이콰드에게는 2만 루피를 현찰로 직접 넘겨주고, 일의 성사에 힘써준 개발 담당 공무원에게 5000루피를 주는 게 그녀가 할 일이었다.

첫해에는 그렇게 돈을 내주고 났더니 정작 아샤는 큰돈을 만지지 못했다. 하지만 가이콰드는 앞으로 달라질 거라며 안심시켰다.

분할 지급되는 정부 기금이 처음 입금됐을 때는 42만 9000루피의 돈이 휴면 상태인 비영리단체의 계좌로 들어오는 바람에 사소한 장애가 발생했다. 수표를 쪼개서 발행하려면 공동 서명자가 필요했는데, 비서로 등록해놨던 이웃 여자가 지나치게 흥분해서 눈물까지 글썽거리며 "우리 이제 부자가 되는 거냐?"고 묻더니 금세 발각될 걸 걱정했다. 결국 이웃 여자는 수표에 서명하길 거부했고, 아샤는 그녀를 해고 처리한 후 더 고분고분한 비서를 새로 고용했다. 수표는 차질 없이 발행되었고, 공무원들은 각자의 몫을 챙겼다.

득의양양한 아샤는 여러 방면으로 사업을 추진하며 근근이 수익을 올리는 동안 마음을 짓눌렀던 의구심이 마침내 해소된 느낌이었다. 크고 조작된 상류 도시의 시장판에서 성공하는 건 빈민촌에서 일상을 헤쳐나가는 것보다 힘도 덜 들고 머리 쓸 일도 적었다. 최대 변수는 운이었고, 이게 잘못된 계획이 아니며 발각 가능성이 크지 않다는 확신을 견지하는 게 관건이었다.

"물론 부정한 짓이지." 아샤는 고분고분한 새 비서에게 말했다. "하지만 이 부정한 계획을 내가 세웠나? 거물들이 서류를 다 만들어 오는데, 누가 나한테 잘못했다고 말할 수 있겠어? 거물들이 다 제대로 된 거라고 확인해줬는데."

새 비서는 아샤의 논리에 고개를 끄덕였지만, 수표에 공동 서명을 한 후로 입매가 살짝 굳은 듯했다. 하지만 어떻게 반박할 수 있겠는가? 엄마한테.

"대학을 졸업하면 너는 실제로 일을 할 필요가 없어." 아샤는 운영한다고 거짓 등록한 학교 제국에 대해 만주에게 말했다. "너는 나한테서 운영권을 넘겨받을 거야. 어쨌거나 너를 책임자로 올릴 수밖에 없어. 일정 학력의 소유자가 운영하도록 되어 있거든."

만주는 뜻밖의 유산에 마음이 복잡했지만, 곧 집에 배달될 중고 컴퓨터를 거부할 생각은 없었다. 미나는 자신을 짓누르는 의무감에 격렬하게 저항했지만, 만주는 아니었다. 아샤는 인터넷 모뎀도 연결했고, 라훌은 한동안 페이스북에 가입해서 열중하더니 빨간색 혼다 오토바이가 도착한 후로는 관심이 시들해졌다.

만주는 컴퓨터가 마음에 들었다. 빈민촌의 제자들도 마찬가지였다. 아이들은 뻔질나게 찾아와 컴퓨터의 멋진 위용에 감탄했다. 아이들은 교육이 끝났다는 사실을 믿을 수 없는지 여전히 그녀를 선생님이라고 부르면서 기대에 찬 눈으로 쳐다봤다. 하지만 아샤와 만주가 서류상으로 꾸민 가짜 학교는 진짜 학교에서 나오던 수입을 불필요하게 만들었다.

만주는 얼마 전에 『포스터스 박사』의 줄거리를 외웠다. 높은 곳에 오르고자 했던 주인공이 윤택한 삶을 누리다가 어리석은 거래로 그 대가를 치르게 되면서 궁극적인 깨달음을 얻는다는 내용이었다. 만주는 머릿속에 기독교적인 지옥이 제대로 그려지지 않았지만, 그래도 이러다가 벌을 받는 게 아닌가 싶은 마음이 들었다.

졸업식을 얼마 남겨놓지 않은 어느 조용한 저녁에 컴퓨터 자판에서 고개를 들던 만주는 소스라치게 놀랐다. 문가에 히즈라가 두 명, 아니 다섯 명이나 서 있었기 때문이었다! 언젠가 오수 웅덩이 옆 사원에서 매료되었던 나긋나긋하고 아름다운 히즈라와는 거리가 멀었다. 여자이자 남자인 이들은 손에 털이 덥수룩하고 수염 자국도 역력했다. 이들은 잘 풀리는 집을 찾아가 운의 흐름을 돌려놓는 저주를 퍼붓곤 했다.

만주는 혼비백산했고, 히즈라들은 덜덜 떠는 만주를 보며 안타까워했다. 그들이 찾아온 건 전혀 다른 이유 때문이었다. 한 주 앞으로 다가온 총선에 유권자 등록을 하게 도와달라는 부탁을 하려고, 자신들이 알고 있는 가장 힘 있는 사람을 찾아온 것이었다. 다른 안나와디 사람들처럼 그들도 비밀 장소에서 공개된 장으로 나오는 몇 안 되는 흥겨운 순간에 참여하고 싶어 했다.

그렇게 열린 총선은 세계 역사상 최대 규모로 민주주의가 실현되는 현장이었을 것이다. 5억에 가까운 사람들이 줄지어 서서 델리로 진출할 대리자를 뽑았다. 안나와디의 대표는 거의 확실시되었다. 현역 의원인 국민회의당의 프리아 두트는 역사적으로 인도 유권자들이 쉽게 마음을 연 두 가지 특징을 모두 갖춘, 즉 **영화판** 인물이자 대를 잇는 명문가 출신인, 겸손하고 다정한 여자였다. 발리우드의 슈퍼스타였던 아버지는 그녀의 전임자였다.

총선을 한 주 앞둔 어느 날에는 국민회의당 트럭이 안나와디 앞에 멈추더니 콘크리트로 제작한 하수도 뚜껑을 여덟 포대나 내려놓았다. 선거용 선심에 흥분한 대중이 모여들었다. 프리야 두트의 당 덕분에 이제 빈민촌 골목에서 뚜껑 없이 방치된 하수구를 찾아볼 수 없게 되었다.

그런데 며칠 후에 국민회의당 인부들이 트럭을 몰고 돌아왔다. 하수구 뚜껑을 설치하려는 줄 알았더니 그걸 다시 실어갔다. 그건 유권자가 더 많은 빈민촌에 필요했다. 안나와디의 노인들은 떠나는 트럭을 보며 껄껄 웃었다. 그런 뻔뻔함은 차라리 신선했다.

타밀나두에서 이주한 히즈라들은 정당 간 차이 같은 건 몰랐지만, 그래도 투표는 꼭 하고 싶었다. 문제는 이 지역구의 선거 관리 공무원들이 이주민이나 여타 배척당하는 소수 인종에게 교부된 등록 서류를 처리하지 않은 채 방치한다는 데 있었다. 아샤와 남편은 두 곳의 선거구에서 두 번 투표할 수 있는 유권자 카드와 등록번호를 보유했지만, 마하라슈트라 출신이 아닌 안나와디 주민 중에는 한 번의 투표권도 어렵게 얻는 사람들이 있었다. 제루니사와 카람 후사인은 유권자 등록을 위해 7년간 노력했지만 끝내 공민권을 거부당한, 그 분야의 기록 보유자였다.

안나와디 사람들이 정치 참여를 소중하게 여기는 이유는 선거가 사회적 평등을 이룰 수 있는 강력한 도구이기 때문이 아니었다. 중요한 건 표를 행사하는 행위, 그 자체였다. 사는 곳과 하는 일만으로 범죄자 취급을 받는 빈민촌 주민들도 이 순간만큼은 인도의 모든 국민과 평등했다. 그들도 이 나라의 합법적인 구성원이었다. 선거인 명부에 등록만 할 수 있다면.

키가 제일 큰 히즈라가 아샤에게 절을 하고는 발치에 쪼그려 앉았다. "선생님, 저희는 작년에 관청에 등록을 했는데도 아직 유권자 카드를 받지 못했습니다. 필요한 절차를 모두 밟았지만 소용없었습니다. 이제 선거가 얼마 남지 않았습니다. 저희가 투표권을 받을 수 있도록 저희의 서류를 담당자에게 전해주시겠습니까?"

아샤는 손거울을 집어들었다.

히즈라는 헛기침을 했다. "도와줄 수 있으신가요, 선생님?"

만주가 눈살을 찌푸렸다. 어머니는 아예 히즈라들이 없는 것처럼 행동했다. 아샤는 보습 크림을 집더니 천천히 얼굴에 발랐다. 그러고 나서 파우더를 손바닥에 덜어 조금씩 뺨에 두드렸다. 외출 준비를 하고 있었다.

"뭐야, 화장하고 있잖아!" 히즈라 한 명이 다른 사람에게 속삭인다는 게 목소리가 너무 컸다. 하지만 외출 준비에 여념이 없는 아샤는 그 소리를 듣지 못했다.

아샤는 빈민촌장 자리를 내놓았다. 정치에서도 발을 뺐다. 참정권을 박탈당한 히즈라뿐만 아니라 안나와디 주민들 모두에게 학을 뗐다. "그동안 하찮은 일 때문에 동동거리며 뛰어다녔지만, 이제 그런 건 다 끝났어." 아샤는 후사인네 가족이 감옥에 가든 말든, 폐결핵이 돌아서 한 골목 전체가 죽든 말든 관심이 없었다. 변소에 산다는 파티마의 유령도 지겨워서, 시급한 문제인 변소 청소도 하건 말건 전혀 관심이 없었다. 당분간 빈민촌에 계속 살아야 할지는 몰라도 이제 그녀는 상류 도시의 일원이었다. 도시의 사업자 등록번호를 획득한 데다 조만간 외국에서 기부금이 들어올 자선단체의 이사이기도 했다. 그렇게 조작된 세계에서 그녀는 존경받는 인물이었고, 마침 데이트 시간에 늦기도 했다.

"주유소에서 만나지." 남자는 전화로 말했다. "내가 좋아하는 분홍색 홈드레스 입고 나와."

하지만 레이스 커튼 뒤로 들어간 아샤는 미소를 지으며 우아한 흑백 프린트가 찍힌 실크 사리를 몸에 둘렀다. 자신이 좋아하는 옷을 입고 자신이 되고자 했던 사람이 됐다. "근사하네요." 만주는 물끄러미 쳐다보다가 말했다. "분홍색보다 나아요."

새로운 아샤가 어둠 속으로 사라질 때 히즈라 한 명이 퉁명스럽게 맞장구쳤다. "흥, 멋지긴 하네."

17
학교, 병원, 크리켓 운동장

5월 중순에 선거 결과가 나왔다. 개혁을 외치던 엘리트들은 결국 투표장에 나오지 않았다. 현역 의원 대부분이 자리를 지켰고, 총리를 재신임했으며, 공약으로 내세웠던 급진적인 개혁안은 슬그머니 보류되었다. 몇 주 후에는 공항 공단의 불도저가 안나와디 옆을 지나가기 시작했다.

영원한 아름다움을 약속하던 광고 벽은 무너졌고, 이틀 후에는 뎅기열과 말라리아의 온상이었던 오수 웅덩이가 메워지고 새로운 개발을 위해 평평하게 다져졌다. 빈민촌 주민들은 서로를 위로했다. "우리는 아직 멀었어. 주변만 건드리는 거지." 공항 빈민촌 철거는 여러 해에 걸쳐 단계적으로 추진될 테고, 판잣집을 매입한 투기꾼과 정치인이 이주 아파트의 수혜를 독차지하는 일이 없도록 주민들이 똘똘

뭉칠 시간도 충분할 거라고 믿었다.

안나와디 외곽의 땅을 파고 다지는 와중에 아이들에겐 새로운 일이 생겼다. 아이들은 얼마 전까지 오수 웅덩이였던 곳에서 땅을 휘젓는 노란색 불도저를 넋 놓고 바라봤다. 그 장비들은 재활용이 가능한 고물을 건져올렸다. 원래 흰색이었을 것 같은 스웨이드 옥스퍼드 신발, 녹슨 나사, 플라스틱이나 쇠로 만든 잡동사니들. 전부 내다 팔 수 있는 것들이었다.

어느 토요일 오후에 압둘의 동생들은 파티마의 딸들과 함께 오수 웅덩이 근처에 갔다. 이미 다른 아이들이 모여 구경하고 있었다. 아이들은 불도저에서 눈을 떼지 못한 채 새로운 개간지에 뭐가 들어설지를 놓고 말다툼을 했다.

"학교야."

"아니야, 내가 들었는데 병원을 지을 거래."

"아이들이 태어나는 병원."

"바보들. 다 틀렸어. 이 땅은 전부 공항에서 쓸 거야. 택시 승강장을 만들고 비행기들도 가져다 놓을 거야."

"이렇게 조그만 땅에 어떻게 비행기가 들어오니? 여긴 우리더러 크리켓 하라고 만드는 거야."

파티마의 막내딸은 몸을 움츠렸다. 새로 뒤엎은 흙더미 끄트머리에서 뭔가 반짝였다. 아이는 불도저를 향해 냅다 달려가서는 아래로 내려오는 삽 밑으로 뛰어들었다.

"안 돼!" 지나가던 여자가 비명을 질렀다. 하지만 아이는 멈추지 않았다. 몸을 웅크리고 반짝이는 물건을 당기다가 삽에 맞지 않도록 다시 뛰어나왔고, 불도저가 지나간 후 다시 쪼그려 앉아 땅을 팠다. 그렇게 해서 손에 넣은 대가는 엄청났다. 묵직한 철제 냄비였다. 아이는 그걸 끌어안고 안나와디로 달려갔다. 환하게 웃는 아이의 발이 땅에 닿을 때마다 흙먼지가 풀썩풀썩 일어났다.

낡은 냄비는 최소한 15루피를 받을 수 있었고, 마이단에 있던 여자 두 명이 그걸 보고는 진보와 현대화 덕분에 안나와디에서도 최소한 한 사람은 이익을 봤다며 깔깔 웃었다. 파티마의 딸은 부러워하는 친구들을 향해 자신이 챙긴 보물을 자랑스럽게 들어 보였다.

몇 주 후에 아이들에게 더 흥미진진한 오락거리가 생겼다. 저널리스트들이 들고 다니는 검고 긴 코가 달린 카메라였다. 안나와디가 갑자기 신문에 등장하기 시작했다. 불법이라고는 하지만 전통처럼 이어져온 신명 넘치는 축제 때문이었다. 6월의 어느 일요일 오후에 깔끔한 웨스턴 고속도로에서 마차 경주가 열렸다. 적은 액수의 내기가 걸렸고, 사람들은 고속도로에 늘어서서 경주를 지켜봤다.

빈민촌장에서 일찌감치 밀려난 얼룩말 로버트는 엉성한 마차에 빨갛고 파란 페인트만 새로 칠한 후 말 두 필에 매달아 출전했다. 경주 막바지에 이르러 구름다리 꼭대기에 도달했을 때 예쁜 마차의 바퀴 하나가 빠지면서 마구가 부서지고 당황한 말들이 다리 밑으로 곤두박질쳤다. 사진기자 한 명이 현장에 있다가 말들이 아래쪽 길로 추락하는 섬뜩한 장면을 생생하게 포착했다. 그러자 무책임한 마주를 찾아내 처벌하자는 여론이 비등했다. 로버트는 가짜 주소만 남긴 채 종적을 감춘 상태였다.

들끓는 공분 속에 이 사건은 점점 더 많은 신문 지면을 장식했다. "죽은 말의 발자취 독점 취재", "말들의 죽음, 경찰은 알고 있었다. 그럼에도 불구하고 수사가 이뤄지지 않는 이유!", "특종! 고통스런 죽음을 맞기 전에 말들은 여기 살았다"

수닐과 미르치를 비롯한 몇몇 아이들은 동식물 복지 협회라는 단체의 활동가들이 뭄바이의 동물 복지 연대 사람들과 기자들을 대동한 채 로버트의 마굿간을 '급습'하는 모습을 지켜봤다. 한눈에 봐도 영양실조인 게 확연한 말들도 있었다. 색을 칠한 가짜 얼룩말의 몸에서는 자상과 염증이 발견되었다. 동물 복지 연대에서는 우선 상태가 심각한 말 몇 마리를 치료하기 위해 다른 농장으로 데려갔다. "말 구출!" 다음 날 신문에는 이런 헤드라인이 실렸다.

단호한 활동가들의 다음 목표는 로버트의 기소였다. 왕년의 빈민촌장과 오랫동안 상부상조의 관계를 유지해온 사하르 경찰서는 동물 학대를 이유로 그를 수사하는 데 관심이 없었다.("피의자, 면책되나?") 그러자 동물 권리 단체에서 사진 증거를 뭄바이 경찰서장 앞으로 발송했다. 결국 왕년의 빈민촌장과 부인은 보호 의무가 있는 동물에게 제대로 된 보금자리를 제공해야 한다는 동물 학대 방지법에 의거, 기소되었다.

마침내 안나와디에서도 정의가 힘을 발휘했다. 그러나 그 수혜자가 말들이라는 사실은 수닐과 길거리 소년들에게도 당황스러웠다.

그들이 수사조차 하지 않은 칼루와 산자이의 죽음을 생각한 건 아니었다. 안나와디 소년들은 대체로 현실을 받아들였다. 번영 일로의 현대화된 도시에서 그들의 수치스러운 삶은 한구석에 제한되어야 마땅하며 그들의 죽음은 전혀 중요하지 않다는 현실. 소년들은 다만 말 때문에 벌어지는 이 소동이 당혹스러울 뿐이었고, 그래서 빈민촌에서 가장 많은 사랑을 받는 행운아는 로버트의 말들이라고 생각했다.

활동가들은 소수였지만 서로 연대하여 학대받는 말들에 대한 분노를 효과적으로 표출했다. 안나와디에도 누구나 공감하며 바로잡고 싶어 하는 잘못들이 있었다. 벌써 석 달째 이어지는 극심한 물 부족, 유권자를 무시하는 선거 담당 공무원, 허울뿐인 공립학교, 임금을 챙겨 야반도주한 하청업자. 많은 주민이 경찰에 분노했고, 압둘도 그중 한 명이었다. 사하르 경찰서 폭파는 밤마다 그가 정교하게 계획을 다듬어보는 즐거운 공상이었다. 그러나 빈민촌 주민들이 함께 모여 분노를 표출하는 일은 드물었다. 심지어 공항 공사에 대해서조차.

무력한 개인들은 자신들의 결핍을 똑같이 무력한 다른 개인의 탓으로 돌렸다. 그러다가 가끔은 서로를 무너뜨리려고 안간힘을 썼고, 가끔은 그 과정에서 파티마처럼 스스로 무너졌다. 아샤처럼 운이 좋은 사람은 가난한 사람들에게 돌아가야 할 일생일대의 기회를 가로채서 팔자를 고쳤다.

뭄바이에서 벌어지는 현상은 다른 곳에도 만연했다. 전 세계로 무대를 확대한 시장 자본주의 시대에도 희망과 불만은 협소한 지역 안에서 옹색하게 이해됐고, 공통된 고통에 대해서는 둔감했다. 가난한 사람들은 연대하지 않았다. 일시적이고 알량한 이익 앞에서 서로 치열하게 경쟁했다. 그리고 하류 도시의 이런 투쟁은 전반적인 사회구조에 희미한 파장을 일으키다 잦아들었다. 투쟁은 부자 동네로 진입하는 입구에서 어쩌다 소동을 일으킬 뿐, 그곳에 균열을 야기하지는 않았다. 정치인들은 중산층의 이익을 대변했다. 가난한 사람들은 서로 무시했고, 세계에서 가장 크고 불평등한 도시는 비교적 평화로운 상태를 그럭저럭 이어갔다.

6월에 비가 내리기 시작하면서 새로 케카샨 부녀의 심리를 맡은 판사가 증인들을 소환했다. C. K. 디란이라는 판사는 손뼈가 앙상했고 안경 너머로 졸린 눈을 하고 있었으며, 첫 번째 판사보다 더 급하게 재판을 진행했다. 건물 제일 위층의 법정으로 올라가던 케카샨이 고개를 돌려 작은 창문을 내다봤을 때 드넓게 펼쳐진 젖은 지붕들 너머로 아라비아 해가 눈에 들어왔다.

새로운 판사의 의중을 헤아리려 노력해봐야 무슨 소용일까? 황달을 앓는데다 하루하루 긴장을 풀지 못하는 탓에 몸이 여전히 쇠약한 케카샨은 끝나지 않는 재판에서 무슨 말이 오가는지, 그래서 자신과 아버지가 과연 감옥에 가게 되는 건지 예측해보려 노력하는 게 부질없게 느껴졌다. 제루니사는 어찌나 걱정을 하는지 악몽을 꾸는 것은 물론이고, 이젠 잠결에 마이단을 뛰어다니는 새로운 버릇까지 생겼다. 케카샨은 그냥 피고석에 끼어 앉아 어떻게 하면 가족들과 먹고살 수 있을지, 새로운 돈벌이를 궁리하며 기도문을 웅얼거렸다. 미르치의 표현을 빌리자면 이제 그들은 "하루 벌어 하루 먹는" 신세가 되었다.

사키나카에서 고물상으로 재기하려는 꿈은 이미 포기했다. 그곳의 창고 대여료는 압둘이 한 달 내내 일해서 버는 돈보다 많았다. 그래서 압둘은 털털거리는 삼륜 트럭을 몰고 빈민촌을 전전하며 고물을 운송해주는 일감을 찾아다녔다. 미르치도 임시직을 가리지 않았고, 경찰이 보이지 않을 때면 안나와디에서 슬쩍슬쩍 폐품도 거래했다. 그 밑의 동생인 아타하르는 학교를 그만두고 나이를 속인 가짜 신분증을 만들어 도로 공사장에서 굴착 일을 했다. 아타하르는 가족을 도우려고 학교를 그만둔 게 아무렇지 않은 양 굴었지만, 그런 동생을 보는 누나는 마음이 아팠다.

7월의 마지막 날 검사와 변호사의 최후 변론이 있었다. 재판을 맡은 후로 판사가 케카샨을 제대로 쳐다본 건 그날이 처음이었던 것 같았다. 판사는 케카샨의 부르카를 보고 농담을 했다. "이 사람이 피고가 확실합니까? 다른 사람일 수도 있겠는데. 저런 걸 둘러서야 누가 알아보겠어요!" 웃음을 그친 판사는 검사와 변호사가 영어로 하는 최후 변론을 다 들은 다음 케카샨과 카람에게 90분 후에 다시 오라고 했다. 그때 판결이 나온다고 했다.

두 사람이 법정을 나설 때 판사는 이런 얘기를 했다. "지금 난 급여 인상 시점만 기다리고 있어. 그래야 은퇴를 할 수 있거든. 마하라슈트라는 어찌나 인색한지. 판사한테 비용 처리 영수증이며 서류를 요구하는 데는 여기 말곤 없어. 안드라프라데시와 구자라트에서는 판사들이 영수증을 제출할 필요도 없고 급여 외에 기름값도 따로 받는데 말이야……."

법정 밖에서 쓰레기 수거 트럭이 개를 치고 지나갔다. 개는 깽깽거리다 죽었고, 케카샨과 아버지는 법원 구내식당에서 기다리는 게 낫겠다고 판단했다. 케카샨은 바닥에 앉아 신발을 물끄러미 쳐다봤다. 새로 산 플라스틱 신발이라 발이 아팠다. 법정으로 다시 돌아갈 때 케카샨은 맨발로 절룩거렸다.

"직업이 뭐죠?" 케카샨은 증인석에 선 채 판사의 처음이자 마지막 질문에 "가정주부"라고 대답했다. 남편에게서 도망친 것이나 남편의 휴대전화에 저장된 다른 여자의 사진에 대해서는 말하지 않았다.

"그리고 당신 직업은 뭔가요?" 카람 후사인은 손이 떨리는 걸 막으려고 깍지를 꼈다. "판사님, 저는 플라스틱과 관련된 일을 합니다." 카람이 대답했다. 물통과 폴리우레탄 포대를 운운하는 것보다 그 편이 나을 것 같았다.

"어쨌거나 당신들 때문에 한 여자가 목숨을 잃었소." 판사가 말했다.

"아닙니다, 사아브!" 카람이 외쳤다. "그 여자는 순전히 자기 손으로 그런 겁니다."

판사는 한참을 아무 말이 없다가 오렌지색 머리를 빳빳하게 빗어 넘긴 검사를 보며 말했다. "그래서 이 사람들을 어떻게 할까? 2년을 구형해야 하나, 아니면 3년이 적당할까?"

케카샨은 온몸이 얼어붙는 것 같았다. 그때 판사가 씩 웃으며 손을 쳐들었다.

"자, 이 사람들을 내보내요." 판사가 변호사에게 말했다. "**자오, 츠호드 도**." 판사는 후사인 부녀에게 무죄를 선고했다. 기나긴 재판이 끝났다. 판결문은 간결했다. "피고인들이 어떤 식으로든 사망자의 자살을 선동했다고 볼 만한 증거가 없다. 그러므로 검사는 합리적인 의심의 차원 이상으로 피고인들의 유죄를 입증하는 데 참담하게 실패했다."

판사는 그만 가라고 했다. 다음 사건을 심리해야 하는 판사는 케카샨 부녀가 풀로 붙여진 듯 서 있는 증인석을 비워야 했다. "이제 가도 된다고요." 변호사는 조금 더 단호하게 되풀이했고, 케카샨과 아버지는 허둥지둥 법정을 나섰다.

이제 남은 건 청소년 법원에서 처리할 압둘의 재판, 그의 명예에 대한 판결뿐이었다. 2009년 9월에 청소년 법원 서기는 다음 달이면 시작할 거라고 했다. 10월이 되자 "어쩌면 3개월쯤 후"로 말을 바꿨다. 동그리에 갈 때마다 마주치는 사하르 경찰은 최소한 일관성이 있었다. "외다리한테 저지른 짓을 인정해! 그러면 모든 게 해결돼! 인정하지 않으면 네 사건은 영원히 끝나지 않고, 인정하면 오늘이라도 풀려날 거야."

2009년이 끝나갈 무렵에 제루니사는 압둘의 재판과 명예 회복 시점을 앞당길 특단의 조처를 강구했다. 미래의 운을 트고 억눌린 기운과 저주를 풀어내며 원혼을 달래는 데 영험하다는 리이로의 수피 신비주의자를 찾아갔다. 제루니사는 특히 원혼 부분에 마음이 끌렸는데, 압둘이 사법제도의 연옥에 갇혀 빠져나오지 못하는 데는 아무래도 파티마의 원귀가 관련 있는 것 같았기 때문이었다. 수피는 제루니사의 손목에 빨간 끈을 묶더니 마당으로 나가 순례자들이 북 장단에 맞춰 노래를 부르며 빙빙 돌고 있는 나무에 다른 빨간 끈을 묶으라고 했다. 수피는 돈을 챙기면서 이제 원혼이 한결 온순해졌다고 장담했다. 하지만 제루니사는 7주 동안 금요일마다 모스크에 가서 압둘의 이름으로 헌금을 해도 나쁠 건 없다고 생각했다.

2010년이 밝았는데도 제루니사의 노력은 아무런 결실도 맺지 못했다. 마하라슈트라 주의 특수 행정관은 또 나타나 돈을 내는 게 기도를 하는 것보다 재판을 앞당기는 데 효과 있을 거라고 암시했다. 제루니사는 자신이 고안한 가장 신랄한 욕으로 대답을 대신했다.

2010년 말에 제루니사와 압둘은 유죄와 무죄 사이에 걸려 있는 이 상태가 영원히 계속될 모양이라고 결론을 내렸다.

압둘은 동그리에 갈 때마다 마스터를 찾았다. 마스터에게 자신이 소년기의 마지막 시절을 고귀하게 보내기 위해 노력했지만, 성인이 된 게 분명한 지금으로서는 그런 삶을 유지할 수 없을 것 같다는 얘기를 하고 싶었다. 성인 남자라면, 그리고 분별력이 있는 사람이라면, 선악과 진위, 정의와 부정 사이에 명확한 선을 긋지 않았다.

"한동안은 내 안의 얼음이 녹지 않게 하려고 노력했어요." 압둘은 그걸 이런 식으로 표현했다. "그런데 이제는 모든 사람들처럼 더러운 물이 되어가고 있어요. 저는 알라신을 무한히 사랑하지만, 지금보다 더 나은 삶을 살 수는 없다고 신께 솔직히 말씀드립니다. 세상이 다 그러니까요."

후사인 집안은 아들 셋이 돈벌이에 나서면서 조금씩이나마 형편이 피기 시작했고, 안나와디가 철거되면 이주용 아파트도 한 채 얻을 수 있을 거라고 희망했다. 공항과 고물을 뒤로한 채 약 25제곱미터의 좁은 공간에서 열한 가족이 살아야 하지만, 그래도 길바닥보다 낫다는 건 더 말할 나위가 없었다. 압둘은 고물상이 잘되고 도시 외곽에 작은 땅을 사서 첫 분할금을 냈던 2008년 초를 생각할 때만 잠시 얼굴에 그림자가 드리웠다. 바사이 부지는 다른 사람에게 넘어갔고, 카람 후사인은 돈을 돌려받지 못했다.

카람은 미래를 버스에 비유하는 짜증스러운 버릇이 생겼다. "그게 지나가면 놓쳤다고 생각하지만, 그때도 이렇게 말하는 거야. 잠깐,

나는 저걸 놓친 게 아닐지도 몰라. 지금까지 달렸던 것보다 더 빨리 달리기만 하면 되잖아. 하지만 지금처럼 심신이 지치고 황폐한 우리가 어떻게 그만큼 빨리 달릴 수 있겠니? 그래도 따라잡을 수 없다는 걸 알 때조차, 그리고 그냥 받아들이는 게 나을지 모를 때에도, 그걸 잡으려는 노력을 중단하지 말아야 해."

압둘은 막연한 불안감에 물들고 싶지 않았다. 그에게 몸을 쓰는 일이 있다는 건 다행이었다. 그는 아침 일찍 산업 시설이 밀집된 대규모 빈민촌에 가서 창고지기들에게 공손히 인사하는 것으로 하루 일과를 시작했다. "재활용 공장에 보낼 물건 없으신가요?" 도시의 뒷길과 좁은 우회로도 전부 파악했다. 그의 삼륜 트럭은 뭄바이의 말끔한 포장도로 통행이 금지되었다.

일감을 찾아 돌아다니느라 나간 기름값이 수수료보다 더 많은 날도 있었지만, 작은 트럭에 폐품을 한가득 싣고 부지런히 돌아다닌 날도 있었다. 돈을 벌 수만 있다면 안 가는 곳이 없었고, 안나와디에서 먼 곳일수록 오히려 더 좋았다. 압둘은 경계선을 넘어 구자라트 주의 바피에도 가고, 타네 주의 칼리안에도 갔다. 하지만 주로 돌아다니는 곳은 역시 뭄바이였다.

야심한 시간에 뒷길을 달릴 때면 언제부터인가 "또 다른 종류의 감옥"처럼 느껴지기 시작한 빈민촌의 가족들에게 돌아가지 않는 상상을 했다. 이대로 무작정 달려서 어딘가 먼 곳, 이곳보다 나쁠 리 없는 미지의 곳으로 사라져버리는 상상을 했다. 하지만 뭄바이는 늘 그를 흔들어 깨워 제정신을 차리게 만들었다. 앞으로 돌진하던 SUV와 버스가 곡예하듯 그를 비껴갔다. 파티마의 딸이 그러는 것처럼, 아이들은 목숨의 가치를 모르는지 아무 생각 없이 차도로 뛰어들었다.

"핸들을 잡고 있다가 실수 한 번이면, 그걸로 모든 게 끝나는 거예요." 압둘은 안나와디로 돌아와 어머니에게 한탄했다. "운전할 땐 긴장감이 너무 심해요. 딴생각을 할 틈이 없어요. 한순간도 경계를 늦추면 안 되니까."

하지만 사실은 조금 달랐다. 한밤중에 차를 몰 때면 어떤 힘이 느껴졌다. 피곤한 눈에 초점이 생겼다. 불빛이 번쩍이는 이 광대한 도시를 길들이진 못한다 해도, 눈앞에 펼쳐진 끈적거리는 도로 몇 미터는 얼마든지 제어할 수 있었다.

아무 성과도 없이 또 동그리에 다녀온 어느 날 저녁, 압둘이 아침 일찍 비디오 가게 옆의 까만 폐품 포대에 걸터앉아 "재활용 공장에 보낼 물건 없으신가요?"라고 물으며 한 바퀴 돌아야겠다고 생각하고 있는데 수닐이 다가와 옆에 앉았다. 압둘이 트럭을 몰고 돌아다니느라 둘은 한동안 만나지 못했다. 수닐은 진짜 친구처럼 몸을 가까이 붙이며 말했다.

"밥 먹게 2루피만 빌려줘."

압둘은 몸을 뒤로 기울였다. "야, 그렇게 찰싹 붙어서 얘기할 거면서 이도 안 닦았니? 냄새 고약하다. 얼굴은 또 어떻고. 가서 세수 좀

해! 보기만 해도 소름이 돋을 지경이야."

수닐은 웃으면서 말했다. "알았어, 알았어. 할게. 지금 막 일어나서 그래."

"도둑 치곤 부지런한데."

"이제 아니야."

폐품 가격은 조금이나마 다시 오르는 추세였고, 경찰의 구타가 심한데다가 공항 경비들한테 붙들려 발가벗기고 삭발을 당하는 수모를 겪은 후 수닐은 다시 넝마주이로 돌아가자고 결심했다. 길가의 폐품 포대에 압둘과 나란히 앉아 있는 것도 그런 결심 때문이었다. 오락실의 타밀 남자는 장물을 매입할 기회를 잃자 수닐에게 화를 내곤 더 이상 그곳에 앉아 있지 못하게 했다.

눈 깜빡이 소누는 수닐이 도둑질을 하는 건 얼추 용서했지만, 해가 뜬 다음에 일어나는 건 그냥 봐주지 않았다. 수닐은 다시 소누와 어울리고 싶은 마음에 일찍 일어나려고 노력하는 중이었다. 수닐은 도시 사람들이 혐오스러워하는 일을 하면서도 스스로를 미워하지 않는 방법을 찾고 있었다. 에라즈엑스가 효과 있었지만, 그리 오래 가지는 않았다.

수닐은 말했다. "어떻게 하면 더 근사하게 잘살 수 있을지 궁리했지만, 나아진 건 아무것도 없었어. 그래서 다른 수를 써보기로 했어. 더 좋아질 방법을 고민할 것 없이 그냥 마음을 비워버리자고. 그러다 보면 또 알아? 뭔가 좋은 일이 생길지."

압둘은 그를 철썩 내리쳤다. "네 얘기를 듣고 있으니까 머리가 돌아버릴 것 같다." 여전히 뭔가 궁리하는 사람과 함께 있으려니 어쩐지 자신이 늙어버린 느낌이었다. 빈민촌이 철거되면 둘은 두 번 다시 못 볼 수도 있었다. 수닐은 도시 외곽에 나무가 있고 꽃이 피는 곳에서 새로운 삶을 시작하고 싶어 했지만, 압둘은 친구가 결국 도시의 길바닥에서 자게 될 가능성이 높다고 생각했다. 안나와디에서 보내는 이 마지막 날들이 수닐의 인생에서 최고의 시간이 될지도 몰랐다.

반짝이는 큼직한 잎사귀 하나가 길 저편에서 바람에 실려와 압둘 발치에 떨어졌다. 대기오염 때문에 잎사귀도 거무튀튀했다. 압둘은 그걸 줍더니 주머니에서 꺼낸 녹슨 면도날로 작게 잘라 손바닥에 놓고 후 하고 불었다. 푸른 나뭇잎 조각이 수닐의 눈썹과 이마, 그리고 엉망진창으로 밀어버린 정수리에 떨어졌다.

"이건 또 뭐야?" 수닐이 물었다.

"뭐긴 뭐야? 얼른 이 닦고 일하러 가라는 거지! 벌써 늦었어. 이 시간에 나가면 뭐가 남아 있겠니?"

"알았어. 안녕." 수닐은 벌떡 일어나서 나뭇잎을 털어내고 달려갔다. 압둘은 그의 뒷모습을 바라봤다. 괴짜지만 괜찮은 아이였다. 압둘은 수닐의 행운을 빌었고, 30분 후에 수닐은 미티 강 위로 삐죽 솟은 콘크리트 턱에서 행운을 발견했다.

새 공항이 마력적인 역할, 21세기 세계 주요 도시의 우아한 입문이 되는 그 역할을 완수하면 여기 이 콘트리트 턱에 쓰레기를 버리던 택시 운전사들도 다른 곳으로 밀려날 것이다. 하지만 지금 당장은 음료수 깡통 열한 개와 물통 일곱 개, 알루미늄 포일 덩어리가 길쭉한 콘크리트 위에 놓인 채 그걸 주워갈 용기가 있는 첫 번째 아이를 기다리고 있었다.

에필로그

10년 전에 나는 한 인도 남자와 사랑에 빠졌고 새 나라를 얻었다. 그는 내게 이 나라를 액면 그대로 받아들이면 안 된다고 주의를 주었다.

남편을 만났을 때 나는 몇 년째 미국 빈곤층에 대한 탐방 기사를 쓰면서 세계에서 가장 부유한 나라에서 빈곤을 벗어날 방법을 고민하고 있었다. 그러다가 해가 갈수록 부강해지고 있지만, 여전히 지구 빈곤층의 1/3, 그리고 기아 상태인 사람의 1/4이 사는 인도에 와서도 똑같은 질문이 이어졌다.

눈에 파리가 내려앉은, 갈비뼈가 앙상한 아이들. 인도의 비참한 실상을 보여주는 가슴 아픈 사진을 보면 마음이 급해졌다. 빈민촌을 찾아가 5분만 걸으면 그런 참담한 모습과 마주치지 않을 도리가 없었다. 하지만 더 중요한 질문은 천천히 더 오래 고민해야 알 수 있는 것들이었다. 이 사회에서 기회를 얻을 수 있는 기반은 무엇인가? 어떤 능력이 있어야 시장과 정부의 경제 사회 정책으로 신분 상승의 날개를 달 수 있는가? 어떤 능력이 헛되이 사장되고 있는가? 갈비뼈가 앙상한 저 아이들의 가난을 조금이라도 덜어주려면 어떤 방법을 강구해야 하는가?

사회 저변의 불평등에 대한 질문도 나를 붙들고 놓아주지 않았다. 그건 수많은 현대 도시의 특징적인 공통점이었다.(빈부 격차 수준을 연구하는 학자들은 뉴욕과 워싱턴 D.C.의 불평등이 나이로비나 산티아고와 거의 비슷하다고 판단한다.) 어떤 사람들은 빈부의 공존을 도덕적인 문제로 여긴다. 하지만 나는 그게 더 현실적인 문제로 발전하지 못하는 이유가 궁금했다. 누가 뭐래도 뭄바이 같은 도시에는 부자보다 가난한 사람이 더 많다. 빈민촌과 화려한 호텔이 나란히 붙은 공항로 같은 지역에서는 왜 폭동이 주제인 메탈슬러그3 비디오 게임 같은 풍경이 펼쳐지지 않을까? 불평등한 사회가 내부 균열로 무너지지 않는 이유는 뭘까?

나는 이런 질문에 대답해줄 책을 읽고 싶었다. 인도 사람이 아니고 언어도 모르는데다 이 사회의 미묘한 맥락 안에서 평생을 살지도 않은 내가 그런 책을 쓸 수는 없다고 판단했기 때문이었다. 몇 년 전부터 나빠진 건강 탓에 우기와 빈민촌 생활을 견뎌낼 수 있을지도 의문이었다. 그러다 워싱턴 D.C.의 집에서 혼자 긴 불면의 밤을 보낸 후, 한번 부딪혀보자고 결심했다. 나는 커다란 사전에 걸려 넘어져 폐가 파열되고 갈비뼈가 세 개나 부러지는 바람에 음료수 깡통이 널린

에필로그

바닥에 누운 채 전화기가 있는 곳까지 몸을 밀고 갈 수도 없는 상태였다. 하지만 그렇게 누워 있었던 덕분에 확실하고 명료한 결론에 도달할 수 있었다. 대사전을 끼고 살아도 안전하지 못할 팔자라면 다른 나라에 가서 관심사를 연구해도 잃을 게 없을 것 같았다. 내 전문 분야가 아니고 실패의 위험도 크지만, 사람들과의 교류는 그 모든 걸 상쇄하는 의미가 있을 것 같았다.

전부터 나는 인도 관련 논픽션이 부족하다고 생각해왔다. 평범한 저소득층 사람들, 그중에서도 여자와 어린이가 글로벌 자본주의 시대를 어떻게 헤쳐나가고 있는지 심층적으로 고찰한 글이 아쉬웠다. 소프트웨어 강국인 인도에서 운명을 개척한 성공 사례는 많았지만, 그런 글들은 대부분 카스트의 해묵은 편견, 집안 재산, 사교육 같은 문제를 건드리지 않았다. 서구의 백인 구원자가 나타날 때까지 단조롭고 참담한 환경에서 벗어날 길을 찾지 못한 채 살아가는 빈민촌 사람들을 성자처럼 묘사하는 글들도 읽었다. 불량배나 마약 거물들에 대한 이야기에는 살만 루슈디가 부러워할 만한 표현들이 넘쳐났다.

내가 알고 있는 인도의 빈민촌 사람들은 신비롭지도 않았고, 구제불능도 아니었다. 그들은 결코 수동적이지 않았다. 구원자 따위는 등장하지 않는 인도 전역의 마을에서 이들은 21세기 신경제의 가능성을 추구하며 창의적으로 삶을 개선해가고 있었다. 그들의 삶을 분석한 공식 통계는 존재하지만, 세계 어느 나라나 마찬가지로 인도 역시 가난한 사람들에 대한 통계는 종종 실제로 체감하는 것과 괴리가 있었다.

　인도에 애착을 갖게 될수록 가장 힘없는 사람들에게 허용된 정의와 기회에 대해 불편한 질문을 던질 수밖에 없었다. 그들의 삶을 깊이 들여다볼수록 그 질문을 더 집요하게 파고들고 싶은 충동을 느꼈다. 부분으로 전체를 파악할 수 있다는 듯이 굴고 싶지는 않았지만, 평균적인 빈민촌을 몇 년에 걸쳐 관찰한다면 번영하는 인도에서 누가 전진하고 누가 그렇지 못한지, 그리고 그 이유는 무엇인지 판단하는 데 도움이 되리라 생각했다. 인도 사람이 아니라는 한계를 넘어설 방법은 없었기 때문에 나는 미국에서 낯선 분야를 다룰 때마다 시도했던 방식으로 그 한계를 보충해보자고 결정했다. 충분한 시간을 투자하고, 관심을 기울이고, 관련 자료를 확보하며, 모든 진술을 교차 확인하는 수밖에 없었다.

　본문에서 다룬 사건은 모두 실제로 일어났으며, 이름도 전부 실명이다. 안나와디에서 아샤와 만주를 만난 2007년 11월의 어느 날부터, 조사를 완료한 2011년 3월까지 나는 수첩과 비디오와 녹음기와 사진기에 주민들의 삶을 기록했다. 빈민촌 아이들 몇 명은 내 비디오 카메라 사용법을 배워 사건 기록에 동참하기도 했다. 만주의 학생이었던 데보 카담은 특히 열정적인 다큐멘터리 작가였다.

　3000건이 넘는 공공 기록도 참고했는데, 상당수는 인도 정부의 급진적인 정보 공개법을 근거로 몇 년에 걸쳐 공개 신청을 한 끝에 확인할 수 있었다. 뭄바이 경찰과 마하라슈트라 주의 공중 보건 정책,

주정부와 중앙정부의 교육 정책, 선거 정책, 뭄바이 교도소와 공공 병원과 시체 안치소, 법원의 공식 자료는 두 가지 측면에서 매우 중요했다. 우선 본문에 실린 사건들의 많은 측면을 사실로 확인해주었으며, 정부의 부패와 무관심이 가난한 시민들이 겪은 일들을 어떻게 공공 기록에서 지워버리는지도 확인할 수 있었다.

본문에서 누군가의 생각으로 묘사된 부분은 당사자가 자기 심정을 나와 통역자, 또는 동행인에게 토로한 내용이었다. 특정한 순간을 돌이켜보며 그때 누가 무슨 생각을 했을지 헤아리거나, 누군가의 복잡한 심경을 이해하기 위해 인터뷰를 반복해야 했을 때는(그런 경우가 빈번했는데) 말을 쉽게 풀어 썼다. 일례로, 압둘과 수닐은 가족에게조차 자신의 일상이나 감정에 대해 털어놓지 않는 성격이었다. 나는 여러 번의(그들의 입장에서는 끝없는) 대화와 인터뷰를 통해 사실을 확인하는 과정에서 그들의 생각을 이해할 수 있었고, 이런 인터뷰는 주로 그들이 일하는 동안 진행됐다.

과잉 해석의 위험을 늘 염두에 두고 있었지만, 그렇다고 안나와디에 몇 안 되는 능숙한 언변의 소유자하고만 이야기를 나눈다면 오히려 상황을 제대로 파악하는 데 걸림돌이 될 거라고 생각했다. 대부분의 시간을 말없이 폐품을 줍고 만지면서 보내는, 과도한 노동에 시달리는 많은 사람들은 일에 필요한 말만 하는 경향이 있었다. 4년에 걸쳐 서서히 이끌어낸 심오하고 독특한 지혜를 처음 만난 자리에서 곧바로 꺼내 보여주진 않았다.

나는 어딘가에 자리 잡고 앉아 귀와 눈을 열고 관찰할 때에도 소수의 이야기만으로 충분할 거라는 자기기만에 빠지지 않으려고 노력했다. 일상적인 삶을 더 깊이 들여다보고 이해하게 된다면 거기서부터 더 나은 논의가 시작되고, 어쩌면 보다 나은 정책의 밑거름이 될 수 있다고 믿었다.

비교를 위해 다른 빈민촌들에도 시간을 투자했지만, 안나와디에 주로 집중한 데에는 두 가지 이유가 있었다. 사방이 풍요로움에 포위된 듯한 그곳에는 어떤 가능성이 만연하다는 느낌이 한 가지였고, 집집마다 찾아다닐 수 있을 만큼 소규모라는 사실이 또 한 가지였다. 이건 내가 이른바 "유랑 사회학"이라고 이름 붙인 접근법이었는데, 개별적인 문제와 널리 공유되는 문제들, 예를 들면 이주민과 히즈라의 선거권 박탈 문제 등을 구분해서 접근하는 데 유용하다.

내 관찰기록은 깔끔하게 정리되어 있지 않았다. 처음에는 더 말할 나위가 없었다. 안나와디 주민들에게 나는 비디오를 찍는다며 돌아다니다 오수 웅덩이에 빠지고 시시때때로 경찰과 충돌하는 우스꽝스러운 존재였다. 그러나 주민들에겐 나를 구경하는 것보다 더 시급한 문제들이 있었다. 그들은 한두 달쯤 호기심을 보였지만, 그다음에는 내가 자신들의 삶을 기록하는 동안 생업에 열중했다.

그런 변화가 가능했던 건 너그럽고 똑똑한 므린마예 라나데 덕분이었다. 관찰 프로젝트를 시작하고 처음 6개월 동안 통역을 맡아준 라나데는 지성과 관찰력, 붙임성 있는 태도로 나와 안나와디 주민들

에필로그

이 서로를 이해하는 데 큰 도움을 주었다. 2008년에는 대학에 재학 중이던 카비타 미슈라가 능숙하게 통역을 해주었고, 그해 4월부터는 뭄바이 대학에서 사회학을 전공한 빈틈없는 운나티 트리파티가 통역을 맡아 프로젝트에 합류했다. 처음에는 서양인이 빈민촌 주민들의 삶을 기록한다는 것에 미심쩍어했지만, 안나와디 주민들에 대한 애정으로 의구심을 뛰어넘더니 어느새 열정적인 공동 관찰자이자 비판적인 시각을 잃지 않는 인터뷰어가 되었다. 트리파티의 통찰력은 본문 곳곳에서 빛을 발한다. 우리는 3년이 넘는 시간을 함께하며 쥐가 우글대는 고물 창고를 들어가고 화려한 신공항을 털러 가는 도둑들을 따라다니는 것이 세계화 시대의 불평등 속에서 분배되는 기회의 가능성을 이해하는 데 어떤 도움이 될지를 놓고 끊임없이 고민했다. 그리고 어쩌면 조금이나마 도움이 될 수 있을지도 모른다고 믿었다.

본문에 실린 대부분의 사건들은 내가 직접 목격한 것들이고, 그 밖에는 인터뷰와 관련 자료를 참고하여 발생 직후에 기록했다. 예를 들어 파티마 샤이크의 분신 직전과 직후의 상황은 168명과의 반복적인 인터뷰를 통해 재구성했고 거기에 경찰과 공공 병원, 시체 안치소, 법원의 자료를 참고했다.

이 사건뿐만 아니라 입장이 첨예하게 대립하는 이야기를 기록할 때면 안나와디의 아이들이야말로 가장 믿을 만한 목격자라는 걸 깨달았다. 그들은 정치, 경제, 종교 때문에 갈등하는 부모 세대의 싸움에 대체로 무관심했고, 자신들의 말이 어떻게 받아들여질지 고민하지도 않았다. 비근한 예로 엄마의 분신으로 이어진 싸움 현장에 있었던 파티마의 딸들은 일관되게 압둘 후사인의 결백을 증언했다. 나이가 더 들어 눈치가 빨라지고 꾀가 발달한 다른 아이들도 마찬가지였다.

현장을 직접 목격하거나 최소한 발생 직후에 사건을 기록하는 건 매우 중요한데, 시간이 흐르다 보면 권력자의 분노를 살까 봐 두려운 마음에 말을 번복하는 주민들이 많기 때문이다.(그건 근거 없는 두려움이 아니었다. 사하르 경찰은 나와 이야기를 한 빈민촌 주민들을 협박하곤 했다.) 그런가 하면 심리적인 위안을 위해 진술을 바꾸기도 했다. 과거를 돌아보면서 자신에게 더 주도적인 역할을 부여하는 식이었다. 불행한 기억을 곱씹는 건 나쁜 기운을 부르는 비생산적인 태도로 여겨졌으며, 압둘의 이 말은 수많은 주민들의 인식을 대변했다. "캐서린, 당신 바보예요? 그 얘기는 내가 벌써 세 번이나 했고, 내가 한 말이 당신 컴퓨터에 기록되어 있잖아요. 난 이제 그 일을 잊어버렸고, 다시 기억하고 싶지 않아요. 그러니까 제발 두 번 다시 묻지 마세요."

하지만 2007년 11월부터 2011년 3월까지, 압둘을 비롯한 안나와디 주민들은 자신들의 곤궁한 삶을 기록하려는 나를 최대한 열심히 도와주었다. 내가 자신들의 미덕뿐 아니라 치부까지 고스란히 담아내리라는 걸 알고 있었으며, 그렇기 때문에 그 결과물인 책의 내용이 온전히 마음에 들지 않을 것이며 동의할 수 없는 부분도 있으리라는 것 또한 이해했다.

그런데도 그들이 기꺼이 프로젝트에 참여한 이유가 나에 대한

에필로그

개인적인 애정 때문이 아님은 분명하다. 내가 안 좋은 기억을 시시콜콜 들춰내지 않으면 그들도 나를 기분 좋게 대했고, 물론 나는 그들을 훨씬 더 좋아했다. 그러나 그들이 나를 참고 봐준 건 급속하게 변하는 이 나라의 불균형한 기회 분배에 대한 내 우려에 어느 정도 공감하고 있었기 때문이었다. 만주 와게카르가 부정부패에 대해 솔직하게 털어놓은 이유도 그러면 조금이나마 공정한 정책을 만드는 데 일조할 수 있으리라는 희망 때문이었다. 그들의 사회 경제적 취약성을 감안하면 그 선택은 대단히 용감한 것이었다.

안나와디의 제한된 사례는 인도처럼 크고 다채로운 나라를 대변할 수 없고, 21세기에 접어든 이 빈곤과 기회의 나라에 대해 완벽한 통찰력을 제공하지도 못한다. 마을마다 속사정이 다르고, 그 소소한 차이들이 그들에게는 매우 중요하다. 그래도 나는 이전에 내가 지켜봤던 다른 가난한 공동체들의 공통점을 안나와디에서도 발견했다.

세계화 시대, 비정규 임시직이 양산되는 이 무한 경쟁의 시대에도 희망은 헛된 꿈이 아니다. 극빈층의 수는 비록 균일하지는 않더라도 서서히, 그리고 의미 있는 그래프를 그리며 감소하고 있다. 그러나 자본이 빠른 속도로 지구촌을 이동하면서 평생 직장의 개념은 구시대적 착오가 되었고, 예측 불가능한 일상은 개인의 전망을 뒤흔들어 놓는다. 이상적인 정부라면 이런 불안정성을 어느 정도 해소해주겠지만, 무능한 정부는 오히려 그걸 강화하고 국민의 능력을 극대화하기보다 부정부패의 배를 불릴 때가 더 많다.

나는 부패의 악영향 가운데 가장 간과되고 있는 점이 경제적 가능성보다 도덕관념을 위축시키는 문제라는 것을 깨달았다. 관찰기록을 작성하는 동안 청년층의 윤리적 상상력은 계속해서 깊은 충격으로 다가왔는데, 이기심이 자산이 되는 절박한 상황에서도 다르지 않았다. 아이들은 윤리적 상상력에 따라 행동할 여력이 부족했고, 어른이 된 다음에는 길가에서 넝마주이가 피를 흘리며 죽어가는데도 그냥 지나치거나 화상을 입은 여자가 몸부림을 쳐도 외면하고, 앞길이 창창한 십 대 소녀가 쥐약을 먹었다는 얘기를 듣고도 어깨만 들썩거리고 마는 사람이 될 공산이 높았다. 왜 이런 현상이 벌어지는 걸까? 압둘의 표현을 빌리자면, 얼음이 되고 싶었던 아이들이 물이 되어버리는 이유는 뭘까?

흔히 인도를 보는 시각 가운데, 이 나라 사람들이 죽음을 다른 나라만큼 심각하게 여기지 않는 건 윤회를 믿고 또 인구가 워낙 많기 때문이라는 고정관념이 있다. 하지만 나는 관찰하는 동안 젊은 사람들이 죽음을 예민하게 받아들인다는 걸 알게 됐다. 다른 사람의 고통에 무심한 건 윤회에 대한 믿음과 상관없었고, 그보다는 참혹한 태생 환경과 더 관련이 있었다. 또 도덕의 발휘를 방해하는 상황도 어느 정도 영향을 미친다고 생각한다. 정부의 정책 순위와 시장의 막강한 권위가 세상을 너무 변덕스럽게 만든 나머지, 이웃을 도우면 가족의 생계를 부양할 능력이 위협받고 심지어 개인의 자유마저 위태로워지는 세상이 될 경우, 가난한 공동체의 상부상조 개념은 무너진다. 정부와 시장의 선택 앞에서 가난한 사람들은 서로를 탓하고, 중산층도 가난한 사람들을 신랄하게 비난한다.

멀리서 보면 잊기 쉬운 사실인데 알량한 이익과 한정된 터전을 놓고 경쟁하는 상황에서 부패의 지배를 받는 하류 도시의 지친 주민들이 선한 태도를 유지하기란 대단히 어렵다. 놀라운 점은 그런데도 어떤 이들은 **선량하며**, 많은 이들이 그렇게 살려고 노력한다는 사실이다. 모든 게 무너져버린 7월의 어느 오후에 압둘이 부엌 시렁을 놓다가 직면한 것과 비슷한 사태를 일상적으로 접하는 많은 사람들. 집이 기울어져서 무너진다면, 그 집이 놓인 땅 자체가 비스듬하다면, 모든 걸 곧게 세우는 것은 과연 가능한 일일까?

감사의 말

가장 큰 빚은 안나와디 사람들에게 졌다. 또한 다음의 사람들과 단체의 지원과 통찰력에도 감사한다. 바라티 차쿠르베디, 비자야 차우한, 벤저민 드라이어, 나레시 페르난데스, 세베리나 페르난데스, 마헨드라 가마레, 샤일레시 간디, 매튜 게치, 데이비드 잭슨, 제임스 존, 쿠마르 케트카르, 크레시다 레이숀, 존 D.와 캐서린 T. 맥아더 재단, 난디니 메타, 샤르미스타 모한티, 수미트 뮬릭, 쇼바 무르티, 키란 나가르카르, 알카 바그반 니칼레, 브리제시 파텔, 가우탐 파텔, 지트 나라얀 파텔, 라젠드라 프라사드 파텔, 안나 피토니악, 비크람 라가반, 린지 슈워리, 마이크와 마크 세이퍼트, 알타마스 샤이크, 개리 스미스, 베를린의 아메리칸 아카데미, 힐다 수아레즈, 아빈드 슈브라마니안, M. 조던 티어니, 그리고 마둘리카와 요겐드라 야다브.

빈키 우르반과 케이트 메디나는 적잖은 반대 증거에도 불구하고 내가 이 일을 해낼 수 있다고 믿어주었다.

데이비드 렘닉은 진척 속도도 느리고 광고주들의 환심을 살 수 있는 일이 아님에도 헌신을 다해주었다.

데이비드 핀켈과 앤 헐은 이 프로젝트의 각 단계마다 변함없이 조언을 해주었다.

운나티 트리파티는 천재적이고 용감했다.

므린마예 라나데는 평범한 주부의 삶을 통찰할 수 있도록 가르쳐주었고, 언제나 낙관적이었다.

루카 줄리아니, 호아킴 네텔벡, 그리고 베를린 첨단 연구소의 직원들은 자료 조사와 초고 작업을 마친 후 회복할 수 있는 안식처를 제공해주었다.

로레인 애덤스, 조디 앨런, 에반 캠필드, 엘리자베스 댄스, 라마찬드라 구하, 앤 코른하우저, 몰리 맥그래스, 에이미 왈드먼, 그리고 도로시 위켄덴은 원고를 읽은 후 영리하고 중요한 지적으로 더 나은 책을 완성할 수 있도록 도와주었다.

오래전에 어떻게 하면 압둘 후사인과 그 이웃들의 삶과 상상력이 정당한 대우를 받을 수 있을지 의문을 품게 하고, 이 프로젝트를 진행하는 내내 원고 작업뿐만 아니라 감정을 다스리는 것을 도와준 가족들, 돌아가신 아버지 클린턴 부, 존과 닉 부, 톰 부와 헬렌 벨바르트, 캐서린 타슈진, 아샤 사라바이, 카일라 와이엇 레오노어, 매리 리

처드슨, 관계를 파악할 수 있도록 도와준 매트 부르보글, 역사상 가장 빈틈없는 편집자인 열두 살 잭 부, 그리고 열정적이고 똑똑한 동생과 내가 가장 신뢰하는 독자이자 내게 영감을 주는 우리 엄마, 이 두 명의 매리 부, 그리고 내 사랑인 남편 수닐 킬나니에게도 감사한다.

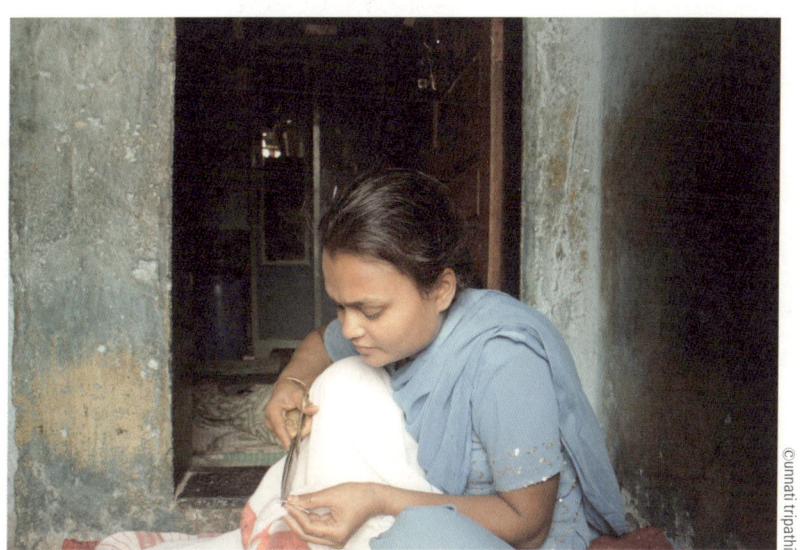

© unnati tripathi

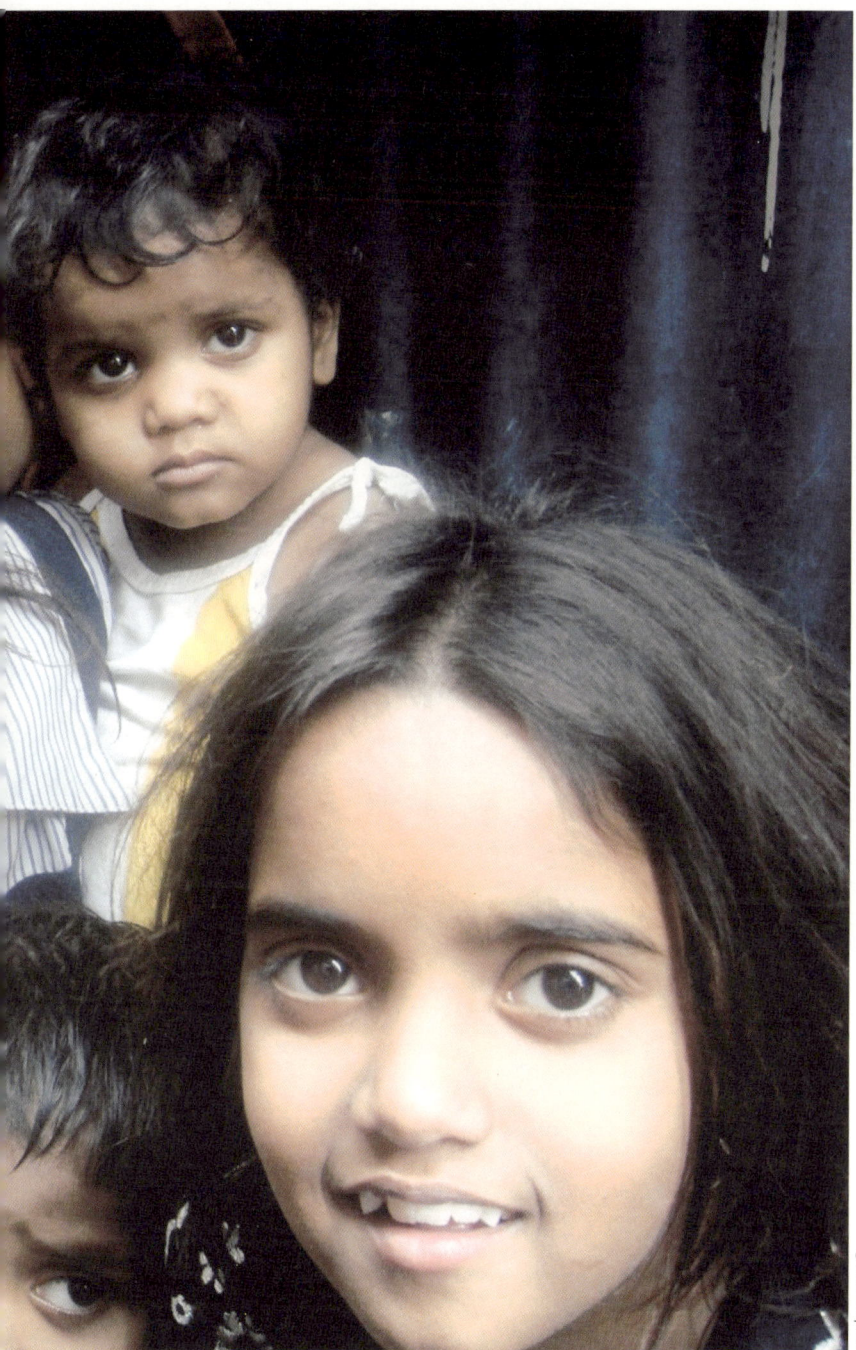

안나와디의 아이들
성장과 발전의 인간적 대가에 대하여

1판 1쇄 펴냄 2013년 8월 26일
1판 9쇄 펴냄 2024년 10월 1일

지은이 캐서린 부
옮긴이 강수정
펴낸이 박상준
펴낸곳 반비

출판등록 1997. 3. 24.(제16-1444호)
(06027) 서울특별시 강남구 도산대로1길 62
대표전화 515-2000 팩시밀리 515-2007
편집부 517-4263 팩시밀리 514-2329

한국어 판 ⓒ (주)사이언스북스, 2013, Printed in Seoul, Korea

ISBN 978-89-8371-615-6 03840

반비는 민음사 출판 그룹의 인문·교양 브랜드입니다.
블로그 http://blog.naver.com/banbibooks
페이스북 http://www.facebook.com/Banbibooks
트위터 http://twitter.com/banbibooks